KB212860

나는 「자까오」 화상이 아니다

我不是「呷敎」的和尚

* 자까오(呷教, xiā(gā)jiāo): 교단에 기대어 생계유지만 하는 화상

我不是「呷敎」的和尙

나는 「자까오」 화상이 아니다

성운대사 지음
조은자 옮김

운주사

'불교가 나를 의지해야', 내 일생의 등불

저는 전란이 한창이던 시절에 태어났습니다. 생활은 궁핍했지만, 감사하게도 부모님께서는 자비로운 성격을 주셨기에 어려서부터 작은 동물을 아끼고, 타인을 도와주길 좋아했습니다. 12세에 출가한 뒤 엄격한 총림의 전문교육을 받으면서 기꺼이 받아들이는 성격과 매사에 어려워도 헤쳐 나가고 괴로움도 두려워하지 않는 성격을 갖추게 되었습니다.

출가한 지 80여 년이 흘러 아흔세 살이 된 지금, 저의 일생은 "우환 속에서 태어나 궁핍 속에서 자랐지만, 일생 기쁨으로 가득했다"라는 말로 설명할 수 있습니다.

저는 평생 인간불교를 널리 펼치고, 항상 '인생 삼백세人生三百歲'라며 나 자신을 권면해 왔으며, 불교를 위해 영원히 쉬지 않을 것입니다. 그러나 세간의 인연이 모여 늙고 병들고 죽고 태어남(老病死生)은 자연적인 현상이고, 물질적인 육체 역시 고장이 나면 수리해야 합니다. 2016년 연말에 나는 과로로 뇌출혈이 와 수술을 받았습니다. 장경長庚병원의 진조륭陳肇隆 원장님과 의료진의 도움에 감사드립니다. 또 전 세계 인연 있는 분들의 축복에도 감사드립니다. 덕분에 건강을 회복하였습니다. 저는 일생 병을 친구로 삼고 인내를 힘으로 삼았기에 좀 불편할 뿐 병환으로 인한 괴로움은 없었습니다. 나는 자유롭고 기쁘고 즐거움만이 있을 뿐, 마음에 아무 걸림이 없습니다.

회복하는 동안 제자들은 제게 『성운대사 전집』이 출판되자마자 열렬한 반응을 받아 이미 3판 인쇄에 들어갔다고 얘기해 주었습니다. 그러나 365권의 방대한 수량 속에서 어느 것부터 읽어야 할지 모를 테니, 제자들은 저의 경험을 주요 골자로 하는 여러 편의 문장을 골라 책으로 편집하여 저들이 행불行佛하는 기준으로 삼게 하는 것은 어떨지, 저의 의견을 물어왔습니다.

저는 평생 다른 이에게 제 말을 들려주고, 제 글을 보여주었으며, 지금도 하고 있습니다. 만일 대중에게 이롭고 불교에 도움이 될 수 있다면 저는 기쁜 마음으로 그것을 할 것입니다. 편집장인 채맹화蔡孟樺 보살을 통해서 『나는 '자까오(咖敎)' 화상이 아니다』라는 책이 이미 출판을 마쳤다고 들었습니다.

'자까오(咖敎)'는 곧 불교에 기대어 먹고 사는 것을 말합니다. 1949년 진공塵空 스님께서는 저장성 보타산에서 자운煮雲 스님을 통해 편지 한 통을 제게 보내셨습니다. 오늘날 우리 불교의 젊은이들은 '불교가 내게 의지토록 해야지, 내가 불교에 의지해서는 안 된다'는 생각을 가져야 한다는 내용이었습니다. 제게는 커다란 울림을 주는 말씀이셨습니다.

그렇습니다. 저는 불교가 저에게 의지하는 것을 원합니다. 제가 불교에 의지한다거나, '자까오' 화상이 되길 원치 않습니다. '불교가 나를 의지케 하라'는 말은 제 마음의 밝은 등불이 되었으며, 저의 신심을 밝히고 늘 충만하게 하였습니다.

사실 인간불교는 불교 미래의 광명이자 희망입니다. 저는 삼보의 은혜를 입었으며, 어려서부터 정식교육을 받은 적이 없고 학교를 다녀본 적도 없었지만 초등학교 교장을 지냈고, 전 세계에 대학 5곳을 건립하였으며, 30여 대학에서 박사학위와 많은 대학에서 명예교수직을 받았습니다. 오대주에 3백여 곳의 사찰을 건설하였고, 천삼백 명의 제자들이 문화·교육·자선·어울림 수행 분야 등 각종 홍법 사업에 종사하고 있습니다. 제가 제창한 인간불교를 지지해 주신 여러분께 감사드립니다. 불교는 이미 명청明淸 시기의 경참 (經懺: 경전 독송 및 참회 의식) 불교에서 벗어나 21세기에 누구에게나 환영받는 인간불교가 되었습니다.

"인간불교, 부처님의 참된 가르침"에 담긴 신념을 품고, 가르침을 사명으로 여기며, 중생을 자신이라 여기고, 『나는 '자까오' 화상이 아니다』란 이 책으로 시방의 독자들께 공양합니다. 제게 또 평생 어떤 소원이 있는지 묻는다면 '평안과 행복이 오대주를 두루 비추기를 바란다'는 말로 모두를 축복하고 싶습니다.

이만 갈음합니다.

星雲

2019년 2월
불광산 개산료에서

人生無量壽

佛教億萬年

성운 대사의 초심이자 평생 실천하신 '주자(給)'

— 내가 불교를 성장시켜야지, 불교가 나를 부양하길 원치 않는다

(1) 대사님께서 말씀하시고, 기억하시고, 글을 쓰십니다

이 책은 성운 대사께서 완쾌하신 뒤의 첫 작품이니, 더할 나위 없이 귀중합니다. 작년 8월 대사님께서 난징(南京)에서 처음 '완쾌 후 일필자一筆字' 전시회를 열었던 만큼 놀랍고 매우 기뻤습니다.

그 모든 전시회에 저도 참여할 수 있었으니 얼마나 행운인지 모릅니다. 그 전시회가 열렸던 난징은 저의 고향입니다. 이번에 새로 나온 책은 천하문화天下文化 출판사와 합작해 출판하였으며, 다들 앞다투어 읽어보려고 하였습니다.

회고해 보니 2016년 10월 30일 성운 대사께서는 제14회 화인기업華人企業 총수 최고회의에서 중요한 법문과 상장 수여를 맡아 주시겠다고 승낙하셨습니다. 법문이 있기 전날 밤, 대사께 뇌출혈이 일어나 즉시 수술해야 한다는 제자 스님의 전화를 받고 너무 놀랐습니다. 각배覺培 스님께서 서둘러 대회 장소에 도착하시어 성운 대사의 이념을 분명하고도 감동적으로 말씀해 주시며 뜨거운 분위기를 이끌어 주셨습니다.

당시 『연합보聯合報』 신문은 1면에 '10월 31일 성운 대사 중풍으로 입원, 주먹 크기의 출혈'이라는 머리기사를 내보낸 적이 있습니다. 『연합보』의 오랜 독자들도 사회의 한 보통 지도자를 이처럼 중시하는 걸 본 적이 없을 것입니다. 성운 대사께서는 일찍부터 국보급의 큰 스승으로 추앙받고 계십니다.

오랜 세월 병마와 벗하며 살아오신 성운 대사께서는 이미 '병마'를 '친구'로 보고 평화롭게 공존해 왔습니다. 또 '죽음'을 '인과'로 보고 일찌감치 생사를 염두에 두지 않으셨습니다. 그러나 수술이 성공적으로 끝나 모두 한시름을 놓았지만, 이번 대수술은 가벼이 넘길 일이 아니어서 회복하는 동안 누구도 마음을 놓고 있을 수만은 없었습니다. 만일 대사께서 일어나셨어도 기억을 잃거나 말하는 능력을 잃어버린다면 이 일을 일생 즐거움으로 알고 살아오신 대사께는 얼마나 괴로운 일이겠습니까?

대사님의 회복 속도는 진조륭 원장이 이끄는 장경병원 의료진의 가장 낙관적인 예상을 훨씬 뛰어넘었습니다. 이것은 의료사에 있어서도 기적일 것입니다. 수술 후 몇 달간 대사님의 회복 경과는 점차 가속도가 붙었습니다.

"대사님께서 말씀을 하십니다."

"대사님께서 기억을 하십니다."

"대사님께서 글씨를 쓰십니다."

이처럼 제자 스님들이 좋은 소식을 전해 줄 때마다 너무 기뻐 단숨에 대사님을 뵈러 달려가고 싶었습니다.

재작년 여름, 제자 스님이 전화로 대사님의 말씀을 전해 주었습니다.

"고희균 교수에게 내가 무척 보고 싶다고 전해 주게."

대사님의 회복을 방해해서는 안 된다고 생각해 애써 참고 있던 저는 서둘러 즉시 대사님을 뵈러 불광산으로 달려갔습니다.

대사님께서 회복하시는 동안 십여 차례 찾아뵈었고, 특별히 발행인이신 왕 선생님, 그리고 몇몇 동료들과 함께 중국의 이싱(宜興)에 있는 대각사大覺寺를 방문하기도

성운 대사와 고희균 교수. 불광조정佛光祖庭 대각사大覺寺에서 촬영.

했습니다. 대사님께서는 뒤에는 대나무 산이 둘러쳐져 있고 앞에는 구름 낮게 드리운 호수가 자리한 조정祖庭에서 휴양하고 계셨습니다. 인간 세상의 몽유도원이 따로 없을 정도였고, 찾아뵐 때마다 귀한 사진과 짧은 감상 글을 남길 수 있었습니다.

(2) 소책자이지만, 또한 대작이다

이번 신작은 삼천여만 자에 달하는 대사님의 일생 저술에 비하면 소책자이지만, 제창하신 이념은 대작이라 하겠습니다. 나무에도 뿌리가 있고 그 근원이 있듯, 대사님께서는 근본을 바로 하고 근원을 맑게 하고자 자문하십니다. 화상이 되려는 초심은 무엇인가? 근본적인 동기는 어디에 있는가?

구십이 넘은 연세에도 대사님은 가오슝(高雄)의 불광산에 계시나 이싱의 대각사에 계시나, 햇살이 비추는 아침이거나 해가 지는 황혼이거나 언제 어디에 계시든 수많은 사찰과 초중고등학교·미술관을 건립하시고, 『인간복보人間福報』와 「인간위시人間衛視」 등의 매체와 농구부를 설립하신 분입니다. 이 불교지도자에게 세속적인 말로 '어떻게 무중생유(無中生有: 무에서 유를 만들어냄) 하시면서 끊임없이 국내외로 넓혀 나가실 수 있는지'를 여쭸습니다.

대사님께서는 태연하게 대답하십니다.

"내가 모든 일에 참여는 했지만, 모두 나의 것이 아닙니다. 개인적으로 나에게 주시면 나는 일체 사절합니다. 나 자신이 아쉬워도 단 한 푼도 가진 적이 없습니다. 금전은 모두 대중의 것이며, 다만 돌고 돌 뿐입니다."

1949년 23세에 양저우(揚州)에서 이란(宜蘭)으로 건너온 화상께서 일으켰던 초심初心은 불교에 기대 나를 살찌우는 것이 아니라, 불교가 나를 의지해 성장해 나가는 것이었습니다.

그와 같은 대사의 강한 초심을 저는 온전히 느낄 수 있습니다. 저 자신 역시 1949년 13세에 부모님을 따라 상하이에서 타이완으로 건너왔습니다. 소년 시절 권촌(眷村: 국민당이 자치 관리하던 마을)에서 스스로 힘써 노력하려는 성격을 키웠고, 23세에 미국 유학을 가던 청년 시절부터는 모든 걸 나 자신에게 더욱 의지해야 했습니다. 최근 10년 동안 타이완에 만연한 소확행(小確幸: 일상에서 느끼는 소소한 행복)을 보면서 저는 이렇게 부르짖습니다.

"자기 일은 스스로 구하고, 자신의 가정은 자신이 이루며, 자신의 무대는 스스로 찾고, 자신의 노년은 자신이 돌봐야 합니다."

대사님께서는 아마 18세기 아담 스미스가 지은 『국부론國富論』을 읽어보지 않으셨을 겁니다. 또한 당대 마이크 포터가 지은 『국제경쟁이론』도 읽어보지 않으셨을 겁니다. 그러한 책들은 재무·인성·시장 상황·세태·국제화 등에 대한 대사님의 판단에 전혀 영향을 주지 못했을 겁니다. 한 번 보면 잊지 않고, 스승도 없이 스스로 깨우치고, 하나를 보면 열을 아시니, 대사님은 마음에 깊은 식견과 넓은 안목을 갖고 계십니다.

(3) 불법이 있으면 방법이 있고, 대사님이 계시니 큰일을 이룰 수 있다
대사님께서 평생 해오신 언행이 곧 가장 구체적인 본보기입니다. '주자(給)'는 대사의 초심이며, 그것은 형식에 얽매이지 않고, 마침표도 없습니다.

대사께서는 타인에게 믿음을·환희를·희망을·편리함을 주고자 하셨습니다. 또 좋은 일 하자·좋은 말 하자·좋은 마음 갖자는 운동을 추진하셨으며, 자비·지혜·내려놓기 등을 전승해 주고 계십니다.

이러한 무형의 선념善念에서 비롯된 감동은 대사께서 사찰·학교·미술관을 건립하려 할 때 하나하나의 하드웨어가 되었고, 모두가 그 혜택을 고스란히 받게 해주었습니다.

반세기 넘게 대사님을 가까이서 모신 자용慈容 스님의 묘사는 제게 참 인상 깊었습니다.

"스승님께서는 불교의 공양이 필요 없다 하시며, 자신의 저작

료·원고료·인세 그리고 일필자 수입으로도 충분하다고 하십니다. 그러나 스승님께서는 모든 금전을 사회와 불광산에 기부하십니다. 스승님은 원치 않을 뿐만 아니라 오히려 기쁜 마음으로 내어 주시고, 즐거운 마음으로 타인에게 베푸십니다. 스승님께서 금전적 지원을 한 사람이 어찌 수백 수천만 명이겠으며, 길러준 이가 어찌 수백 수천만 명이겠으며, 사회에 나눠준 돈이 어찌 수백 수천만 원만 되겠습니까? 은행 계좌는 물론 따로 용돈도 남겨놓지 않고, 심지어 책상조차도 없습니다."

교육·문화·자선 등의 사업을 자세히 살펴보면, 일체 모두는 대사께서 필요하다고 해서 생겨난 것이 아니라, 대사께서 자신이 모두 내어줌으로써 들어온 것입니다. 주기에 희사할 수 있고, 희사하기에 얻을 수 있습니다. 빈승은 가난하지 않고 오히려 부유합니다. 대사께서는 무無를 유有로 삼고, 공空을 즐거움으로 삼습니다.

자용 스님은 또한 이렇게 말씀하십니다.

"60여 년 동안 스승님께서도 막다른 길에 다다를 때가 늘 있었습니다. 부처님께서 늘 보호하시는 것처럼, 분명 '산 깊고 물 끊겨 더는 길이 없다'라고 했는데도, 스승님은 또 '버들 우거지고 꽃 만발한 마을 하나 있네'를 해내시는 것을 보았습니다. 그러므로 스승님은 불법이 있는 곳에 방법이 있다고 늘 말씀하셨으며, 제자들 역시 스승님이 계시기에 큰일을 이룰 수 있다고 생각합니다."

평생 대사님께서는 항상 '초심'으로 가지셨던, 주는 것이 받는 것보다 더 좋다는 원래의 뜻을 굳건히 지니고 계셨습니다. '모두가 나를 위하는' 것을 원치 않고, '내가 모두를 위해서'로 바꾸어 나가려

하셨습니다. 자기 자신이 불교에 기대지 말고, 자신의 힘으로 불교를 널리 알려야 한다고 하셨습니다.

40년 전 저는 노벨경제학상을 받은 밀턴 프리드먼(미국 경제학자)의 '세상에 공짜 점심은 없다'라는 말을 빌려 국민들께 스스로 분발하여야 한다고 호소한 적이 있습니다. 화인華人 세계에서 종교적 스승이신 대사님께서 이 말을 가지고 인간을 성취하는 원력을 발휘하시리라고는 생각지도 못했습니다.

"훌륭하십니다, 우리 대사님"이라고밖에는 할 말이 없습니다.

高希均

---

* 글쓴이 고희균高希均은 「원견遠見」 잡지와 「천하문화天下文化」 사업팀 설립자이다.

존경해 마지않는 성운 대사님

제가 볼 때, 불교는 세상의 이름 있는 종교 가운데서도 가장 유구한 역사를 지니고 있고, 모든 민족과 종교에 대해 넓은 계발성과 포용성을 갖추고 있습니다.

제가 알고 있는 불광산은 전 세계에 두루 홍법을 펼치고, 사회에 관한 관심과 교화력도 넓으며, 여러분이 존경하는 성운 대사께서 창건하시어 이끌어오고 계십니다.

올해 12월 14일 불광산에서 거행하는 '다채로운 운남(七彩雲南)'이라는 제2회 교류활동에 저는 가오슝시 대표로 참가해 불타기념관 대각당大覺堂에서 축사를 했습니다.

"세상에는 우리가 존경할 만한 세 가지 부류의 사람이 있습니다. 첫째는 사심 없이 사회 약자를 돕는 자선가이고, 둘째는 나라와 국민을 부강하게 하려고 몸과 마음을 바치는 정치가이며, 셋째는 사심 없이 자신과 타인을 제도하고 중생을 두루 피안으로 인도하는 종교인입니다."

성운 대사께서는 바로 이런 분이십니다. 출가한 지 11년 되던 23세에 중국에서 타이완으로 건너와 타이완 불교에 전에 없던 영광

한국유 가오슝 시장과 부인 이가분李佳芬 씨와 불광산 전등루에서.
2018.11.14 (莊美昭 촬영)

의 시대를 열었습니다. 출가한 지 81년이라는 세월 내내 인간세계에 큰 복을 짓고, 광범위한 영향을 미쳤습니다.

저는 또 불광산의 스님들과 함께 새로 낙성한 장경루藏經樓를 돌아보는 행운도 가졌습니다. 대전의 삼면 벽에 성운 대사께서 쓰신 수많은 일필자 묵보가 있었습니다. 그중 '타인에게 신심을, 환희를, 희망을, 편리함을 주자'는 사급四給 신조는 어느 단체에서나 중요시해야 할 업무신념이라 느껴져 깊은 감명을 받았습니다. 타인에게 준다는 이 신념은 성운 대사님의 신간,『나는 '자까오' 화상이 아니다』중의 핵심가치라고 생각합니다. 즉 자신을 태워 인간 세상을 비추고, 자비와 보시, 희생과 공헌을 한다는 것입니다. 누구보다 먼저 이 책을 볼 수 있다니 영광이라 생각하며, 기쁜 마음으로 모든 독자에게 적극적으로 추천하고 싶습니다.

저는 누구에게나 독서를 장려합니다. 가정에서는 아이들에게 책을 많이 읽는 습관을 길러주었습니다. 타이베이의 농산 운수회사를 운영할 때에는 매월 직접 책을 골라 600명 직원에게 나눠주고, 독후감을 쓰면 상금까지 주었습니다. 누구나 독서를 통해 성격과 자질을 바꿔주고자 했습니다. 현재 가오슝 시장에 있으면서 여전히 매월 좋은 책 한 권을 추천해 주고 시민들을 위해 독후감 공모활동을 개최하고 있습니다. 독서운동 추진은 가오슝의 문화 열기를 고취시켜 책 향기가 널리 퍼지게 하기 위한 활동입니다. 광범위하게 책을 읽음으로써 삶의 시야를 넓히고, 책 속의 철학적 이치와 아름다운 구절을 통해 수많은 어려움과 좌절을 극복해 내는 것이 중요합니다.

『나는 '자까오' 화상이 아니다』 안에는 대사님의 10편의 문장이 수록되어 있습니다. 그 가운데서 저는 불교 전체를 위해 사사로움 없이 삶을 바치는 걸 보았고, 대사님께서 몸으로 좋은 일 하고, 입으로 좋은 말 하고, 마음에 좋은 생각 한다는 인간 '삼호三好' 윤리 규범을 드러내 보이시는 걸 보았습니다. 대사님께서 오탁악세에서 본보기를 세우시는 고요한 혁명을 보았고, 널리 선연을 맺으시는 대사님의 정과 의리가 깊은 인간적 성격도 보았습니다. 고난·병마·좌절을 맞이하는 대사님의 초연한 모습을 보았고, 대사께서 "중생의 고통을 차마 보지 못하고, 성스러운 가르침이 쇠하는 걸 참지 못한다"라는 보살의 마음도 보았습니다.

책 끝의 「에필로그 - 나무는 뿌리가 있고, 물은 근원이 있나니,

나의 혈통과 고향을 간단히 서술한다」에서는 대사의 출생, 출가에 서부터 세상에 홍법하기까지 비교적 완전하게 일생의 처지, 성장 배경, 발심하여 서원하게 된 계기까지 보았습니다. 유년기에서 청 소년기까지 그 수많은 죽음과 공포의 고난을 마주했으며, 특히 혹 독하기로 소문난 총림 교육으로 인해 또 얼마나 많은 이들이 혹독 한 체벌과 야단을 맞고 마음이 돌아섰는지 모릅니다. 그러나 대사 께서는 도리어 거듭되는 시험 속에서 정신적으로 가장 순수하고 커다란 사랑을 불러일으켰습니다. 대사께서는 인내가 곧 힘이며, 고난이 곧 증상연이니 용기와 책임감을 길러준다고 생각하십니다. 그래서 사람은 누구나 무한한 잠재력을 가지고 있으므로 스스로 배워 깨우치고, 자신을 들여다볼 줄 안다면 인성 가운데 가장 귀중 한 정신적 부분을 개발해 낼 수 있다고 우리를 일깨워 주십니다.

대사님의 작품을 접하고 마음속으로 깊은 감동이 일었습니다. 이것은 백세에 가까운 한 스님이 평생 온갖 풍상을 겪으면서 얻어 낸 지혜의 정수라고 생각합니다. 그러므로 책 속의 구절마다 제 마 음을 울리지 않는 구절이 없었습니다. 여기에서 제가 책 가운데 있 던 대사님의 몇 마디를 인용하여 미숙하나마 제가 느낀 바를 이야 기하고자 합니다.

1.

생명이 존재하는 의의는 대중을 떠나서도, 사회에 대한 공헌을 벗 어나서도 안 된다. 그렇지 않으면 밥통이나 옷걸이 노릇만 하는 것 이니 무슨 의미가 있겠는가?

제 인생도 결코 순탄한 편은 아니었습니다. 수많은 좌절과 쓰러짐을 겪기도 했습니다. 17년이라는 시간을 산속에서 홀로 구름을 벗 삼아 칩거한 적도 있습니다. 그래서 대사님이 겪고 깨달으신 바와 유사한 것들을 얻었고, 참된 마음으로 오롯이 들여다보았고 인생이란 바둑판을 분명하게 보게 되었습니다. 그래서 저 자신이 영웅의 길을 가기를 빌었습니다. 설령 영웅의 길이 외롭고 쓸쓸하다 할지라도 '머리는 복잡해도 마음은 단순하게'라는 말을 늘 간직하였으며, 이 고요함의 역량은 사회문제를 대할 때 제가 전심전력할 수 있게 해주었습니다. 급변하는 위기 속 정세를 근심할 때에는 사랑과 포용의 자비심을 잃지 않게 해주었습니다.

대사님께서 타이완에 막 도착하셨을 때는 이름도 알려지지 않았고, 가진 것 하나 없이 어딜 가도 벽에 부딪히며 여러 가지 불공평한 대우를 받는 힘든 상황에서, 오늘날 가르침을 세계에 전하며 부처님의 따스한 빛이 오대주를 두루 비추게 되기까지는 절대 우연이 아닙니다. 세간에 조건 없이 베풀겠다는 한 위인의 발심과 발원은 지혜의 해가 인간 세상을 두루 비추고 감로수가 만물을 촉촉이 적셔주는 것과 같습니다. 17년의 칩거를 생각해 보면, 참된 마음을 가지고, 사회에 봉사하고, 대중에게 복을 지을 기회가 우리에게 있다면 그것이야말로 인생 최대의 복이자, 보살도를 수행하는 길이라 생각합니다.

2.
사람은 태어나면서부터 본래 성품 안에 하나의 성향이 있는데, 어쩌면 신앙의 에너지원이 아닐까 합니다. 나는 좋고 선한 것은 믿고, 나쁘고 악한 것은 믿지 않으며, 신앙의 잣대를 놓고 판가름합니다.

신앙이란 한 사람의 의지력과 생명이 깨달음을 얻는 근원이며, 생명의 본질을 꿰뚫어보고, 사람과 사물을 관찰하는 법칙을 알아내 도와주는 것이라고 저는 생각합니다. 선악과 시비가 끊이지 않는 실생활에서 진위와 허실을 분명히 가리고자 하면, 우리가 중심을 확고히 다지는 데 있어 신앙은 절대 필요요소입니다.

　시장선거 전에 저는 불광산에 들러 예불한 적이 있습니다. 당시 불제자들과 함께한 법회에서 제가 할 수 있는 축복의 방식은 자리

한국유 가오슝 시장이 부인 이가분 씨와 함께 불광산을 찾아 대사를 방문. 한 시장은 자신 역시 불교도라며 자신의 인생 침체기를 벗어나게 해준『반야심경』에 감사한다고 말했다. 현장에서『반야심경』을 낭독하며 법회에 참여한 불광인을 축복하였다. 2018.11.14 (莊美昭 촬영)

에 있던 모두에게 『반야심경』을 암송하고 독려하는 것이었습니다. 『반야심경』은 일찍이 저와 함께 생명의 심산유곡을 함께 견뎌 왔으며, '마음에 걸림도 의심도 없다'고 하는 관세음보살의 대지혜는 인생에는 반드시 들고 내려놓기를 자유로이 해야 하며, 어떠한 생활 속에서도 늘 갈고 닦아야 함을 깨닫게 해주었습니다. 사람은 저마다 마음에 햇빛을 만들어 타인과 나를 서로 비추며, 함께 세간에 색채를 더해 나갈 수 있어야 합니다.

3.
우환은 우리의 신심을 기르고, 어려움은 우리의 역량을 증가시키지만, 기쁨이야말로 인생에 있어 가장 중요한 보물이다.

'천지는 깨뜨릴 수 있어도, 열정은 깨뜨리지 못한다'라는 말이 떠오릅니다. 선거기간 동안 저는 하루에 십여 개의 일정을 소화하다 보니 밥 먹을 시간조차 없어 체중은 60kg까지 빠지기도 했습니다. 여러 차례의 유세 일정 때문에 피로에 구토까지 하며 원기를 크게 상하기를 여러 차례 했습니다. 그러나 경선 일정을 끝까지 마무리할 수 있게 저를 지탱해 준 것은 가오슝 시민들께서 저를 만날 때마다 보여주신 열정과 신임이었으며, 그 힘으로 저는 다시 팔을 걷어붙이고 나아갈 수 있었습니다. 가오슝 시장에 취임한 후, 저는 감사한 마음으로 278만 시민의 간절한 소망을 어깨에 메고 시 정부와 시민이 함께 '가오슝이여, 날아올라라. 남방南方이여, 일어나라'라는 밝은 미래를 창조하려 합니다. 그러므로 시민을 위해 금산金山·은

산銀山·고산靠山이라는 가오슝 삼산三山을 만들 것을 허락한 것처럼, 23세에 대사께서 발원하신 "불교가 나를 의지하게 하겠다"라는 굳건한 책임을 저도 깊이 느낄 수 있었습니다.

『나는 '자까오' 화상이 아니다』를 읽고 대사님과 마음으로 대화를 나눌 수 있어 무척 기쁩니다. 이 책은 제게 깊은 감동을 주었으며, 구절마다 무한한 깨달음을 얻게 하였습니다. 다시 한번 자세히 읽어볼 가치가 있어 책상에 두고 시간 날 때마다 넘겨보고자 합니다. 저는 젊은 학생들에게 '뿌리는 타이완에, 가슴에는 중국을, 눈은 세계로, 우주를 정복하자'라고 독려한 적이 있습니다. 이 책에서 대사님께서 적극적으로 나서 분발하고, 스스로에게서 구하려 하며, 각고의 인내를 하고, 개척해 나가는 데 망설임이 없으며, 언제 어디서나 타인을 위하는 '자까오 하지 않는' 행동은 젊은이들이 배우고 본보기로 삼을 만합니다.

우리의 귀중한 섬 타이완에 성운 대사님과 같은 훌륭한 종교지도자가 계셔 불광산과 불타기념관과 같은 웅장한 규모의 불교 도량을 세우시고, 전 세계의 모든 대중에게 복을 주시니, 타이완 국민의 복이라 생각하고 소중히 아끼고 가꿔 나가야겠습니다.

* 글쓴이 한국유韓國瑜는 가오슝시 시장으로 2020년 6월 초까지 시장을 역임했다.

성운 대사의 축복

2016년 초 우리는 전체 크게 12개 분야, 365권, 3천여만 자에 달하는 『성운대사 전집』 편집에 착수했습니다. 편집하는 동안, 스님 역시 작가이자 오랫동안 편집을 해오신 분이라 우리 '전집' 편집팀은 언제나 대사님의 지도를 받을 수 있어 수많은 문제가 자연스럽게 해결되었습니다.

같은 해 10월 대사께서는 뇌출혈로 수술을 하셨지만, 삼보의 가피와 많은 보살님들의 도움으로 회복이 무척 순조로웠습니다. 각계의 관심에 대해 대사님께서는 "나는 병이 나지도 않았고, 고통스럽지도 않습니다. 다만 불편할 뿐입니다"라고 말씀하셨습니다. 회복하는 동안 대사님께서는 계속해서 일필자를 쓰셨고, '좋은 묘목 계획'을 펼치셔서 젊은이들이 순조롭게 배울 수 있게 도우셨습니다. 구법을 위해 찾아온 이에게는 『불법의 참된 의미(佛法眞義)』를 설하시며 설창說唱 포교를 제창하셨습니다.

국가사회에 관심을 가지신 대사께서는 민심이 원하는 바에 따라 『연합보聯合報』, 『중국시보中國時報』에 연이어 「적敵 - 우리 잠재력을 끌어올리니 두려워 말고 친구로 여겨야 한다」, 「나는 타이완 중국인이라 할 수 있다」, 「나는 '자까오' 화상이 아니다」 등의 글을 발표하며 국민의 안락과 복지, 인간의 공평과 정의를 위해 목소리를 내셨습니다. 또 이 몇 편의 문장이 매체와 대중의 열화와 같은 토론을 끌어내면서 국내외 독자에게 두루 반향을 일으켰고, 서적으로 출판해 달라는 요구가 들어오기 시작했습니다. 그래서 『나는 '자까오' 화상이 아니다』라는 책이 무수한 대중과 만나는 인연을 갖게 되었습니다.

평생 이해와 실천을 동등하게 중시하신 대사님께서는 진리를 배우고 봉행하려는 마음을 가진 분에게는 훌륭한 본보기가 되십니다. 편집팀은 여러 차례의 토론을 거쳐 『나는 '자까오' 화상이 아니다』를 중심으로 삼아 승속 이부대중의 수행자와 인연 있는 사회 대중을 위하여 「부처님이 말씀하시고, 인간이 필요하며, 깨끗하고, 아름다운 것」이란 법요집 한 권을 편집하였습니다. 그리하여 불광법수 안에서 저마다 번뇌를 보리로, 어둠을 광명으로 바꾸며 입신과 처세에서 환희와 희망의 길로 나아가게 하기로 했습니다.

실천은 진리를 검증하는 유일한 방법입니다. 서적 전체는 10편의 글로 이루어졌으며, 대사님의 성장·신앙·발심·홍법·증득한 도리를 핵심으로 '인간의 원력 성취(불교를 위해)', '신앙의 역량 증장(신앙 발자취)', '인간에 더 많은 일을 하다(현지 풍경)'의 세 단원으로 나눠 대사의 100년 가까운 생명의 여정을 서술하였습니다. 인간불교의 추진을 위해 처음 발심에서부터 형언할 수 없는 갖은 고난을 거쳐 기쁨에 이르는 일생 동안 늘 "어려움이 있어도 앞으로 나아가야 한다"를 견지하셨습니다. 대사께서는 '자까오 하지 않음'

'나는 부처다', 감내하면 인생이 달라진다. (薄培琦 촬영)

을 견지하시고 불교에 기대어 생을 영위하지 않겠다는 서원을 하셨습니다. 또 불교가 나를 의지하고, 불교를 더 넓히겠다는 신념을 발원하게 하시어 타인과 세간에 아름다움을 더하고, 기꺼이 희생과 공헌으로 보은하는 사람이 되도록 하셨습니다.

일반 대중이 느끼는 불교의 수행은 험준한 산봉우리를 오르는 것처럼 어렵고, 깊고 깊은 심연에서 실족하는 것처럼 무서운 것이라고 할 수 있습니다. 그러나 대사께서는 '나의 신앙 여정'의 문장을 통해 자신이 깨달으신 바를 가지고 우리에게 인간불교 신앙을 이해할 수 있게 해주십니다. 생활에서 수행을 시작하고, 자비롭게 베풀며, 머묾이 없는 마음을 보여준다면 무한한 법회와 선열이 생겨날 것이며, 완전히 달라진 인생을 누릴 수 있음을 보여주십니다.

책 뒷부분에 수록된 「에필로그 - 나무는 뿌리가 있고, 물은 근원이 있나니, 나의 혈통과 고향을 간단히 서술한다」에 서술된 문장을 통해 여러분은 마치 유년 시절의 대사님을 따라서 함께 전쟁을 겪고, 외할머니와 함께 어수선한 세상을 분주히 뛰어다니다가 '죽음을 마주해도 절대 당황하지 말아야 한다'라는 초월적 생사관을 느낄 수 있습니다. 이밖에 독자들께서 성운 대사님을 더욱 잘 아시길 바라면서 『성운대사 전집』 일람표를 첨부합니다.

　『나는 '자까오' 화상이 아니다』는 모든 이의 분발의 본보기라는 것 외에도, 인간불교 실천수행의 전당에 들어가도록 돕는 것이자, 저마다 자아를 끌어올려 스스로 마음을 즐겁게 하고, 자타가 화합하고 공경하며, 가정이 화목하고, 나아가 사회가 화합하고, 세계가 평화롭기를 바라는 세상에 대한 대사의 축복이자, 인연 있는 모든 분을 위한 축원입니다.

세상에 공짜 점심은 없다
——인간의 원력 성취

저는 항상 생각합니다. 세상에 와도 산속에서 자기 수
행만 하고 대중을 위해 봉사하지 않는다면 세상에 온들
무슨 의미가 있을까?

융제融齋 스님께서는 불도를 이루기 전에 먼저 중생을 제
도하겠다고 발심하는 것이 보살의 마음을 내는 것이라는
가르침을 주셨습니다. 그래서 저는 보살이 되겠다고 발원
했습니다. 초아패종(焦芽敗種: 타버린 싹과 썩은 종자)이 되
지 않겠다는 지봉芝峰 스님의 그 말씀을 늘 마음에 새긴
저는 불교의 초아패종이 되지 않겠다고 다짐했습니다. 저
는 수행이라는 명분을 내세워 불교의 음식을 축내지 않
고, 수행이라는 이름을 쓰고 일생을 빈둥거리지도 않겠습
니다. 저도 또한 그처럼 이룬 것 없이 일생을 보내길 원치
않습니다. 저의 생명은 불교를 위해 태어났으므로 마땅히
불교를 위해 일할 것이며, 사회의 재물이 아닌 불교를 바
라볼 것입니다.

나는 '자까오' 화상이 아니다 (1)

난징의 서하산, 전장(鎭江)의 금산과 초산, 창저우(常州)와 티엔닝(天寧) 등 여러 곳에서 참학하였습니다. 봄바람처럼 따스하면서도 매서운 겨울의 찬 서리와 같은 교육 속에서 저는 묵묵히 공부하고, 조용하게 성장하면서 늘 불교의 은혜에 어떻게 보답하면 좋을지를 생각했습니다. 오랜 세월 불교에 의지해 생을 이어나가지 않고, 오히려 불교에 공헌해야겠다는 것이 제가 어려서부터 키워온 신념입니다.

'자까오(呷敎)'는 타이완 말로, 종교에 기대어 밥을 먹고 산다는 의미입니다.

일본인의 억압 통치에서 막 광복된 타이완 사람들의 생활은 무척 빈곤했습니다. 일부 종교에서는 개종을 조건으로 분유나 옷가지를 나눠주기도 했습니다. 대다수 사람들은 끼니를 때우고 생활해 나가기 위해 신앙을 개종하였습니다. 그래서 어떤 이가 이것을 모두 '자까오(종교의 밥을 먹다)'라고 말했습니다.

'자까오'는 곧 불교에 기대어 먹고 사는 것입니다. 1949년 저장성(浙江省) 보타산에서 진공塵空 스님이 자운煮雲 스님을 통해 제게 편지 한 통을 보내셨습니다. 오늘날 우리 불교의 젊은이들은 "불교가 내게 의지토록 해야지, 내가 불교에 의지해서는 안 된다"라는 생각을 가져야 한다는 내용이었습니다. 제게는 커다란 울림을 주는 말씀이셨습니다.

저와 진공 스님의 관계는, 그분은 스승이시고 저는 학생이며, 한 번 정도 만난 인연밖에는 없습니다. 그때가 1947년(민국 36년)인데, 초산焦山에서 열린 제1회 중국불교사무원 훈련반에서 알게 되었습니다. 그러나 불교가 나를 의지케 하라는 말은 제 마음의 등불이 되었고, 제 신심을 밝히고 역량을 배가시켰습니다.

은혜에 보답, 불교에 공헌하다

가난한 가정에서 태어난 저는 7, 8세쯤에는 부모에게만 의지해 생계를 이어가야만 하는 가정형편에서 소년공으로 일하면서 돈을 벌어 가정에 보탬이 되고 싶었습니다. 그 뒤로 새벽에는 개똥을, 저녁에는 소똥을 주워다가 쌓아서 퇴비를 만들고, 그것을 내다 파니 약간의 돈을 벌게 되었는데, 어른들도 기뻐하시고 저 자신도 기분이 좋았습니다.

출가한 뒤에는 불교에서 나를 길러주고 교육해 준다고 생각하며, 욕하고 때리고 억울함을 당해도 전부 마음에 두지 않았습니다. 난징의 서하산棲霞山, 전장(鎭江)의 금산金山과 초산焦山, 창저우(常州)와 티엔닝(天寧) 등 여러 곳에서 참학하였습니다. 봄바람처럼 따스하면서도 매서운 겨울의 찬 서리와 같은 교육 속에서 저는 묵묵히 공부하고, 조용하게 성장하면서 늘 불교의 은혜에 어떻게 보답하면 좋을지를 생각했습니다. 오랜 세월 불교에 의지해 생을 이어나가지 않고, 불교에 공헌해야겠다는 것이 제가 어려서부터 키워온 신념입니다.

저는 은혜를 갚는 사람이 되길 기원하며, 제가 타인에게 줄지언정 타인이 제게 주기를 원치 않는다는 발원을 했습니다. 그래서 은사스님이신 지개상인

성운 대사의 은사스님이신 지개 상인.

(志開上人, 1911~1979)의 '반 그릇의 짠지 반찬(半碗鹹菜)'의 은덕은 제게 홍법이생弘法利生의 삶을 살아야겠다는 의지와 소망을 갖게 하였습니다. 이것이 제 본래 성품입니다.

총림 사원에서의 폐쇄된 10년간의 참학 생활 동안 저는 거의 매년 밥 당번, 나무 당번, 물 당번 등의 고된 일을 맡아 했습니다. 이 많은 일 가운데 반드시 제가 해야만 하는 일이 아닌 것도 있었겠지만, 그래도 저는 자원 발심하여 기꺼이 했습니다. 저는 하루도 쉰 적이 없었고, 밥을 지어 대중에게 공양하길 좋아하는 것이 제 장점이라 느꼈습니다. 사실 출가했을 당시만 해도 저 역시 특별한 희망을 품지 않았습니다. 그저 공양간 화상이 되고자 생각했을 뿐, 사람들이 말하는 무슨 '대사'니 하는 화상이 되고 싶지는 않았습니다.

1938년 성운 대사가 수학할 때, 남경 서하산에서 지개상인을 은사로 출가.

저는 밥하는 소임 승려가 제 인생에 가장 큰 행운이라 여겼습니다.

10년의 사찰 생활이 지나고 제게는 다시 조정祖庭인 이싱(宜興)의 대각사로 돌아갈 기회가 생겼습니다. 여기도 빈한한 사찰이기는 했지만, 사찰 안에 농장이 하나 있었습니다. 저는 원래 농부의 자식이었으니, 농사로 생활을 유지할 수도 있겠다고 생각했습니다. 사찰 부근에 소학교가 하나 있었는데, 운 좋게도 그곳에서 가르치는 행운도 얻었습니다. 저는 출가자이지만, 뭔가를 생산해 내야 사람들로부터 소비만 한다는 비난을 받지 않을 것 같았습니다. 불교에만 기대어 밥만 먹고 살기는 싫었으며, 사회로부터 구제를 기대하는 것은 더욱 원치 않았습니다. 자신의 힘으로 일어나, 자신의 힘으로 먹고살고자 했습니다.

어떤 인연인지 모르겠으나 고된 밥 당번 소임승인 저는 타이완까지 건너오게 되었습니다. 타이완 사람의 선량함, 타이완의 물과 쌀이 저를 키우고 길러주었습니다. 심지어 그들은 저를 스님으로 깍듯이 모시며 설법을 청하였습니다. 부처님의 가르침은 평등하여 높고 낮음이 없다는 말씀처럼 경전 설법도 음식을 만들어 대중에게 공양하는 것과 같다고 생각하고 분별하지 않았더니, 어느새 저는 사찰을 세워 홍법하고 승가를 머물게 하고 중생을 제도하는 길로 들어섰습니다. 솔직히 90세가 된 지금도 못다 이룬 꿈이 무엇이냐 물으신다면, 저는 제일 처음 원했던 밥 짓는 승려가 이제는 될 수 없는 게 유감이라 할 겁니다.

중생 제도에 봉사, 초아패종 하지 않겠다

타이완에 처음 도착한 성운 대사(둘째 줄 좌측 일곱 번째)는 중리中壢 원광선사 주지이신 묘과妙果 화상의 도움으로 방부를 들이게 되며, 타이완에서 입지를 다지고 전 세계로 홍법할 인연을 얻게 되었다. 사진은 중리 원광선사 '미타불 7일 법회 창설'. 중앙: 묘과 화상. 우측 다섯 번째: 손장청양 거사. 좌측부터 자운慈雲·율항律航 스님 등. 1950.10.11

처음 타이완에 왔을 때를 회상해 보면, 저는 중리中壢에 있는 원광사圓光寺에서 물 당번을 했습니다. 매일 600통의 물을 길어 사찰 80명 전원이 사용하게 했습니다. 날이 밝기도 전에 손수레를 끌고 시장에 나가 절에서 필요한 물품을 사 왔습니다. 사찰에서 청소·마당 쓸기·짐 짊어지기·곡식 빌려주고 받기·사찰 입구 지키기 등의 소임을 저는 거절해 본 적이 없습니다. 대중에게 봉사하겠다는 인생관이 있으면 자신의 일생을 실망스럽게 만들지 않을 겁니다.

저는 기왕에 출가하였으니 힘써 수행을 해야겠고, 기왕에 공부하고자 한다면 공부하는 환경을 만들어야겠다고 생각한 적이 있습니다. 사찰에 계신 호법신도께서 제가 폐관하는 동안 도와줄 테니 글을 쓰는 데 전념하라고 말씀해 주셨습니다. 영암산靈巖山에서 일생 염불하는 생각을 한 적도 있고, 선방에서 참선하다가 생을 마치기를 진심으로 원한 적도 있습니다. 그러나 만일 제가 폐관 수행하여 깨달음을 이뤄 서방 극락세계나 동방 유리세계에 도달하였다고 합시다. 제게 음식을 공양하고 보살펴주었던 많은 분이 여전히 사바세계에 있다면 그들은 어떻게 합니까?

생각해 보십시오. 이것은 이기적인 행위로, 대중에게 이롭지 못합니다. 타인을 고려하지 않고 자신의 성공만을 위하는 그런 생각은 잘라버려야 합니다. 융재融齋 스님께서는 불도를 이루기 전에 먼저 중생을 제도하겠다고 발심하는 것이 보살의 마음을 내는 것이라는 가르침을 주셨습니다.

그래서 저는 보살이 되겠다고 발원하였습니다. 지봉芝峰 스님

출가자는 밖으로 나가야 대중을 이끄는 스님이 될 수 있다. (邱麗玥 촬영)

의 그 말씀을 늘 마음에 새긴 저는 불교의 초아패종(焦芽敗種: 타버린 싹과 썩은 종자)이 되지 않겠다고 다짐했습니다.

사람 몸 귀하니, 헛되이 보내서는 안 돼

저는 산을 오르내리는 활동적인 삶과 세속을 등지고 홀로 거주하며 자연과 동화되어 누리는 자유로운 삶을 좋아하는 성격이었습니다. 산속에 머물면서 수행하며 아침저녁 법당에서 염불하는 것 외에는 다른 일 없이 자유로운 생활을 할 수 있다면 무척 즐거운 일입니다. 그러나 이 세상에 와서 단지 산속에서 자기 수행만 하고 대중을 위해 봉사하지 않는다면, 세상에 온 의미가 없지 않겠냐고 저는 항상 생각합니다.

불교 내에는 누군가를 대신해 경전을 독송하거나 참회 기도를 해주면서 훙빠오(紅包: 붉은 봉투, 보시금)을 약간 받아 생계를 유지하는 사람이 적지 않습니다. 경전 강의는 어렵지만, 염불은 비교적 간단하기 때문입니다. 살아나가기 쉽지 않았던 그 시절, 저 역시 염불을 하러 갔으니 이것 역시 불교에 의지해 생계를 유지한 것은 마찬가지입니다. 거기다가 저는 음치여서 경전 독송은 전혀 제 희망이 아니었습니다. 사람의 생명은 더없이 귀하며, 부모님께서 나를 낳고 기르셔서 세간에 사람 노릇을 할 기회를 주셨는데, 이렇게 쉽게 자신의 인생을 포기해야 하는가 라는 생각이 들었습니다.

저도 아무 일도 하지 않으며 이곳저곳을 운수 행각하는 출가자를 본 적이 있습니다. 그들의 여비는 어디서 나오는 것인지 모르겠습니다. 또 그들은 무엇을 위해서 이렇게 이리저리 돌아다니는 것인지도 모르겠습니다. 물론 저도 이곳저곳으로 참학을 다니며 견문을 더 넓히고도 싶습니다. 그러나 이것을 위해 대중에게 도와주십사 보시금을 내게 하고, 그 보시금으로 내가 운수행각 한다면 과연 공평한 일입니까?

저는 작은 사찰에 기거하는 일부 사람들이 매일 문을 걸어 잠갔다가, 겨우 초하루와 보름에만 대문을 활짝 열어 신도들이 참배할 수 있게 하고 보시 등을 받아 하루 세 끼 먹으며 생활을 유지해 나가는 것 또한 보았습니다. 그러나 저는 그러한 출가자가 되지 않을 겁니다.

1952년 신주(新竹)에 있는 '타이완불교강습회'에서 인순印順 스님께서는 제게 "수행하라, 수행하라. 이 이름을 빌려 그렇게 말하는 사람이 있다면 사실 게으름의 대명사이다"라고 말씀하신 적이 있습니다. 그래서 저는 수행이라는 명분을 내세워 불교의 음식을 축내지도 않고, 수행이라는 이름을 빌려 일생을 빈둥거리지도 않겠습니다.

저도 일생을 어떻게 살아가야 하는지를 늘 염려합니다. 생명이 존재하는 의미는 대중을 떠나서도 안 되고, 사회에 대한 공헌을 떠나서도 안 된다고 생각합니다. 그렇지 않으면 그저 밥통이나 옷걸이 노릇만 할 뿐이니, 이게 무슨 가치가 있겠습니까?

생명의 의의는 세상에 공헌하는 데 있다

종종 누군가 "뜻이 꺾이거나 퇴색할 때가 있습니까?"라는 질문을 합니다.

저는 이렇게 느꼈던 적은 없습니다만, 앞길이 막막해서 어떻게 해야 좋을지 모르는 경우는 자주 있었습니다. 특히 타이완에서 사찰의 공양간은 대부분 비구니 스님이 책임을 지고 있어, 젊은 화상인 제가 공양간에서 밥 짓는 소임승을 할 수 없었고, 결국 일생의 유감으로 남았습니다. 수행을 말하자면, 공양하는 마음으로 밥 짓고 요리하는 것은 매우 훌륭한 수행이 아닙니까? 그 수많은 고행의

불광산이 설날(春節) 평안등 법회를 거행하고 불교문물 및 각종 화등 전시회를 개최하면 예불하러 오는 신도는 10만에 달한다. 불광산에 인파로 들끓는 걸 보신 대사께서는 신도가 한끼 공양할 수 있게 준비하라고 불이문의 과락재 공양간에 당부한다. 1982.1.25 (高수幅 촬영)

두타행자는 '그 자리에서' 수행하는 것 아닙니까? 모두 생활 속에서 수행하는 것을 알지 못한 까닭에 불교는 사회와 서로 엇나갔습니다.

불광산 개산 초기를 생각해 보면, 설비는 매우 낡았지만 이미 적지 않은 『각세순간覺世旬刊』의 독자들이 소식을 듣고 찾아와, 드디어 제가 솜씨를 보일 큰 기회를 주셨습니다. 그 당시, 불광산을 찾아왔는데 제가 안 보인다면 아마 주방으로 오면 바쁘게 이리저리 뛰어다니는 저를 발견할 수 있다는 것을 신도라면 누구나 알고 있었습니다.

어느 해 설날, 저는 과락재果樂齋에서 볶음면을 만드는 데 즐거울 정도로 바빴습니다. 점심 한끼에 면을 20번 볶은 기록을 세운 적도 있습니다. 제자들도 목공 일과 미장공 일 외에도 자신들의 은사스님이 볶음면도 맛있게 만들고, 나물볶음도 만들어 낼 수 있다는 것을 느끼면서, 입이 마를 새 없이 칭찬했습니다. 가오슝시 구국단救國團 총간사 장배경張培耕 선생은 제가 만든 국수 한 그릇을 먹었던 기억이 20년이 지나도 잊히지 않는다고 말한 적이 있습니다.

그러나 운명은 이와 같은 발심을 할 장소를 제게 허락하지 않았습니다. 하지만 다행스럽게도 이 소임 외에 저 자신의 또 다른 능력을 발견하였습니다. 바로 글을 쓰는 것이었습니다.

초기 타이완의 환경이 매우 어렵고 힘들어 『인생』·『보리수』·『각생』 등의 불교 잡지에 원고를 써도 대부분 원고료를 제공하지 않았습니다. 그래도 저는 끊임없이 글을 제공하며 그들이 게재하게 했습니다. 저는 심지어 원고료를 받고 싶지도 않았고, 원고료를 주겠다고 하는 사회를 대표하는 수많은 잡지와 기간제 간행물에 글을 기고하는 것을 원치 않았습니다. 저의 생명은 불교를 위해 태어난 것이기에 불교를 위해 써야 하고, 마땅히 불교를 바라봐야지, 사회의 재부를 봐서는 안 되기 때문입니다.

어느 출판사의 원고모집인지 기억나진 않지만, 제가 쓴 글 한 편으로 상금 150위안을 받은 적이 있습니다. 50년대 타이완 사회는 물질이 보편적으로 상당히 부족했습니다. 저는 상금으로 『사해辭海』 책을 한 권 사서 첫 장에 이렇게 적었습니다.

"이 무언의 스승은 나와 앞으로 무수한 세월을 함께하며, 세상의 지식을 보게 하고 더 높이 날아오르게 할 것이다."

저는 매우 운이 좋다고 느꼈습니다. 몸 쓰는 일과 음식 만드는 것 외에도 불교를 위해 공헌할 곳을 하나 더 보탤 수 있으니, 그것은 글을 써서 불교를 보호한다는 것입니다.

24세 전후에는 『석가모니불전』·『관세음보살보문품 강화』·『소리 없는 노래』·『옥림국사玉琳國師』·『십대 제자전』·『팔대인각경 강화八大人覺經 講話』 등을, 관련 참고 서적이 부족한 상태에서도 한 권 한 권씩 계속해서 완성해 나갔습니다. 그 소책자들은 지금 생각해 보면 완벽하지 않은 것 같아 책장을 넘겨보기도 부끄럽습니다. 그러나 제자들은 저를 위로한다며, 어떤 교수나 학자는 옛날에 쓴 이들 작품 내용을 가지고 대학의 연구 자료로 쓰기도 한다고 말합니다. 말씀드리기 부끄럽지만, 이 습작들이 수준이 높지 않은 것은 사실입니다. 그러나 이 많은 서적이 수만 권, 심지어 백만 권 이상 유통되었음을 알았을 때야 저는 약간 안도가 되었습니다. 이것이

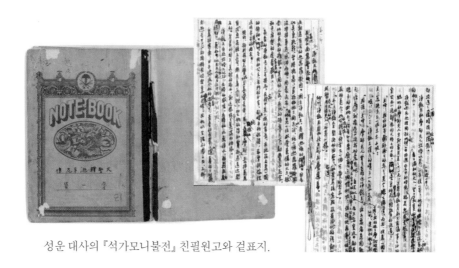

성운 대사의 『석가모니불전』 친필원고와 겉표지.

불법을 넓게 펼치는 것 아니겠습니까? 불교가 저를 의지하게 한다
는 것 아니겠습니까?

무無를 유有로 삼아, 무한하고 무량한 발심

일생을 '빈승'이라 자처한 저는 수백 개의 사찰, 수십 개의 대학·중
학교·초등학교·유치원·중화학교 등을 세웠지만, 이 모든 것은 사
회 대중의 것이자 불교 호법신도의 것이지 저의 것이 아닙니다. 제
'빈승이란 성격'은 일생 바뀌지 않았습니다. 이것은 가지고 태어난
것이 아닙니다. 감사를 드려야 한다면 훌륭한 교육을 해주신 자비
로운 스승님께 드려야 마땅합니다. 중국에서 스승님을 따르던 10
여 년 동안 저에게 평소 옷 한 벌·돈 한 푼 주신 적 없으며, 또 참학
을 가는 것조차도 허락하지 않으셨습니다. 출가하여 화상이 되었

으나, 그 나날들은 집에서의 생활보다 더 가난하고 힘들었습니다.

그토록 위풍 넘치는 대화상께서 스승이 되었는데, 어찌 자신을 그토록 초라하게 만드셨을까요? 자비로우며 위대하신 은사스님께서는 저의 앞날에 물건을 사들이는 습관을 없애고, 물질에 대한 욕망을 없애도록 저를 길러주셨음을 지금에서야 느낄 수 있습니다. 그래서 저는 항상 '무無를 유有로 삼는다'는 관념을 얘기합니다. 무는 없음이 아닙니다. 여러분이 이해하고 난 후에는, 발심만 한다면 무는 무궁무진하며, 무한하고, 무량한 것입니다.

그 후로도 저는 강설과 설법, 염불과 교육을 촉진하며, 예술·문학·글쓰기에 뛰어들었습니다. 청년을 위해 보습반을 개설하고 노인을 위해 염불 도량을 조직했습니다. 이렇게 하였으니 저 자신은 '교단에 기대어 먹고 사는' 사람은 아닐 거로 생각합니다.

이때 많은 청년이 찾아왔고, 저를 따라 출가하여 불도를 배우겠다는 의사를 밝혔습니다. 처음 그들은 제 허락을 구하지도 않은 상태에서, 스스로 머리카락을 자르는 행동을 해서 저는 부득이 그들을 위해 소규모의 불학원을 설립했습니다. 한 해 한 해 학생을 모집하고, 학생이 해마다 늘어나면서 가오슝 시내에 있던 수산사壽山寺에서 만산滿山 마주(麻竹)의 불광산으로 옮겼고, 이윽고 개산하기에 이르렀습니다.

불광산 건립 초기에는 도처가 온통 개울이고 웅덩이였으며, 지표는 일찌감치 빗물에 씻겨 내려가 버리고 없었습니다. 좁다란 산길조차도 없어 하천이나 도랑을 따라 걸어야 했으니 무슨 사찰을 건립할 수 있었겠습니까? 어느 신도께서 보시고는 귀신조차도 안

불광산 건축 총 공정사인 소정순蕭頂順 선생은 당시를 '오로지 지형에 맞췄고, 어디를 가든 스님께서 나뭇가지로 땅에 간단하게 그림을 그리며, 고랑을 어찌 메울지 두 사람이 손짓과 발짓으로 상의했다'라고 회상했다. 1968년

찾아올 곳이라고 말했습니다.

그러나 저는 도량을 지어 부처님께서 오시면 되지, 귀신이 안 오는 게 무슨 상관이 있냐고 생각했습니다.

베트남 화교이신 저백사褚柏思 부부의 선의를 받아 저는 이 땅을 받았지만, 마음속으로는 돈이 있으면 천천히 지어 나가면 되고, 돈이 없어 공사가 중단해도 큰 문제는 아니라고 생각했습니다.

이렇게 해서 산림을 개발하고, 학생은 날로 증가하였으며, 출가를 요청하는 제자들 역시 갈수록 늘어났고, 각종 건설공사와 홍법사업에 참여하겠다는 신도들이 또한 찾아왔습니다. 50여 년 동안 불학원은 학생모집을 멈춘 적이 없습니다. 기타 대학과 중학교는

회은당懷恩堂에서의 첫 삭발의식. 1968.9.19

빼고 불학원의 학생만 보면 한차례의 모집 인원수가 6백 명을 웃돈 적도 있었습니다. 그들이 먹고, 쓰고, 용돈까지 모두 제가 제공하기로 약속했으니, 이때에서야 어렵고 힘든 느낌이 피부에 확 와 닿았습니다.

타인을 위해 경참불사를 하길 원치 않았던 저는 마음에 문득 장례식장에 가서 밤새워 염불을 해주는 것 정도야 뭐가 대수겠는가, 밤새워 해주면 보시금을 좀 더 받을 수 있고 불학원을 여는 데 보탤 수 있을 거란 생각이 들었습니다. 이렇게 해서 현재 불광산 총림학원은 불교 역사 이래 건학한 지 50년 이상 된 첫 학교이자, 매년 학생모집을 하는 불교대학이 되었습니다.

물러남을 나아감으로 삼아, 법수가 오대주에 흐르게 하다

저는 출가자가 하나의 직무를 맡은 뒤, 그 지위에 올라서서는 내려오려 하지 않는 것에 대해선 절대 동의하지 못합니다. 책임자가 되는 것도 한때이고, 주지나 대화상이 되는 것 역시 한시적입니다. 현대 사회는 어떤 일을 하든 모두 임기가 정해져 있습니다. 이른바 장강長江도 뒤에 오는 파도가 앞의 파도를 민다는 말처럼, 당신이 내려와야 뒤의 사람이 올라가지 않겠습니까?

저는 개산 초기에 주지의 임기는 6년이고 한 번에 걸쳐 연임할 수 있으며, 12년 임기를 마치면 반드시 직을 벗고 내려와야 한다는 제도를 수립하였습니다. 후에 제자들의 요구를 거절하지 못하고, 또한 불광산이 개산하여 무척 힘든 시기였던 터라 할 수 없이 다시 한차례 더 임기를 지냈습니다. 불광산 개산 18년 뒤 우리는 1,300명의 어르신을 초청해 불광산에서 함께 60세 생일을 지냈습니다. 때가 되었다고 생각해 저는 단호하게 퇴위하며 불광산 주지의 자리를 떠났습니다.

제자들의 의존하는 습관이 생기는 걸 막기 위해 저는 세상을 다니며 홍법하겠다는 생각을 했습니다. 제일 먼저 미국에 서래사를 세우고, 후에 호주에 남천사·중천사를 건립했으며, 계속해서 유럽, 아프리카, 남미 등지에 사찰을 건설하였습니다. 그밖에 아시아의 홍콩·태국·말레이시아·일본·싱가포르·한국 등지에 계속해서 분별원을 설립했습니다. 이렇게 신도들은 저와 함께 고생하며 전 세계에 2, 3백 개의 도량을 현지의 인연에 맞춰 건립하기 시작

1985년 대사께서 '퇴위'하시며, 1957년 이란(宜蘭)에서 대사를 따라 출가한 심평 스님이 성운 대사에 이어 불광산 제4대 주지로 취임했다.

했습니다.

퇴위 덕분에 인간불교가 오히려 전 세계로 더 나아가게 될 줄은 몰랐습니다. 많은 학자들이 과거 부처님께서 불교를 오인도五印度에 가져오셨지만, 불광산은 불교를 오대주에 가져와 북방불교를 국제화시킨 첫 번째 교단이 되었다고 말합니다.

솔직히 말하면 제가 처음 사찰을 세운 목적이 오로지 홍법이생의 큰 원심을 발하여서는 아닙니다. 제자와 신도가 많아졌을 때, 어디를 가든 공양을 해야 하는데 많은 신도를 데리고 자매결연한 사찰 도량을 방문해 공양할 적에 보시하지 않으면 미안하고, 보시를 해도 미안합니다. 어느 쪽도 미안하기는 마찬가지인지라, 차라리 자주 가는 곳에 사찰을 세워 함께 가는 사람 모두 공양케 하자는 것이었습니다.

장화(彰化)에 있는 복산사福山寺가 바로 타이완 남북을 오가며 홍법하고 가오슝과 타이베이를 오갈 때마다 공양 문제를 해결하기 위해 건설된 곳입니다.(당시는 고속도로가 건설되기 전이다) 그곳은 환경을 보호하고 쓰레기를 회수하여 작은 이익을 조금씩 모아서 건설한 사찰입니다. 사찰 이름을 환보사環保寺 또는 공양사供養寺라고 지었다가 여러 사람의 의견을 따라 복산사라고 고쳤습니다.

인간 세상에서 여러분은 저에게 의지해 밥을 먹지만, 저 역시 여러분에게 의지해야 존재할 수 있습니다. 이것이 불교에서 말하는 인연법이며, 여러분은 서로 선하고 좋은 인연 가운데서 한마음 한뜻으로 살아가기를 바랍니다. 불광산 건설 초기, 대중이 찾아와 기부한다면 대부분은 신도가 기부를 좀 더 많이 했으면 하고 바랍니다. 그러나 저는 그들이 기부를 좀 적게 하길 희망했습니다. 작은 물줄기가 모여 커다란 강줄기가 될 수 있고, 기부가 너무 많으면 오히려 부담되기 때문입니다. 그래서 저는 줄곧 일만 집의 밥 한 공기를 먹을지언정 한 집의 상차림을 받기 원치 않는다고 주장합니다.

법과 교단 수호, 항쟁의 소리 용감하게 내자

교단에 기대어 먹고살지 말자고 발원한 것 외에도 저는 법과 교단을 수호하겠다고 발심했습니다. 1950년대로 기억합니다만, 유명 경극배우 고정추顧正秋 씨가 영락永樂희극단에서 공연한 「불타는 홍련사紅蓮寺」가 불교를 헐뜯는 내용을 담고 있어, 저는 편지도 보내고 찾아가 항의도 하였습니다. 당시 장경국 선생이 고정추 씨를 좋아하던 때라 그녀의 말 한마디면 내 목숨을 잃을 수도 있었을 것입니다. 그러나 불교를 위해서라면 저는 앞뒤 재볼 것도 없고, 교단을 수호하다 희생될지언정 꼭꼭 숨어서 깃발을 내리고 북을 멈추는 불교의 땡중(啞羊僧)이 될 수는 없었습니다.

불교계에서 권위 있는 지위에 있던 이병남李炳南 거사와 주비朱斐 거사가 『각군覺群』을 인수해 정토 전문지로 개정하려고 할 때, 저는 정말 옳지 않다고 여겼습니다. 당초 그 잡지를 창간하신 태허 대사의 종지宗旨를 견지하기 위해 저는 그들에게 항의서한을 써 보냈습니다. 그들은 제가 보낸 편지를 보고 자신들의 정토염불을 반대한다고 오해해 타이완에서 제가 발붙일 곳이 거의 없게 만들었습니다. 사실 저는 일생 염불 칠일 정진법회를 백여 차례 이상 가졌으며, 아침저녁 염불하고 주말의 대중수행 법회를 더한다면 더욱 많습니다. 저는 일체의 부처님 가르침을 이해하고, 선정을 함께 수행하라는 주장을 줄곧 했습니다. 또 염불하는 가운데 몸과 마음이 사라지는 체험을 한 적도 있는데 정토법문을 왜 반대하겠습니까? 그러나 만일 정토가 어디 있냐 물으신다면, 제 대답은 시방세계 제불의 정토가 모두 인간 세상에 있다 할 겁니다.

제 일생의 신앙은 이처럼 간단하며, 바뀐 적도 없습니다. 불교사찰에 머물면서 불교의 영양분을 얻고 신도의 보시를 받으니, 저는 불교를 위해 살고 불교를 위해 죽어야 하며, 공평과 정의가 없어서는 안 됩니다. 양저우(揚州)의 제 선배이시자 고향 어르신인 감진

감진 대사의 성상이 일본 도쇼다
이지(唐招提寺)에서 고향으로 돌
아와, 성운 대사의 기부로 건설된
양주 감진도서관에 모셔지고 대
중의 예경을 받는다.

鑑眞 대사(688~763)께서 일본으로 홍법하러 가시면서 큰일을 위해
생명을 아끼지 않겠다고 말씀하신 것처럼, 저 역시 그렇게 할 것입
니다.

세상 사람들에게 제가 교단에 기대어 생명을 유지하지는 않겠다
는 것을 알리고자 많은 지난 일을 꺼낸 것이 아닙니다. 다만 제 양
심이 이렇게 행동하라고 자연스럽게 저를 이끌었습니다. 기왕에
출가하여 화상이 되었다면, '화상으로 하루를 살더라도 그 하루 동
안은 종을 쳐야' 하지 않겠습니까. 그렇지 않으면 몸에 여래의 가사
를 걸쳐서 무엇 하겠습니까.

제가 불교를 위해 처음 일을 할 때 배움이 부족하다 느끼고, 끊임
없이 수많은 대덕과 큰스님들을 가까이하며 그분들께 배우다 보니
저도 훌륭한 것을 많이 얻은 느낌입니다. 만일 한 젊은 승려가 백
분 이상의 스님·선지식에게서 참학하지 않았다면 수도 정진하는

사람이라 부를 수 없다는 것을 드디어 알게 되었습니다. 『화엄경』에는 선재동자가 53분의 선지식을 찾아가는 내용이 있습니다. 과거 선문의 대덕들 역시 이른바 '강호를 누빈다'고 하였으니, 그것은 구법을 하기 위해 장시(江西) 지역과 후난(湖南) 지역의 덕성과 명망이 높은 마조 대사와 희천 대사를 찾아뵙고 이 대덕께서 어떻게 가르치고 이끄시는지, 저 고승께서는 어떻게 법문을 하시는지 배우고자 함이었습니다. 만일 당신이 이 많은 선지식의 가르침을 기억하지도 못한다면, 어떻게 '참학參學'이라 부를 수 있겠습니까?

다행스럽게도 제게 복덕 인연이 많아 중국과 타이완의 많은 장로·스님·대덕 등을 가까이할 수 있었습니다. 간략하게 그분들의 성함을 나열함으로써 여러분께서 근대불교의 수많은 대덕을 이해하는 데 보탬이 되고자 합니다.

과거 중국에서 스승으로서는 태허 대사·인산仁山 장로·설송雪松 스님·약순若舜 노화상·탁진卓塵 장로·지광智光 장로가 계십니다. 그리고 지봉芝峰 스님·성박聖璞 스님·원담圓湛 스님·합진合塵 스님·해산海珊 스님·설번雪煩 화상·명산茗山 스님·혜장蕙莊 스님이 계십니다. 또 진선眞禪 스님·명양明暘 스님·유현惟賢 장로·덕림德林 장로, 현재까지 살아계신 무상無相·송순松純 장로 등 대덕과 청장년 스님이 저와 함께 도에 관해 문답하고, 훗날 함께 참학하며 도반이 된 분들입니다.

타이완에서 본성과 외성의 모든 장로를 저는 한 분 한 분 친견하였습니다. 중리(中壢) 원광사圓光寺의 묘과妙果 장로·대선사大仙寺의 개참開參 장로·영은사靈隱寺의 무상無上 스님·법원사法源寺 무

신주(新竹) 청초호 '대만불교강습회'의 스승과 학생들. 앞줄 좌측부터 志定·性定·慧定·善定(오른쪽 첫 번째) 등 스님. 뒷줄 좌측부터 心然·心悟·煮雲·성운 대사(당시 교무주임). 1951년

종빈宗 스님·죽계사竹溪寺의 안정眼淨 스님·원향사元享寺의 보묘菩妙 장로·굉법사宏法寺의 개증開證 스님·용천사龍泉寺의 융도隆道 스님·사두산獅頭山의 여정如淨 스님 등입니다. 또 가르침을 전하겠다고 발심하시고 크게 이바지하신 비구니 스님도 많습니다. 원광사圓光寺의 지도智道·극락사極樂寺의 수혜修慧·동산사東山寺의 원융圓融·비로사毗盧寺의 묘본妙本·일동사壹同寺의 현심玄深·벽산암사碧山巖寺의 여학如學·조원사朝元寺의 혜정慧定·신재당愼齋堂의 덕희德熙 등의 비구니 스님이 계십니다. 또 동화사東和寺의 손심원孫心源 스님·임덕림林德林·송수진宋修振·임금동林錦東·장현달張玄達·여죽본呂竹本·증보신曾普信·유지웅劉智雄·진명방陳銘芳 등 일본식

신주 영은사를 함께 방문하신 자항 스님과 감주활불, '대만불교강습회' 스승
과 학생들. 앞줄 좌측부터 關凱圖(일본어 선생)·幻生·성운 대사·無上·律航·
甘珠活佛·慈航·演培 등 스님. 1952.10.9

승려가 많았고, 본성에는 임대갱林大廣·이세걸李世傑·이첨춘李添春
등과 같은 거사와 대덕이 어느 정도 있었습니다. 이분들은 초기 타
이완에서 불교를 널리 알리는 데 박차를 가하고, 서로 지지하며, 함
께 싸워 불교 융성을 위해 노력한 분들입니다.

　이외에도 자항慈航 스님·대성大醒 스님·태창太滄 화상·증련證
蓮 화상·남정南亭 스님·도안道安 스님·광흠廣欽 스님·계덕戒德 스
님·불성佛聲 스님·묵여黙如 스님·원명圓明 스님·동초東初 스님·
백성白聖 스님·월기月基 스님·낙관樂觀 스님·오명悟明 스님·도원
道源 스님·인순印順 스님·연배演培 스님·속명續明 스님·인준仁俊

스님·혜삼慧三 스님·묘련妙蓮 스님 등이 타이완의 외성에 계셨으며, 그밖에 저와 교류를 가졌던 분들이 많습니다.

지금 누군가 그들이 제게 무엇을 설하였으며 어떤 말로 가르침을 주었는지를 물어도 저는 하나하나 다 말해 줄 수 있으며, 지금까지 수십 년이 지났어도 잊지 않고 있습니다. 제가 번거롭게 여기지 않고 이 많은 대덕의 이름을 열거하는 것은 후배 젊은 승려가 선지식을 더 많이 참학하기를 희망해서입니다. 그렇지 않으면 그대들의 도학이 어떻게 증장되겠습니까? 불교에서 겸손과 공경은 매우 중요합니다. 선지식을 가까이하기 좋아하면 그들의 풍부한 경험을 흡수할 수 있습니다. 한두 마디의 훌륭한 말씀이라도 기억할 수 있다면 '부처님께서 말씀하시기를', 또는 '공자 가라사대' 하는 성언량과 같이 우리에게 평생 이익을 줄 수 있습니다.

선배의 말씀을 아껴 평생 이로움을 얻다

저는 종파주의가 없고, 산문의 계파라는 관념도 없습니다. 불교는 한 덩어리이지, 분열이나 분할된 것이 아니라고 생각합니다. 저의 부계 쪽 친지는 아주 단출합니다. 출가 후에도 마찬가지로 제자가 많지 않습니다. 그래서 어디에 대덕인 스승께서 계신다는 소리가 들리면 계파를 구분하지 않고 찾아가 가르침을 청했습니다. 그러나 부끄럽지만 저는 조정祖庭 외의 곳에서 참학할 뿐이어서 제 과거 사조師祖님의 법명 상하조차도 알지 못합니다. 아쉽게도 은사스님께서는 그 얘기를 한 번도 하지 않으셨습니다. 사제의 이름으로 이어져도 실제로 마주하기란 결코 쉽지 않음을 알 수 있습니다. 그러니 얘기를 나누는 동안의 말 한마디도 중요하므로 매우 아끼고 소중히 해야 합니다.

물질이 부족하던 그 힘든 시기, 가까이했던 많은 노인, 중장년의 선지식 가운데 저 역시 적지 않은 좌절을 경험하였습니다. 예를 들자면, 저는 백성白聖 스님에게 문밖에서 거절당하며 방부를 들이는 것도, 회의 참가도 허락되지 않았습니다. 또 남정南亭 스님의 질문에 당황한 적도 있습니다. 여기에서 공양하고자 하느냐는 스님의 질문에 당시 젊고 얼굴도 두껍지 못한 저는 이미 정오가 가까운 시간이고, 분명히 공양하고 싶은데도 부끄러워서 먹고 싶다는 대답 대신 '아니오, 괜찮습니다'라고 말하였습니다. 그런 뒤 실망스러운 마음으로 그곳을 떠났습니다. 가장 가까이 지냈던 동초東初 스님은 식탁의 요리 두 접시를 가리키며 '이 한 접시는 특별히 자네를 위해 만든 거라네'라고 하시는데, 장로께서 특히 마음 쓰시게 한 것이 저 스스로 너무 송구스러웠습니다.

타이완의 장로 스님 외에 또한 필리핀의 서금瑞今 스님·홍콩의 낙과樂果 화상·담허倓虛 스님·대광大光 스님·영성永惺 스님·창회暢懷 스님·각광覺光 스님, 그리고 말레이시아의 축마竺摩 장로·승진勝進 스님·금명金明 스님·금성金星 스님·백원伯圓 스님·경암鏡盦 스님 등과도 가까이하며 항상 선배의 예를 갖추고 그들을 존중하였습니다. 특히 친한 도반인 광여廣餘 스님은 수십 년 동안 교류를 하며 서로를 아끼고 존중하는 가장 친한 벗이 되었습니다.

싱가포르 광명산光明山의 굉선宏船 장로·미타학교의 광흡廣洽 스

대사께서 '중화민국불교방문단'을 따라 싱가포르 비로사毗盧寺를 방문, 대웅
보전 앞에서 단체사진 촬영. 1963.8.4

님·불교회의 상개常凱 스님·비로사毘盧寺의 본도本道 스님·복해福
海선원의 홍종弘宗 스님 등이 배타적이지 않고 서로 관심을 두고 배
려를 해주었습니다. 그밖에 필준휘畢俊輝·엽만葉曼·손장청양孫張
淸揚, 주경주朱鏡宙·조항상趙恒惕·이자관李子寬·조박초趙樸初·심가
정沈家楨·주선덕周宣德·동정지董正之·정준생丁俊生·막정희莫正熹·
루우렬樓宇烈·방립천方立天·뢰영해賴永海·장신응張新鷹 등 전 세계
각지의 재가 거사께서 저의 선지식이 된 분들이고, 저는 그들을 스
승으로 여겼습니다.

적극적으로 분발, 사급四給 신조를 세우다

저 스스로 부족함이 많다 여기고, 감히 자만하지도 오만하지도 않으며, 이 많은 장로와 선지식의 가르침을 얻을 수 있었으니 더욱 겸허해하고 공경할 뿐입니다. 개인이 혼자서 무언가를 이룰 수는 없으며, 대중의 자애롭고 달콤한 이슬을 촉촉이 받아 세월 속에서 조금씩 성장합니다. 종교에 기대어 먹고 살려고 출가한 것이 아닌 이상, 우리는 불교를 위해 희생과 헌신을 하고, 불교를 위해 가르침을 널리 퍼뜨리고 중생을 이롭게 해야 합니다.

이제 제 나이 이미 구십이 넘었고, 당뇨병에 걸린 지도 50년이 넘었습니다. 의료사에서 당뇨병 환자가 이렇게 오랫동안 생존한 예도 많이 보지 못했답니다. 당뇨병이 생기게 된 원인은 무엇이었을까요? 도연명이 시에서 "한 달에 아홉 차례만 밥을 먹고, 십 년 동안 관冠 하나로 지낸다. 저녁이 되면 닭이 울기를 기다리고, 아침이 되면 태양이 지기를 바란다"라고 말한 것처럼, 과거를 회상해보면 저도 불문에서 굶주림·억울함·힘듦과 괴로움도 참아야 했습니다. 극한으로 굶주렸던 상황이 당뇨병과 심장병을 얻게 된 가장 큰 원인이 아닐까 생각합니다.

그러나 저는 조금도 근심하지 않고 병마와 벗하며 오히려 문을 두루 활짝 열겠다(普門大開)고 발원하였습니다. 대중에게 식사하게 하고, 불교를 위해 저는 '타인에게 신심을, 환희를, 희망을, 편리함을 주자'는 신조를 수립, 저 자신을 진취적이고, 적극적이고, 분발하게 다독이며 일생을 낙관적으로 보냈습니다. 이른바 "마음은 허공처럼 끝이 없고, 몸은 법해에 묶이지 않은 배와 같다. 내게 평생의 희망이 무엇이냐 묻는다면 오대주에 평안과 행복이 깃드는 것이라 할 것이다"처럼 저는 지금까지 그렇게 살아왔습니다.

지난 일을 돌아보니, 제게 영광이 조금 있었다면 그것은 모두 부처님의 가피를 받은 것이요, 성취가 조금 있었다면 모두 신도의 도움이 있었기에 가능했던 것입니다. 제게 신교(身敎: 몸소 행동으로 가르치다)가 조금 있었다면 모두 수많은 대덕과 선지식께서 모범이자 본보기가 되어 주신 까닭일 것입니다. 여기까지 글을 쓰다 보니 2012년 11월 초청받아 말레이시아 샤알람(Shah Alam) 체육관에서 홍법할 때가 생각납니다. 당시 말레이시아 젊은이 2천 명이 큰소리로 현장에 있던 8만 명을 선도하면서 '불교는 나를 의지한다'를 함께 외쳤습니다. 뜨거운 눈물이 쏟아지는 걸 저도 막을 수 없었습니다.

작년(2015년) 11월 그들은 다시 '말레이시아 GOOD 음악회'를 개최했습니다. 저는 나이가 많아 직접 가지 못하고 영상을 촬영해 그들에게 축복을 전하는 방식으로 진행했습니다. 제자들이 말하길 8천 명의 말레이시아 청년이 비바람과 세차게 내리는 빗줄기에서도 아랑곳하지 않고, '불교는 나를 의지한다'를 소리 높여 불렀다고 전했습니다. 그 열정 가득한 얼굴과 우렁찬 목소리는 깊은 감동을 주기에 충분했고, 당시 불교 청년의 노랫소리에 서로 호응하며 다함께 따라 불렀습니다. 불교는 이처럼 한 세대 한 세대를 이어 내려가고 있습니다. 미래에는 '불교는 나를 의지한다'가 자리매김한 그자리 위에서 다시 또 끝없이 이어나갈 것입니다.

성운 대사의 친필 서예, '心懷度衆慈悲願, 身似法海不繫舟. 問我一生何所求, 平安幸福照五洲' 2015.6.8

　오늘 저의 이 말들은 다른 뜻은 없습니다. 그저 불교계의 여러 스승과 벗께서 기왕에 발심 출가하여 입도하였으니, 교단에 기대어 생명 유지하려 하지 말고 모두 불교를 위하기를 바랄 뿐입니다. 여러분이 인간불교를 받아들이고 인간불교를 실천하며 인간 세상의 보살이 되고, 여러분이 '자까오'의 화상이 되지 않고 불교가 여러분을 의지하게 하겠다고 발심하길 바랍니다. 그러면 저는 그걸로 만족합니다.

나는 '자까오' 화상이 아니다 (2)

보통 화상은 염불하고 설법할 줄만 알면 족하고, 저 역시 염불과 설법을 할 줄 압니다. 그러나 이러한 화상이 된다면 저는 만족하지 않습니다. 저는 여러 방면에서 홍법을 펼치는 화상이 되고 싶습니다. 제가 할 수 있기만 하면, 불교와 관련된 것이기만 하면 못할 것이 전혀 없습니다.

지난주 『인간복보』에 「나는 '자까오' 화상이 아니다」라는 글을 발표하고 나서 며칠간 뜨거운 반응을 보았습니다. 읽고 나서 울고 싶어졌다는 사람도 있고, 배우고 싶다는 사람도 있었으며, 또 즐겁고 편안했다는 사람도 있었습니다. 결국, 그 얘기는 누군가 이 글을 읽기 좋아한다는 것입니다.

이 일로 인해 '나는 자까오 화상이 아니다'라는 주제로 여러분에게 해드릴 얘기가 많다는 생각이 들었습니다. 그래서 지금 다시 그 얘기를 하고자 합니다.

저 자신은 '자까오' 화상이 아니며, 저 자신을 자랑하는 것도 아닙니다. 이미 장애인에다 올해 구십 세가 되는 고령의 노인인 저에게 인간 세상에 대해 무슨 바람이 있겠습니까? 저는 단점을 가지고 있고, 동의하지 않으실지 모르지만 저에게도 장점이 약간 있으니, 여러분이 참고하실 수 있게 여기에 적어보겠습니다.

교단에 광영을 더하며, 현지화를 고수하다

세상에는 자선가가 적지 않습니다. 60년 전의 일부 독자 중에는 저를 비평하는 사람도 많았고, 저를 칭찬하는 사람도 많았습니다. 이른바 '비방 반 칭찬 반'이었습니다. 제가 『석가모니불전』을 썼더니,

어느 스님께서 "성운이란 모 인사는 부처님을 일개 인간처럼 썼더
군. 부처님을 너무 얕보는 불경을 범했으니, 불교회에선 그를 조사
할 회의를 열어야 한다"라고 비난했습니다. 그 얘기를 듣고서도 저
는 개의치 않았습니다.

　불광산 건설 초기, 한 국제적인 해운왕이 있었습니다. 장영長榮
그룹보다 더 먼저 설립하였고, 홍콩 해운왕인 동건화董建華 선생보
다도 훨씬 빨랐습니다. 그가 바로 미국 뉴욕에 거주하는 심가정沈
家楨 선생이었습니다. 50년 전 제가 개산한다는 소식을 듣고, 5천만
위안의 건설비용을 기부할 의사를 밝혔습니다. 그때 제 계산으로
는 불광산 건설에 5천만 위안까지는 필요치 않았습니다. 더구나 큰
시주께서 도와주시어 불광산을 건설한다면 사람들은 가오슝의 불

성운 대사께서 제기한 '사랑과 평화 종교기원대회'가 불타기념관에서 기행되며, 12분의 종교지도자가 공동 주재하였고 3만 명이 참가했다. 2011.8.23 (慧延 스님 촬영)

광산은 미국의 심가정 거사가 발심하여 기부한 것이라 말할 테고, 그러면 저는 또 타이완의 동포에게 미안한 마음이 들 것입니다. 차라리 타이완의 일반 대중이 기부한 10위안, 20위안을 받겠습니다. 그래서 정중히 그의 호의를 거절했습니다.

　이유가 무엇일까요? 저는 타이완을 사랑하고, 중국을 사랑합니다. 저는 중국의 화상이 되고, 타이완을 위해 광영을 가져오고 싶지, 미국인에게 사찰을 대신 건립하게 하고 싶지 않습니다. 그래서 저는 '자까오' 하는 화상이 되지 않을뿐더러, 외국의 공양을 받는 화상이 되고 싶지도 않다고 말합니다. 일처리에 있어 저의 관념은 현지화입니다. 저는 타이완을 위해 영광을 가져오고자 하고, 중국을 위해 영예를 가져오고자 하며, 불교를 위해 광영을 가져오고자 하고, 교단에 기대어 생명을 이어가지 않는 화상이 되려 합니다. 이는 제가 현지의 화상이 되고자 한다는 의미입니다.

자신의 결점을 알아, 향상하고자 더욱 노력

지금 저는 교단에 기대어 생명을 유지하는 화상은 되지 않겠다고 말하고 있지만, 엄밀하게 말해 저는 화상의 자격조차도 완벽히 갖추지는 못했습니다. 불문에서 범패 염송 능력은 필수적으로 갖추어야 하는 요소인데, 오음五音이 완전하지 않은 제가 불문에서 편히 몸 뉠 곳이 어디에 있겠습니까? 불교에 대한 신심 이외에 저는 화상이 되는 기본 조건이 없습니다.

제가 음치인 것을 알게 된 것은 우연한 계기에서였습니다. 한번은 이란(宜蘭)고등학교의 음악 교사인 양용부楊勇溥 선생이 방문하셨습니다. 나를 위해 쓴 가사에 곡을 붙여달라고 그에게 부탁하면서 수많은 가사의 의미를 설명했습니다. 다 듣고 난 그는 뜻밖에도 이런 말을 했습니다.

"보통 사람은 말을 할 때 평성平声·상성上聲·거성去聲·입성入聲의 사성四聲이 있는데, 스님께서는 입성이 없으세요."

저는 그 말을 듣고 깜짝 놀랐습니다.

'원래 궁상각치우 오음의 많은 노래도 잘 부르지 못하는데 이제 말할 때도 사성을 제대로 하지 못한다니, 어떻게 세 가지 성조만 있는 것인가? 그럼 나는 앞으로 말도 제대로 못 하는 것인가?'

그러자 최근에 일어난 일이 하나 더 생각났습니다. 고향인 양저우(揚州)에 갈 기회가 있었는데, 양저우의 친척들은 하나같이 양저우 사투리가 하나도 안 변했다고 말했습니다. 그러니까 양저우 사투리에도 세 가지 성조만 있었던 것이군요. 오음이 완전하지 않은 화상이 교단에 기대어 생명을 이어가지 않는 화상이 되고 싶다고 해도 별도리가 없습니다.

다행인 것은, 저 자신의 결점과 고뇌를 알고 있기에 저는 더욱더 힘쓰고 노력하며, 다른 방법으로 자신의 능력을 키워가면서 교단에 기대어 살아가지 않는 화상이 되고, 저는 '불교가 나를 의지'하게 하는 화상임을 타인이 인정하고 받아들이게 할 것입니다.

문화와 교육을 일구며, 자비와 자선을 실천

자신의 부족한 부분을 알고 있기에 저는 힘써 노력하며 더욱 향상하고자 했습니다. 불교문화를 개척하는 사람이 무척 적은 걸 보고 문화 분야의 화상이 되고자 뜻을 세웠습니다. 불교 교육을 촉진하는 사람이 적다는 것에 주목하고 저는 교육 분야의 화상이 되고자 노력하였습니다. 자선사업은 불문에서 이미 많이 하였지만, 저 역시 뒤처지지 않고 자신을 격려해 가며 자비와 선행의 화상이 되고자 발심하였습니다.

저는 늘 재가자인 우바새·우바이와 마찬가지로 저 자신 역시 불교의 신도에 불과하다고 생각합니다. 저는 화상이 되는 것은 물론, '화상이자 신도'가 되어 불교를 위해 즐겁게 보시하고 각종 공덕을 바치고 싶습니다.

보통 화상은 염불과 설법할 줄만 알면 족하고, 저 역시 염불과 설법을 할 줄 압니다. 그러나 이러한 화상이 된다면 저는 만족하지 않습니다. 저는 여러 방면에서 홍법을 펼치는 화상이 되고 싶습니다. 제가 할 수 있기만 하면, 불교와 관련된 것이기만 하면 못할 것이 전혀 없습니다.

수십 년 화상의 인생에서 저는 교육 방면에 대학 5곳을 설립하

성운 대사와 불광산의 5개 대학 총장 단체사진. 좌측부터 임총명林聰明 남화대학 총장·Stephen Morgan 서래대학 총장·성운 대사·Helen Correa 필리핀 광명대학교 총장·楊朝祥 불광산 시스템대학 총장·Bill Lovegrove 호주 남천대학교 총장. 2016.10.2 (慧延 스님 촬영)

고, 불교대학은 십여 개가 있으며, 그밖에 유치원·초중학교가 있으니 '교육 화상'이라 칭할 만합니다. 그러나 지금껏 한 번도 저를 '교육 화상'이라 부르는 걸 들어본 적이 없습니다.

문화 방면에서 제가 총 3천여 만자의 글을 썼고, 270여 권의 책을 출판하였으며, 몇 개의 학보와 잡지를 발간하였고, 예술과 전시회를 추진했지만 저를 '문화 화상'이라 부르는 사람도 없었습니다. 자선 구호 사업에 관심을 가지고, 남보다 많이 뒤처지지 않았다고 자부하며, 관세음보살의 고난에서 구제함을 따르고 실천하였지만 저를 '자선 화상'이라 말하는 사람도 없었습니다. 그러나 제가 전혀 듣고 싶지 않은 명칭이 있는데, 항상 누군가 꺼내는 건 바로 '정치 화상'입니다.

사회에 관심을 가지고, 국민 마음의 소리를 표출

'정치 화상'이란 단어를 얘기하자면 저는 조건에 부합되지도 않습니다. 저는 정치에 흥미도 없고 정치 화상이 되고 싶지도 않습니다. 그러나 제가 원하지 않을수록 사회의 누군가 끊임없이 제기하고, 거기에 매체를 통한 전파가 더해져 '정치 화상'의 명칭은 끊임없이 사방에서 전해져 옵니다. 저들은 이렇게 해야 이 명칭이 저한테 어울린다고 느끼는 것 같습니다. 어째서 교단에 기대어 생을 영위하지 않는 화상에서 정치 화상으로 변했는지를 저 스스로 검토해 봤습니다.

후에 그 이유를 알게 됐습니다. 제가 사회에 관심을 가지고, 때로는 글에서도 사회와 민중의 고난에 찬 소리를 표출할 때가 있었기 때문입니다. 더구나 일부 정치인이 자주 저를 찾아오는데, 장경국(蔣經國: 장개석의 장남, 총통 역임) 선생만 해도 네 차례나 접대한 적이 있고, 선생께서도 저를 총통부에서 열린 회의에 참석시키고 다과를 대접한 적도 있었습니다. 여러 차례 불광산을 찾았던 이등휘李登輝 총통 역시 저는 융숭하게 접대한 적도 있습니다. 그분은 우리를 도와준다며 대웅보전 앞 광장을 쓸고 싶다고 말하기도 했습니다. 심지어 총통부의 월례회의에 초대해 각 부서의 장관에게 불교를 강의하게 한 적도 있습니다.

역대 삼군사령관, 오원(五院: 행정·입법·사법·고시·감찰)의 원장, 각 부회部會의 수장은 장경국 선생께서 불광산을 방문하셨기에 휴가 때에 불광산을 한 번쯤 다녀갈 만하다고 생각했을 수 있습니다. 불광회 회원 신조 안에 '오시는 분 환영하고, 가시는 분 배웅한다'라는 신조가 있습니다. 멀리서 오시는 손님인데, 제가 마땅히 접대해야 하지 않습니까? 기자가 알고서는 신문에다가 수많은 정치인이 불광산을 방문한다고 발표하고, 게다가 제가 직접 나서 접대한다고까지 말합니다. 이렇게 '정치 화상'이 된 듯 싶습니다.

저는 백색테러 시대도 겪었고, 총탄이 빗발치는 항일전쟁도 겪었습니다. 내전 시기에는 저 역시 억울한 누명도 많이 받았습니다. 심지어 포승줄에 묶인 채 형장으로 끌려가 총구 앞에 섰던 경험까지도 있는데, 제가 더 무서울 게 뭐가 있겠습니까? 목숨이 경각에 달렸던 그 순간에도 저는 두려움조차 없었는데, 무슨 영욕과 명예에 연연하겠습니까? 얘기할 거리조차 안 됩니다. 그러나 제가 피할 수는 없습니다. 사회 대중은 여전히 정치를 가지고 저의 신앙을 능욕하고 또한 제가 '정치 화상'이라고 억지 주장을 합니다. 저는 개탄을 금치 못하겠으니, 이 또한 너무 불공평합니다.

사실상 저는 인정할 수가 없습니다. 제가 하는 홍법 사업이 이러한 정계 요인을 접대하는 일보다 더 중요하고 더 많이 하고 있는데, 왜 제가 '자까오' 하지 않는 화상이 아닌 '정치 화상' 노릇을 한다고 말하는 겁니까? 후에 영화감독인 유유무劉維斌 선생께서 이렇게 말했습니다.

"정치 화상도 나쁜 것은 아니지 않습니까? 누군가는 정치 화상을 하고 싶어도 하지 못합니다. 스님을 정치 화상이라 부르는 것은 반대로 스님께서 수완이 있고 역량이 있다는 간접 증거 아니겠습니까?"

그 말을 듣는 순간, 정치 화상의 의미가 이런 것인가 하는 의문이 들었습니다. 나중에는 '관두자, 좋든 나쁘든 나랑 무슨 상관이람. 좋아도 내 것이 아니고, 나쁘더라도 나와 관계가 없으니 신경 쓰지 말자'라고 생각했습니다.

정치를 묻되 참여하지 않는 일처리 원칙

중일전쟁에서 승리한 뒤, 태허 대사께서는 '정치를 묻되 참여하지 않는다'는 선언을 하셨고, 저는 이 주장을 잊지 않고 가슴에 새겼습니다. 불교는 분명 사회에 관심 가질 수 있고, 국가에 관심 가질 수 있고, 민중의 복지에 관심 가질 수 있습니다. 그러나 반드시 관리가 돼야 하는 것은 아니라고 생각합니다. 훗날 장개석蔣介石 선생 역시 태허 대사께 국민대회(國民大會: 우리나라 국회와 같음)의 대표를 맡아달라고 요청하였는데, 태허 대사께서는 불교가 20개 국민대회 대표의 정원 좌석을 가지게 해달라고 요구한 적이 있었습니다.

당시 국민당 조직부에서 일하고 있던 진립부陳立夫 선생은 태허 대사의 의견에 찬성하지 않았습니다. 그는 불교가 국민대회 20개 좌석을 가져간다면 다른 종교는 어떻게 하는가? 아무렴 국민대회 대표 안에 모두 종교적 대표로 채우고자 한단 말이냐고 생각했습니다.

태허 대사께서는 기독교·천주교 등의 타 종교는 종교인이면서도 그 외의 다른 직업을 가질 수 있어 국민대회 대표가 되어도 그 직업의 대표 자격을 가질 수 있지만, 불교의 화상은 다른 직업이 없고, 그 밖의 직업 단체로 인해 대표가 될 수 없다고 말씀하셨습니다. 그래서 이런 특수한 상황이 있게 된 것입니다. 그러나 그때 진립부 선생 측의 동의를 얻지 못해 태허 대사께서는 더는 싸워나가지 않았고, 국민대회 대표 역시 하지 않으셨습니다.

저는 정치를 묻되 참여하지 않는다는 데 찬성합니다. 이것은 불교와 정치 사이의 가장 훌륭한 일처리 원칙입니다. 50여 년 전으로 기억합니다. 불광산이 아직 개산되기 전, 국민당 가오슝 당 지부 주임위원인 계이과李履科 선생이 수산사壽山寺를 찾아와 물은 적이 있습니다.

"스님께서는 입법위원이 되고 싶지 않으십니까?"

만일 그때 제가 태허 대사의 주장에 따랐다면 입법위원이 될 수

불광산은 사찰등록에 10여 년이 걸렸고, 개산 50여 년 동안 매년 수백만 명이 방문하지만, 입장료를 받지 않는다. 사진은 불광산 대웅보전 삼보불. (천하문화 제공)

도 있었고, 제가 고개만 끄덕였다면 국민당이 거명했을 것입니다. 50년 전에 저는 이미 입법위원의 자격을 가졌었습니다.

그때 타이완은 막 선거를 시행했고, 선거풍토는 매우 좋지 않았습니다. 저는 계 선생에게 말했습니다.

"계 주임님, 이거는 절대 안 되는 일입니다. 만일 제가 입법위원 선거에 나온다면 제 조상들까지 사람들 입에 오르내리고 비방당할 텐데, 그것까지는 좋습니다. 제 신앙의 교주이신 석가모니 부처님까지 모욕하며 불교가 어쩌느니, 화상이 또 어떻다느니 한다면 저는 정말 못 견딥니다. 다른 분을 찾아보시는 게 좋겠습니다."

타이완에서 총통부 강연과 타이완 성정부의 성훈단省訓團에서 강사를 한 것 외에, 다른 정부 부처에는 가본 적도 없고 저 자신을 위한 일을 정부에 부탁해본 적도 없습니다. 심지어 불광산이 건설된 후 10년 안에 사찰등록을 처리해야 하는데 그조차도 성공하지 못했고, 결국에는 이란의 진백분陳泊汾 선생의 도움을 받아 겨우 등록할 수 있었습니다. 그때 그는 타이완 성의회의 당단서기黨團書記였는데, 이 일을 알고 성정부에 전화를 걸어 저 대신 나서주고 나서야 가오슝현 자치단체에서 사찰등록증을 내주었습니다. 이 등록증 하나에 개산 전후로 10년이라는 시간을 보냈습니다.

제가 사찰을 건립했으니 10년을 기다려도 겁날 게 없지만, 만일 상점을 여는 데 10년을 기다려야 등록증을 받을 수 있었다면, 어떻게 사업을 운영해 나갈 수 있겠습니까?

불광산의 사찰등록증 신청이 그토록 곤란을 겪은 것은 나름의 이유가 있었습니다. 일부 정치인들은 자신의 희노喜怒와 분별分別이 있지만, 저는 신경 쓰지 않습니다. 이러니저러니 해도 저는 홍법하는 화상일 뿐입니다. 정치인에게는 임기가 정해져 있지만, 화상에게는 그런 임기가 없으니 저는 계속 기다릴 수 있었던 것입니다.

그러나 10년을 기다리고 나니, 더는 시간을 끌 수 없었습니다. 정부에서 그해 제가 삼단대계 전수를 허락했는데, 사찰등록조차도 되어 있지 않다면 제가 어떻게 전계하겠습니까? 다행히도 진백분 선생께서 도움의 손길을 내밀어 주셨습니다. 이것이 제가 처음으로 정치인의 도움을 받은 것이라 말할 수 있습니다. 그래서 진백분 선생, 그리고 잡지의 발행인 등록을 하라고 한 타이완 뉴스부 처장을 지낸 곽사분郭嗣汾 선생 모두에게 저는 무척 감사하고 있습니다. 그들은 제가 일생 홍법하는 데 매우 중요한 역할을 했습니다. 홍법을 한 이래로 불광산을 개산하는 데 정부는 벽돌 하나도 기와 하나도 주지 않았으며, 도로를 보수하는 데 도와준 적도 없고, 보조금을 준 적도 없습니다. 국가와 정부를 대신해 사회를 정화하는 데 온갖 노력을 다하였어도 정부에게 무엇을 해달라고 요구한 적이 없습니다. 저는 '우리는 항상 국가와 국민을 위해서 일해야 한다고 말하면서, 왜 항상 정부에 도와 달라 요구를 하는가? 아예 정부가 주는 보조를 사양하겠다'라는 생각을 가졌습니다. 대단한 생각이라 할 수 있습니다.

불광산에 참배하러 오는 여행객들이 아무리 많아도 우리는 입장료를 받지 않습니다. 이치대로라면 공공건설은 정부에 무엇을 해달라 요구할 수 있지만, 우리는 하지 않습니다. 오히려 현지의 향鄕 파출소는 수십 년 동안 우리를 찾아와 끊임없이 무언가를 요구했고 쓰레기 버리는 것조차도 돈을 내라고 했습니다. 저를 정치 화상이라고 말씀하시는 분들께서는 이걸 어떻게 설명하시겠습니까?

외양을 중시, 행동은 엄숙하고 장중하게

저의 일생에서 십 년간의 총림 교육은 제가 강렬한 불교 신념을 갖도록 단련시켰습니다. 이외에 세간의 공상 기업, 정치 관직, 부귀영화, 이기적 사랑 등은 모두 제 희망사항이 아닙니다. 총림 사원을 떠난 뒤에도 저는 아주 자연스럽게 자신의 행동을 중시하게 되었습니다. 공양할 때는 화상으로서의 공양하는 모습이 있고, 길을 걸을 때는 화상으로서의 길을 걷는 풍채가 있어야 한다며 항상 자신을 독려하였습니다.

과거에 매월 한두 차례씩 잡지 편집 때문에 이란에서 타이베이까지 오간 적이 있습니다. 이란의 북문北門구에 있는 뇌음사雷音寺에서 기차역까지 가려면 중산로를 지나야 했습니다. 이곳을 지날 때면 길 양쪽 점포에서 많은 사람이 입구에 나와 쳐다보며 이러쿵저러쿵 얘기했습니다.

"외성外省에서 온 젊은 화상이 걷는 것 좀 봐. 보통 사람과 참 다르네."

당당하게 걷는 출가자의 모습을 저들에게 보여주어야 한다고 늘 자신에게 얘기했습니다. 맞습니다. 저는 화상이니 똑바로 앞을 보고 걸어가야 하고, 불교에서 말하는 "소나무처럼 서고, 바람처럼 행동한다"라는 엄숙한 몸가짐을 갖추어야 하며, 불교를 위해 광명의 앞날로 나아가야 합니다.

저는 화상다운 모습과 심지어 '자까오' 화상이 되지 않겠다는 염원을 세우는 것도 매우 중요하게 생각합니다. 후에 사회에서는 정치 화상이란 말로 저를 표현하다 못해, 왕영경(王永慶: 포모사 그룹 창시자이자 회장) 선생보다 더 상업 경영을 잘한다고 '상업 화상'이라 말하기도 합니다. 여러 해 동안 누군가는 타이완 경영사업 가운데 상업적 두뇌가 가장 뛰어난 사람은 바로 성운이라 말하기도 합니다.

사실 안타깝게도 저는 줄곧 자신을 빈승貧僧이라 자처하고 평생

일생 "나는 대중 가운데 있고, 대중 가운데 내가 있다"라고 주장하신 성운 대
사가 봉사를 하며 본서사에서 의자를 나르고 있다. (불광산 일본 본서사 제공)

금전을 만져본 적이 없습니다. 수많은 불교 사업을 벌이고는 있지
만 경영 관리는 다른 사람이 하고 있으며, 저는 다만 그중의 한 사
람일 뿐입니다. 원고료와 인세도 약간 있고, 누군가는 현재 '일필
자'가 어느 정도의 가격이 나간다고 말하지만, 이것들 역시 제 손을
거치지 않습니다.

과거에 신도들이 보시하여 불교를 수호한 것처럼, 저 또한 이 많
은 수입을 전부 불광산 건설에 기부했습니다. 팔십 세가 넘으면서
인세와 원고료는 타이완은행에 개설한 '성운공익신탁교육기금'에
보내고 있습니다. 기금회 이름 앞에 '성운'이란 두 글자는 신도 대
중의 환희를 따랐으며, 그들은 이렇게 하는 게 공신력이 더 있다고

생각했습니다. 이때부터 저는 더욱 '빈승'이 되었습니다. "주머니 속이 씻은 듯이 텅 비고, 양쪽 옷소매에는 빈 바람만 분다"라는 말처럼 말이죠.

불교적이지 않은 것은 하지 않으며, 널리 홍법을 펼치다

여러분이 저를 '자까오 아닌 화상'이라거나 '빈승'이라 불러주시면 저는 환희가 솟아날 겁니다. 그러나 저는 오늘 진지하게 제게 관심 있고 인연 있는 분들에게 말씀드리겠으니, 앞으로는 저를 '상업 화상'이니 '정치 화상'이니 하며 부르지 마십시오. 사실과 전혀 맞지 않는 말입니다. 저는 그저 불교의 보통 화상이자, 교단을 사랑하는

불광산 국제만연삼단대계國際萬緣三壇大戒 전수. 2011.11.28 (陳碧雲 촬영)

화상일 뿐입니다.

어쩌면 여러분은 제가 국민당의 당원이라고 말할지 모릅니다. 맞습니다. 그러나 그때는 제가 당원이 되고 싶었던 것이 아니라, 당원이 되지 않으면 불법을 펼칠 수 없었기 때문이었습니다. 이것은 당시 국민당 원로인 이자관李子寬 거사께서 제게 가르침을 주신 것입니다. 그는 국민당에 가입해야 홍법하는 데 편리하실 거라고 말했고, 이에 불법을 넓게 펼치기 위해 조건을 달고 저는 국민당의 당원이 되었습니다. 말하기 부끄럽지만, 70여 년의 당적 이력을 가지고 있어도 국민당에 어떠한 공헌도 한 바가 없습니다.

'상업화'란 말이 나왔으니, 저 자신의 일생은 물론 불광산의 모든 제자를 포함하여 일처리의 기본원칙이 하나 있습니다. 불교적이지 않은 것은 하지 않는다(非佛不作)입니다. 불교와 관련된 일체는 불법을 넓게 펼치는 것이기만 하면 적자를 보더라도 공헌·희생·봉사 모두 마땅히 해야 합니다. 우리가 상업적 경영을 한다고 말하지만, 그것은 천부당만부당한 말입니다.

예컨대 불광산에서 열리는 삼단대계 전수대회는 여러 차례 모범적인 계기戒期라고 하며, 천 명 이상 참여합니다. 여래사·남천사와 같은 국내외 사찰과 부처님께서 성도하신 붓다가야에서 열리는 오계·보살계 전수와 삼단대계에도 천 명 이상이 참여합니다. 청년하계캠프, 선학캠프 개최도 여러 차례 했었는데 비용을 받지 않았으며, 숙식 제공 외에도 가난한 젊은이에게는 교통비와 장학금을 제공하며 격려해 왔습니다.

우리가 운영하는 양로원·보육원·운수병원 등은 모두 비용을 받지 않습니다. 불교대학은 학비를 받지 않고, 오히려 학생들에게 각종 생활상의 배려를 해주고 있습니다. 이런 우리가 상업적 경영을 하는 것입니까? 저는 지금 사회의 모든 선생님들께 묻고 싶습니다. 제가 여러분의 어떤 돈을 번 적이 있습니까? 여러분과 어떤 장사를 한 적이 있는가요? 아니면 어떤 사업을 여러분과 협력해 경영한 적이 있습니까?

빈승의 불광산이 5개의 대학·3개의 초중학교·지역전문대학·중화학교·독서회를 포함해 여러 개의 유치원·양로원·보육원·신문사·방송국·운수 이동도서·불타기념관과 천 명 이상의 출가 제자 등 그 많은 사업을 어떻게 벌이는지, 그들이 먹고 쓰는 돈은 어디에서 나오는지를 그대들이 왜 신경을 쓰십니까?

무無를 유有로 삼으며, 시방의 도움을 얻다

이러한 의혹이 있다는 것은 괜찮습니다. 불광산에는 또 하나의 사찰행정조직이 있습니다. 예컨대 도감원都監院·교육·자선·문화·교회敎会 등 각 부서는 신도와 왕래하는 방식이 있고, 신도의 보호와 도움을 얻고 있습니다. 저에게 있어 최고의 결정 원칙은 '무를 유로 삼는다', '공空을 즐거움으로 삼는다'입니다. 이런 성격 덕분에 더 많은 인연을 얻고, 그들과 왕래합니다. 불광산의 발전은 '빈승', '자까오 하지 않는 화상'이란 관념에 의지해, 불교가 사회로 나아가는 사업을 완성하였다고 말할 수 있습니다. 인간불교의 고취 아래에서 저는 인간사회에 약간의 봉사와 공헌을 하였을 뿐입니다.

19세가 되던 해, 항일전쟁이 중국의 승리로 끝나자, 전선으로부터 멀리 떨어진 후방에 있던 수많은 학교와 단체는 과거 일본인이 점령한 지역을 평화 상태로 되돌리려 했습니다. 각 지역의 대학과 기관 등을 회복시키려 했습니다. 그때 많은 교수가 서하산에 잠시 머물며 어디에서 학교를 다시 열 수 있는지 정부의 정책강령을 기다렸습니다. 저는 몇몇 교수님과 교류를 약간 했는데, 제게 그들의 교육대학(아마 현재의 사범대학)에서 공부하라는 뜻을 비쳤습니다. 소학교도 제대로 졸업 못 한 내가 대학에서 공부할 자격이 되겠냐고 묻자, 교수진에서 추천해 준다면 별문제 없이 대학에서 공부할 수도 있다고 했습니다.

저는 그 말을 듣고 뛸 듯이 기뻤습니다. 대학에 가서 공부할 수 있는 행운이 나한테 굴러 들어오다니 말입니다. 너무 기쁜 나머지 은사스님을 찾아가 교육대학에서 공부하고 싶다는 말씀을 드렸습니다. 은사스님은 무척 솔직하고 시원시원한 분이셨습니다. "어리석은 것! 교육대학에서 뭘 공부하겠다고!"라며 크게 질책하셨습니다.

불현듯 저는 스승님과 공명이 일어난 것 같았습니다.

'그렇지. 기왕에 화상이 되었는데 무엇 때문에 교육대학을 가서 공부한단 말인가.'

스승님께 합장하고 요사채로 돌아가는 길에도 줄곧 스승님의 말씀이 지당하다고 생각되어 혼자 중얼거렸습니다.

"멍청하기는. 내가 왜 교육대학에 가서 공부해야 하지?"

지금 생각해 보면 은사스님의 말씀은 정말 옳았습니다. 제가 교육대학에 가서 공부했다면 사회의 자격증이 생기고 중학교 교사 자격이 생깁니다. 불교의 청빈했던 생활이 일순간 봉급·금전·사회의 각종 유혹 등 그와 같은 대우를 받으면 제가 좋은 화상 노릇을 더 해나갈 수 있었을까요?

저에게 지혜와 영민함이 조금 있어 실제로 교장이 되고, 교육국장이 되고, 교육청장이 되었다면, 제가 지금 화상의 직무를 잘하고 있을까요? 우리는 많은 관료가 주마등처럼 끊임없이 이곳저곳으로 옮겨 다니는 것을 보지 않았습니까? 어디 저처럼 평생을 화상으로 지낼 수 있던가요? 그래서 저는 위대하신 스승님께 진심으로 감사드립니다. 탁월한 식견이 있으셨던 스승님은 저에게 사회에 휩쓸리지 말고, 화양(和樣: 화상의 겉모습)은 진정한 화상이 아니니 성실한 화상이 되라고 훈계하셨습니다. 사실 은사스님께서 '자까오' 하지 않는 화상이 되게 만들어 주신 것입니다.

'자까오' 하지 않는 화상이 되기 위해 저는 자력갱생해야 한다고 다짐합니다. 말하면 일반인은 다 이해하지 못하겠지만, 저는 일생 백탑白塔소학교에서 교장을 역임하며 약간의 대우를 받은 것 외에는 어떠한 월급을 받은 적이 전혀 없습니다. 그 1년 반 동안의 대우 역시 매월 대략 석 섬 정도의 쌀로 계산했습니다. 저는 일일이 신경을 쓰지 않고 모두 사형인 관법觀法 스님에게 대신 관리토록 했습니다. 후에 감옥에 갇히고 총구 앞까지 갔다가 구사일생으로 목숨을 건진 저에게 사형은 그 일 년 반 동안 모은 쌀로 저를 구명한 것이라고 얘기했습니다. 구해 준 데 대해 사형에게 감사했고, 저 자신이 내렸던 결정에 관해 운이 좋았다고 여겼습니다.

저는 평생 봉급을 받아본 적이 없고, 보통 직장인처럼 매달 일정 부분의 수입이 있지도 않았다고 할 수 있습니다. 심지어 저는 평생 휴가도 없었고, 현대인들처럼 무슨 주말과 휴일에 이틀 쉬거나 수많은 경축

성운 대사는 21세 당시, 이싱(宜興)의 백탑초등학교에서 교장을 지낸 적이 있다.

일 휴가도 가지 않았습니다. 그러나 휴일만 되면 오히려 더욱 바빠졌습니다. 제 인생에서는 휴가가 없는 것은 물론이고, 매일 12시간 이상 업무를 봤습니다. 야근 수당을 받은 적이 없고, 심지어 사무실 책상을 사용해 본 적도 없습니다. 때로는 밥 먹는 탁자에서, 차 테이블에서, 긴 의자에서, 심지어 나의 허벅지 위에서 글 쓰고 원고를 고치고 하면서 제 업무용 책상을 대신했습니다.

원고 수입을 더 많은 중생에게 공양

이란에서 십여 년간 주석駐錫하는 동안 염불회에서는 매월 제게 300위안을 주었습니다. 줄 때도 있고 주지 않을 때도 있었지만, 저는 크게 신경 쓰지 않았습니다. 불광산 개산 초기에는 용돈이나 제게 공양하는 것은 더 말할 것도 없고, 매월 사고(司庫, 회계)가 천 위안씩 제게 준 것은 아마도 제3대 주지가 맡고 난 뒤인 것 같습니다. 제가 퇴위한 뒤 현재 불광산에는 제 직위는 없어졌고, 천 위안도 사라졌습니다. 그러나 저는 이 많은 경제적 원천에 의존해 생활을 유지해 나가는 것이 아닙니다. 저 자신의 원고료와 인세가 있고, 지금은 일필자의 수입까지 있으니 자급자족할 수 있습니다.

저는 제가 머무는 개산료의 관련 책임자에게 우리 힘으로 생활해 나갈 수 있으니, 사찰의 돈을 사용해서는 안 된다고 지시했습니다. 자동차 주유비, 남북을 오가는 고속도로 통행료까지 우리가 책임지지, 사찰의 경비에 손대지 말라고 얘기까지 했습니다. 제가 머무는 곳에는 식사하는 사람이 많습니다. 그러다 보니 가끔 밥이 부족할 때는 사찰에다가 신청을 좀 할 수는 있지만, 되도록 사찰의 자원은 사용하지 않으려 합니다. 그것은 대중이 수도하는 데 쓰이는 양식이기 때문입니다.

불광산 개산 이래로 50년 동안 사용하는 모든 책걸상, 예불에 사용하는 부들방석 모두 저 개인이 원고 수입으로 불광산에 보시한 것입니다. 저 자신은 사회의 소비자나 사찰의 낭비자가 되지 않고, 불교를 위해 수입을 보태려 합니다. 저는 '자까오' 화상이 되지 않을 뿐만 아니라, 더 나아가 무수한 중생에게 공양하고자 합니다.

그밖에 더 하고 싶은 말은 많지만, 지면상 여기까지 쓰겠습니다. 다음 장의 '나는 '자까오' 화상이 아니다' 3편을 기대해 주십시오.

성운 대사의 친필 서예 '일필자'는 2016년 발의한 '좋은 묘목 프로젝트'에서 공부에 열의가 있는 학생의 장학금에 제공된다. 현재까지 만여 장 넘게 '병환 완쾌 후 글자'를 쓰셨으며, 획 하나하나에 중생을 위해 자신의 생명을 태우겠다는 실천을 담았다.

나는 '자까오' 화상이 아니다 (3)

우리 불교의 화상께서는 시방의 밥을 받아먹는 화
상이 되지 말고, 시방에 공양하는 화상이 되기를
바랍니다. 출가한 제자든, 재가의 제자든 우리가
아직 성도하지는 못했더라도, 먼저 널리 인연을 맺
고, 발심한 보살이 되며, 불교에 기대지 않고 불교
가 내게 기대게 해야 합니다.

저는 「나는 '자까오' 화상이 아니다」라는 글을 쓸 생각이 원래 없었습니다. 처음에는 그저 우리 출가자는 신앙을 깨끗이 하고 진실한 마음으로 발심하며, 인내를 더 다져야 한다는 생각뿐이었습니다. 특히 출가하여 수도 생활하는 중에 '불교를 위하여'라는 관념을 지니게 하고, 신도에게 관심과 배려를 갖는 습관을 기르며, 자신에게 엄격하고 타인에게 관대해야 하며, 홍법이생하는 일에 매진해야 하며, 선의로 남을 돕고, 타인의 충고를 잘 받아들여야 하는 등의 모습을 조금은 갖춘 불제자가 되어야 한다고 생각했습니다.

생각지도 않게 『인간복보』 정월 23일과 24일자에 발표한 이후 각계의 반응이 뜨거웠으며, 영국과 미국 등지의 해외에서도 이 글을 읽은 사람이 있었습니다. 옥스퍼드대학에서 박사과정을 밟는 장소미張少微, 런던의 묘상妙祥 스님 등이 그들의 반응을 전해 왔습니다. 중국의 대각사에서 직분을 맡고 계신 분 중에는 더욱 열렬한 반응을 보냈고, 휴스턴에 살며 고진보辜振甫 선생의 둘째 따님이신 조고회잠趙辜懷箴 여사 또한 굉장히 좋다고 인정하셔서 저는 감동된 나머지 또 「다시 말하지만 나는 자까오 화상이 아니다」라는 글을 썼습니다.

정월 30일, 31일 발표 후 이 글은 더 많은 호응을 얻었습니다. 저는 또 흥미가 일어 세 번째로 한 편을 더 쓰자 결심했습니다. 그래서 다시 한번 저는 「나는 자까오 화상이 아니다」를 얘기하게 됐습니다.

저는 또한 화상이 되려면 어떻게 해야 하는지에 대한 본보기도 아니고, 결점도 매우 많습니다. 타인과 다른 점이라면 자신의 결점에 대해 기꺼이 인정하고, 기꺼이 고치려 한다는 것입니다. 만일 내가 불교 사업을 해서 본받을 점이 있다고 한다면, 이것은 매우 정상적인 것으로 우리 화상의 본분인 까닭입니다.

불광산의 제자가 욕심을 적게 부리고 만족할 줄 아는 수도 생활 속에서 '불교를 위하여' 정진하고, 보리심을 내고, 홍법이생을 해야 한다는 것을 알게 하고자 이 많은 이야기를 꺼냈습니다. 후에 중국에 계신 불교 관련 지도자와 스님들이 이 글을 읽었다는 소식을 듣고는 과분한 사랑에 몸 둘 바를 모르겠으며, 불교에 희망과 미래가 있음을 느꼈습니다. 세 번째로 말하게 된 인연은 대략 그렇습니다.

약속 중시하며, 잡지를 기한 안에 출간하다

우리는 인간이 세상에서 밥을 먹는 것이 얼마나 중요한지를 잘 압니다. '자까오' 역시 생활을 위해서, 밥을 먹기 위해서입니다. 저는 굶주림과 방황을 겪었어도, 교단에 기대어 먹고 사는 화상에 대해서는 제 신념이 동요한 적은 전혀 없습니다.

몇 가지 예로, 저는 당뇨병에 걸린 지 이미 50년이 되었는데, 여러 차례의 극한의 굶주림 상황으로 인슐린이 손상되어 생겨난 것으로 생각합니다. 가족 중에 당뇨병이 있는 분이 없었기 때문에 유전

적인 것은 분명 아닙니다. 이 생각을 의사에게 얘기했을 때, 의사는
고개를 가로저으며 저의 생각을 깊게 받아들이려 하지 않았습니다.

비교적 심각했던 기아 경험은 『인생』 잡지를 처음 편집한 민국
40년(1951)으로 기억합니다. 당시 편집업무 때문에 타이베이의 선
도사善導寺에 잠시 머물고 있었습니다. 어느 날 새벽에 면목 없게도
그들에게서 아침을 한 끼 먹은 후에 차비 1위안을 아끼고자 걸어서
완화(萬華)에 있는 인쇄공장으로 가 교정 일을 시작했습니다.

점심 때가 되자, 인쇄공장의 사장이 저를 찾아와 "성운 스님, 점

『인생잡지』 창간 6주년, 발행인 동초 스님(앞줄 좌측 네 번째)·사장 남정 스님
(좌측 다섯 번째)·주편집자 성운 대사·동료들과 단체 사진. 앞줄 좌측부터 李
用謀·朱鏡宙·李子寬·東初 스님·南亭 노화상·성운 대사·黃王圓通. 뒷줄:
周宣德(좌측 두 번째)·妙然 스님(좌측 세 번째)·孫張淸揚 보살(우측 첫 번째).
1954.11

심시간입니다"라고 말했습니다.

그러나 저는 '어디 가서 밥을 먹지? 잠깐만 참으면 되니, 계속 교정이나 보자'라고 생각했습니다.

저녁이 되어도 밥을 먹을 수 없기는 마찬가지였습니다. 저녁 시간이 지난 뒤에도, 공장 사람들은 특별히 저를 위해 야근까지 하며 잡지 150권을 먼저 제본하였습니다. 발행인인 동초 장로께 제 날짜에 전달하기로 이미 약속했기 때문입니다.

저는 비가 흩뿌리는데도 무리해서 장즈추이(江子翠)의 다리지에(大理街)서부터 완화(萬華)의 기차역까지 걸어갔습니다. 기차를 타고 베이터우(北投)까지 가서 다시 라오베이터우(老北投)에서 신베이터우(新北投)로 가는 열차를 갈아탔습니다. 여기까지 걸린 시간은 그리 길지 않았으며, 대략 밤 9시가 좀 지났을 시각이었습니다. 밖에 비가 부슬부슬 내리는 걸 보고, 혹시라도 잡지가 비에 젖지 않을까 걱정되어 장삼을 벗어 150권의 잡지를 감싸 어깨에 짊어졌습니다. 희미한 가로등 아래로 신베이터우에서 법장사法藏寺까지 걸어간 뒤, 400개의 계단을 올라가 사찰에 도착하니 대략 10시가 좀 넘었습니다.

다른 사람들을 깨울까 조용히 참고 기다리다

잡지를 가져온 저를 본 동초 스님께서 매우 반가워하시며 칭찬하셨습니다.

"자네는 매우 책임감이 있군. 참 기특한 일이야."

보통 젊은이가 장로에게서 이런 칭찬을 듣는 것은 늘 아주 기쁜 일입니다.

그리고 굳이 타이베이로 돌아가지 말고 이곳에 머물라고도 말씀하셨습니다. 저도 그것이 옳다고 생각했습니다. 이미 11시가 가까워져 오는 시간인 데다 타이베이로 돌아가도 한밤중에 도착하니, 선도사에 폐를 끼치는 것도 너무 미안했습니다. 기왕에 장로께서 남으라고 하셨으니 저는 남기로 했습니다.

동초 스님께서는 사찰 내의 사람을 불러 방을 하나 내어 주고 제가 방부 들이는 걸 도와주게 하셨습니다. 그때는 샤워설비 같은 것을 요구할 줄도 몰랐고, 그저 잠잘 곳 하나 있으면 그걸로 족했습니다. 그러나 이튿날 일어나 보니 방문이 잠겨 있었고 저들이 밖에서 문을 잠근 걸 알았습니다. 문을 열어 달라 소리치면 다른 이들을 깨우게 될까 걱정되어 그곳에서 조용히 기다렸습니다.

9시가 좀 지나 문을 열러 온 이는 송구스러워하며 말했습니다.

"죄송합니다. 스님께서 여기에 묵고 계신 걸 잊어버리고 문을 열어야 하는 걸 깜빡했습니다."

저는 언짢아하지 않았습니다. 이곳은 여중女衆의 사찰이니 저 같은 젊은 비구가 있으면 어쩌면 모두 불법 안에서 꺼리는 바가 많으리라 생각해 저도 신경을 쓰지 않았습니다.

동초 스님께 인사를 드리고 하산하려는데, 동초 스님께서 말씀하셨습니다.

"그러지 말고 내가 오늘 손님을 초대했는데, 남아서 손님 접대 좀 도와주게나."

장로께서 이렇게 얘기하시니 저는 그러겠노라 대답하고, 탁자와 의자를 준비하고 행당行堂의 일을 도와드렸습니다.

그러나 타이베이의 손님은 모시기가 쉽지 않았습니다. 오후 1시까지 기다려서야 8, 9명의 손님이 오셨습니다. 동초 스님께서 원래 두 테이블 정도의 음식을 준비하신 것을 보고 저는 속으로 생각했습니다.

'이미 한 시가 넘었으니 곧 식사하겠지. 동초 스님께서 4, 5명과 함께 식사하시게 되면 다른 4, 5인 식탁은 내가 스님을 대신해 함께 식사하면 되겠지.'

기아의 경험, 보문普門을 활짝 열겠다고 발원

이런 생각을 하는 찰나, 동초 스님께서 제게 말씀하셨습니다.

"아이야, 주방에 가서 뭐 좀 먹지, 왜 그러고 서 있어?"

장로께서 말씀하시는 투를 보아하니 아직도 저를 어린아이로 보는 듯했습니다.

그제야 문득 든 생각이 저는 소학교 교장도 지냈고, 교무주임도 했으며, 난징 화장사의 주지까지 했으니 제가 아이는 아닐 테지만, 손님을 모시고 밥을 먹기에는 저는 너무 젊고 자격이 부족하다는 것이었습니다. 당시 어안이 벙벙했지만, 더는 배가 고파 못 견디겠기에 주방으로 가 뭐라도 먹어야 했습니다.

주방을 지나다 초대한 손님의 음식 준비로 한창 바쁜 모습을 보았습니다. 정신없이 바쁜 데다 아는 사람 하나 없으니, 밥을 달라고 하기 너무 미안했습니다. 그래서 주방 밖 작은 길을 통해 그대로 하산해 타이베이로 돌아왔습니다.

기억 속에 그때 저는 극한의 굶주림 상태에 있었습니다. 어제 점심은 안 먹고 저녁도 못 먹었으며, 오늘 아침까지도 굶었는데 어느덧 오후가 되었어도 먹은 게 하나도 없었기 때문입니다.

400개나 되는 계단을 내려오는데, 다리는 솜 위를 걷는 듯하고 구름과 안개 속에서 헤매는 것과 같아 저도 어떻게 산에서 내려왔는지 모릅니다. 이렇게 타이베이로 돌아왔습니다. 저들이 잠시나마 미처 생각하지 못했던 점이 있을지라도 저는 어떤 원망하는 마음도 없었습니다. 그러나 당시 저는 장차 나한테 방법이 생긴다면 반드시 모두에게 식사하도록 하겠다는 뜻을 세웠습니다. 저는 교단에 기대어 생활하지 않는 화상이 될 수 있지만, 대중에게 음식을 제공하지 않아서는 안 되니, 장차 반드시 대문을 활짝 열어젖히고 마음껏 들어와 밥 먹을 수 있게 하겠다고 말입니다.

후에 보문사·보문중학교·보문유치원, 잡지 『보문』·『보문학보』 등을 창건하였던 것은 누구에게나 대문을 활짝 열기를 바라서입니다. 타이베이의 도량이나 불광산의 조산회관이나 저는 관리자에게 매일 두 테이블의 음식을 더 준비해 놓으라고 당부합니다. 그때는 채식을 먹기 쉽지 않았던 시기입니다. 우리는 조건 없이 손님에게 제공하며 성명을 묻지도 않았고, 다 먹은 뒤에는 그냥 가면 됐습니다. 이러한 상황은 이미 여러 해 이어져 오고 있습니다. 심지어 불광산에서는 출가자가 공양을 하고 나면 자그마한 정성으로 500위안의 홍빠오(紅包)를 차비 하시라고 보시합니다.

장수림 적수방의 식사는 가격이 정해지지 않아 방문객이 기쁜 마음으로 공덕함에 보시하면 된다. (石德華 촬영)

'자까오' 하지 않는 화상은 그래도 소극적인 편입니다. 저는 더 적극적인 일이 필요하다고 보는데, 그것이 '타인에게 편리함을 주기'입니다. 지금까지 불광산 재당(齋堂: 사찰의 공양간)에서는 당신을 알든 모르든 상관없이 공양 시간에 들어가 앉아서 공양하고, 공양을 끝낸 뒤 당신이 떠나도 묻는 사람 하나 없습니다. 물론 아주 훌륭한 대접은 아니고, 그저 공양하는 약소한 마음일 뿐이지만 제불보살과 일체 불자님들·손님들에게 면목이 서길 바라는 것이며, 이 것은 우리가 바라는 염원이기도 합니다.

오늘도 불타기념관에서 풍경이 가장 아름다운 '장수림樟樹林 적수방滴水坊'에서 밥 한 그릇과 국수 한 그릇을 제공하는데, 매일 대략 수백 명이 식사하러 찾아옵니다. 저는 적수방 측에 가격을 책정해 받지 말라고 했는데 5, 6년 동안 모두 흡족해하며 크게 기뻐했습니다.

구체적 행동, 학부 강연 포교

교단에 기대어 먹고 살지 않는 화상이 되기 위해서 저는 입으로만 얘기하지 않고 반드시 행동으로 직접 보여줘야만 했습니다. 그래서 더욱 적극적으로 불교의 가르침을 넓게 펼치는 일에 매달렸습니다. 민국 40년대 초, 아직 대학을 건설할 역량이 없던 저는 교육부 인가를 취득한 뒤, 이란에 '광화보습반'을 열어 청년들에게 공부할 환경을 제공하였습니다. 현재 사회인 가운데 임자융林慈隆·임청지林淸志·정석암鄭石岩·황삼유黃三裕 등이 이 보습반에 다녔습니다.

또 타이완 전국의 교도소를 돌며 홍법을 했고, 각 공장을 다니며 포교했습니다. 그러나 저는 대학에 가서 강연하겠다는 소망이 있었습니다. 타이완 몇몇 대학에서 강의한 적은 있지만, 반드시 타이완대학에서 강연을 한번 해야 불법을 고등교육과정 속으로 데리고 들어가는 셈이라고 생각했습니다.

학교 동아리의 주선으로 제 제자가 강연회를 준비하고 포스터도 붙였습니다. 저도 강연에 참여하려 이란에서 차를 타고 타이베이로 달려왔습니다. 그러나 기차에서 내리자마자 정자문鄭慈文이 고민스러운 표정으로 말했습니다.

"스승님, 정말 죄송합니다. 학교 측에서 출가자의 강연을 허락하지 않네요."

그때의 실망은 이루 말할 수 없었습니다. 불교 역시 교육인데, 왜 대학에서는 불교를 배척하는 걸까요? 후에 듣자니, 어느 불교계 인사께서 제가 캠퍼스에 들어가는 걸 반대해, 학교 측에 제가 강연하지 못하게 하고 화상이 학교에 들어가지 못하게 하라 전달했다고 합니다.

상황이 이렇다 해도 저는 용기를 잃지 않았습니다. 몇 년 지나서 일본의 미즈노 고겐(水野弘元) 선생을 타이완으로 모셔 객원 강의를 하였습니다. 그는 동경제국대학의 명예교수이자 세계의 저명한 학자이며 또한 화상이기도 합니다. 다만 일본의 습관은 '화상'이 아닌 '교수'로 부릅니다. 이 외에 천태학 연구의 이름난 교수 모종삼牟宗三 선생, 유학 연구의 당군의唐君毅 선생 등을 타이완대학에 모셔 강의하고 강연하도록 했습니다.

반드시 제가 강연을 할 필요는 없습니다. 소양을 갖춘 또 다른 화

일본 고마자와(駒澤) 대학 부총장 미즈노 고겐 교수는 성운 대사의 요청으로 불광산 중국불교연구원에서 '남북전 불교의 기본 차이점'에 대해 강연했다. 1978.4.6

상이 타이완대학에 들어가 불법을 강연해도 마찬가지 아니겠습니까? 여러 인연이 모여 저도 이미 타이완대학에서 여러 차례 강연하였고, 홍콩대학·중산대학·상하이교통대학·산둥대학·저장대학·동제同濟대학·후난대학·샤먼대학 등 수십 개 대학에서 여러 차례 강연한 적도 있습니다. 그래서 '자까오' 하지 않는다는 저의 관념은 형식상 말만이 아니라, 신앙적으로 행동과 생각에서도 같은 의의가 있습니다.

초심을 간직, 교단을 사랑하고 불문에 공헌

민국 38년(1949년)이 바로 우리 청년 승가가 처음 타이완에 도착한 때입니다. 앞길이 막막할 때 중흥대학의 진강조秦江潮 교수께서 그들이 설립한『자유청년』의 편집에 참여하게 했고, 중앙라디오 방송국의 책임자는 라디오 원고를 쓰라고 했으며, 이외에 신문사에서 저를 찾아와 기자를 하라고도 했지만 저는 모두 사절했습니다. 저는 사회사업에 의지해 자신을 먹여 살리고 싶지 않았기 때문입니다. 저는 불교의 화상 가운데 한 사람이니, 화상이라는 역할에 충실해야 합니다. 그래서 돈 없고 연줄 없는 생활 속에서 여전히 자신의 초심을 간직하고 교단에 기대어 먹고 사는 화상이 되지 않고, 사회에 의해 길러지는 사람도 되지 않았습니다.

저는 불교라는 자리에 서서 쉬지 않고 부지런히 나아갈 것이며, 날씨가 어떠해도 저는 여전히 불문의 고행과 업무에 힘써 종사하며, 불문에서 교단을 사랑하고 교단에 기대어 먹고 살지 않는 화상이 되겠습니다. 저 자신의 신분을 확고히 하고 동요하지 않겠습니다.

처음에 타이완에 도착해 근면과 부지런함으로 좋은 인연들을 맺었습니다. 글 쓰는 데 전념하도록 머물 연립주택 한 채를 준다는 사람도 있었고, 심지어 제가 홍법하는 기초로 삼게 건물 한 채를 주겠다고 한 분도 있었습니다. 제가 무슨 덕으로요? 이처럼 커다란 보시는 감히 받을 수가 없습니다. 불교의 이름을 쓰고 신도가 베푸는 보시를 헛되이 할 수는 없습니다. 저는 반드시 자신의 노력으로 불법을 널리 알려야 했기에 그들의 호의를 정중히 거절했습니다.

성공은 한순간에 이루어지지 않으니 천천히 해나간다면 10년이 흐르고, 20년이 지난 뒤에는 저도 불교를 위한 활약을 조금은 했다

수십 년의 총림생활에서 대사는 밥 한 그릇, 반찬 하나라는 검소한 습관이 생겼다.

고 볼 것입니다. 물 길어오고 땔감 해오고, 힘을 쓰든 마음을 쓰든 중요하지 않습니다. 불문에 공헌하는 것이 중요하고, 불교에서 길러준 출가자임을 저버리지 않는 것이 중요합니다. 저는 10년 동안 총림 교육을 받고 자랐으니, 삼보의 은혜와 중생의 은혜에 보답해야 합니다. 그렇게 해야 진정 교단에 기대지 않는 화상이라 할 수 있습니다. 이것은 일생 변하지 않고 고수해 온 저의 입장입니다.

저는 성질이 안 좋고 성정은 지나치게 직설적이며, 더 나아가 명예욕·욕망·무명·어리석음 등 결점이 많아 마음 밭에서 여전히 되돌아보며 반성하곤 합니다. 특히 질투심은 늘 다른 사람에게 져서는 안 된다고 느끼게 하니, 이런 강한 승부욕과 호승심好勝心이 부끄럽습니다. 지금 생각해 보니 정말 젊고 제멋대로일 때였는데 후회와 부끄러움으로 몸 둘 바를 모르겠습니다. 그러나 '불교를 저버리지 않는다'라는 결심만큼은 어떠한 상황에서도 변해서는 안 됩니다.

타이완에서 저와 인연을 맺은 신도는 적지 않습니다. 국내외에서 집전한 귀의 의식이 수백 수천 회 이상이니 세어보면 수백만 명의 신도가 있을 겁니다. 그러나 저는 특별히 왕래하는 신도는 없습니다. 출가자라면 세속에 대해 밀접하게 인연을 맺어서는 안 되고, 지위가 높고 명리가 크다 하여 그 신도와 특별히 왕래해서는 안 된다고 제자들을 교육합니다.

마음이 고르지 않으면 진정으로 불도를 배우는 사람이 될 수 없습니다. 그래서 지금까지 이 많은 신도들이 제 가까운 친척이자 좋은 친구가 되었지만, 특별히 가깝고 멀고의 분별은 없습니다. 이것 또한 자신을 다독이는 일종의 관념이고, 사람이라면 마땅히 이러해야 한다고 생각합니다. 특히 불교의 화상이라면 더욱 이러한 수양과 인식을 해야만 합니다.

신도에게 베푸는 법을 배우는 화상이 되기 위해서는 자신도 평소 약간의 선행을 해야 합니다. 예컨대 천주교의 단국새單國璽 추기경께서 진복산眞福山을 건설할 계획이 있어, 역량은 안 되지만 저도 500만 위안을 기부하기로 약속했습니다. 그러나 그 많은 돈을 한번에 기부할 수가 없어 5년에 나누어서 내기로 약속을 했습니다. 기독교의 어느 목사께서 교회를 중건해야겠다고 편지를 보내오셔서 저는 또 100만 위안을 헌금하며 성의를 조금 표시한 적도 있습니다.

타인에게 은혜를 베풀 능력이 있다는 것은 내가 부유함을 나타냅니다. 만일 타인에게 받을 줄만 알고 타인의 보시를 구걸할 줄만 안다면 그는 가난한 사람입니다. 그래서 제가 '자까오' 하는 화상이 아니라는 것은, 그래도 제가 '부유한 빈승'임을 나타낸다고 생각합니다. 사실적으로나 외형적으로 저는 아무것도 없을지라도, 의지와 정신적인 면에서는 전 세계가 모두 저의 것입니다.

저는 일찍이 전 세계에 간단한 채식 요리를 제공할 수 있는 곳인, 연쇄점 '적수방'을 설립하겠다는 이상을 가진 적이 있었습니다. 이것 역시 제가 제창하고자 하는 간단한 음식 이념입니다. 채식 요리는 간단한 기술이지만, 현대에는 오히려 이런 전문적인 기술을 갖추려고 지향하는 젊은이가 매우 적습니다. 그래서 유감스럽게도 저의 이 소원은 줄곧 실현되지 못하고 있습니다. 제가 곳곳에 적수방을 설립하지는 못한다 해도, 현재 운영하는 불광산의 적수방 가

단국새 추기경이 보인대학교 이사장의 신분으로 대사에게 '법학' 명예박사 학위를 수여하며 합장으로 서로 예를 갖췄다. 장소: 타이베이 국부기념관. 2006.12.16

운데 불타기념관의 '장수림 적수방'을 보면 가능성이 있다는 믿음이 생기며, 언젠가는 제 염원을 이룰 수 있으리라 믿습니다.

서로를 수호하고, 합심하여 교단을 발전시키다

해마다 부처님 오신날에는 불광회에서 작은 트럭을 운수욕불차雲水浴佛車로 개조해 큰길은 물론, 작은 골목까지 두루 다니며 많은 대중에게 부처님과 인연을 맺을 수 있게 합니다. 매년 음력 12월 초 팔일에는 불광산 본산과 별원은 각 불광회와 더불어 납팔죽을 나눠주는데, 전 세계에서 총 수백만 개의 죽이 사람들과 인연을 맺습니다. 저의 작은 소원을 위해, 제가 한 말을 위해 고생하면서 교단을 위하고 인연을 맺자는 이념을 완성해 가니 감사할 따름입니다. 이 자리를 빌려 제자들에게 깊은 감사를 드립니다. 그들 또한 저처럼 교단에 기대어 먹고살지 않는 출가자가 되려 합니다.

스승이 제자를 이끌어 주고 선배가 후배를 이끌어 주는 것이 일반적인 모습인데, 서예 같지도 않은 저의 그 일필자는 제자인 여상如常 스님이 줄곧 저를 북돋아 주며 10여 년 동안 제 일필자를 세계 각지에서 전시케 했습니다. 2005년 말레이시아 국립미술관을 필두로, 나중에는 UN, 미국의 각 대학까지, 심지어 타이베이 국립역사박물관, 중국 베이징 국립미술관, 유럽 국립박물관 등에서 백여 차례 이상 전시하였습니다. 그래서 지금 일필자가 모두의 사랑을 얻을 수 있었으니, 이것은 제자가 스승을 이끌어준 것 아니겠습니까?

또 좋은 예로 자주 강연 요청을 받는 각배覺培 스님은 제가 제기한 인간불교, 저의 인간 성격, '나는 자까오 하는 화상이 되지 않겠다' 등을 주제로 해서 각지의 인연을 늘려주었습니다. 이 역시 제자가 스승의 성취를 끌어준 것 아니겠습니까?

그밖에 본산의 주지를 역임하셨던 제자 심평心平·심정心定·심배心培·심보心保 화상과 자장慈莊·자혜慈惠·자용慈容·의공依空·혜전慧傳 등의 스님들, 또 본산의 홍법포교에 능숙하신 수백 명의 스님이 계시는데, 어디에서 강연하든 늘 스승을 중심으로 한다고 말할 수 있습니다. 그래서 '자까오' 하지 않는 화상인 저는 제자가 이끌어주고, 저도 그들을 보살피며 스승과 제자가 서로 수호합니다. 하나의 교단이 되어 불광산은 이렇게 발전해 왔습니다.

제자가 스승을 이끌어 준다고 말하니 정말 부끄럽기 짝이 없습니다. 그러나 저들의 정진과 노력이 제게는 위안이 되고, 사형제들 사이에서는 그들을 영광으로 여기게 될 겁니다. 그래서 저 자신이 '자까오' 하는 화상이 되지 않는 것처럼 제자들에게도 교단에 기대어 생을 영위하는 출가자가 되어서는 안 된다고 훈계합니다.

역량을 다해 사회에 따스함을 주다

타이완에서 저는 '자까오' 하지 않는 화상이고자 힘써 노력했고, 중국에 가서도 저는 같은 이념을 견지하였습니다. 불광산의 조정인 이싱(宜興)의 대각사大覺寺를 중건하고 저는 불광 제자, 불광산 말사 사찰에 자신의 역량을 다하라고 얘기했습니다. 예를 들어 교습 급여, 외부에서 봉사하는 공양, 법회의 수입 등은 모두 사찰을 건립하는 데 사용할 수 있고, 또한 사회의 어려운 이들을 구제하는 일을 하고, 특히 '좋은 묘목' 프로젝트의 청소년 교육 등, 이는 여러분이 짊어져야 하는 사명입니다.

또 불광산의 십여 명의 제자가 각기 대학에서 가르치고 있습니다. 예컨대 자혜 스님은 불광대학과 남화대학의 이사장이시고, 혜전 스님은 보문고등학교의 이사장이시며, 자용 스님은 여러 해 「인간위시」의 이사장과 『보문학보』 발행인을 맡았으며, 심정 화상과 의공 스님은 각기 『인간복보』의 발행인과 사장을 한 적 있고, 혜관慧寬 스님은 향운문화공사香雲文化公司의 이사장입니다.

불교에서 우리는 노력 없이 얻거나 특별한 대우를 받길 기대해서는 안 됩니다. 정부가 저에게 준 형식상의 명의가 있습니다. 예컨대 '몽장위원회蒙藏委員會', '교무위원회僑務委員會' 등인데, 이 위원회의 위원은 모두 특임관特任官에 해당되어 공항에서 입출국 때 세관을 통과하지 않아도 됩니다. 그러나 저는 이런 특권을 사용하지 않습니다. 저는 어떤 물건을 휴대하지도 않고, 급하게 가야 하는 공무도 없으며, 사람들과 줄 서서 들어가는 게 마음이 편해서입니다. 저 역시 평범한 사람이고, 심지어 일개 빈승이라는 것을 세관이 알게 하고 싶습니다.

우리는 중국에서도 똑같이 행동하며, 국제적으로도 더욱 같은 원칙을 가져야 합니다. 우리는 타이완의 불교, 중국의 불교, 국제적인 불교 모두에게 공헌해야 하며, 모든 이를 위해 봉사할 수 있어야

장경루는 불광산의 출가제자가 함께 십시일반
으로 모아 완성되었다. (戴祖榮 촬영)

합니다. 공헌하겠다는 정신이 있기에 우리는 불교를 타이완에서
세계 오대주로 발전시켜 나갈 수 있습니다.

　불광산에 건설한 장경루는 불광산 출가 제자들이 수년간 자금을
공동으로 모아서 완성한 것으로, 신도에게는 한 푼도 받지 않았습
니다. 홍콩의 한 거사께서 이 소식을 듣고 발심하여 200만 위안을
찬조하겠다 밝혔습니다. 불광산의 모든 건설이 시방세계의 힘이
모여 함께 성취한 것일지라도 이 건물만은 모금을 받지 않았습니
다. 나중에 자혜 스님께서 그에게 돌려주시며 불광산 제자들이 스
스로 공헌하겠다는 원심을 이해해 달라 얘기했습니다.

불광산은 개산 이래 현재까지 국내외에 3백여 개의 사찰을
건립하고 1,300여 명의 제자가 있다. 매년 전등회 주최로 불
광산 총본산에서 '국내외 출가제자 강습회'를 거행한다.

약간의 보시로 인심과 관념을 바꾸다

적극적으로 나서 인연을 맺지 않고 타인에게 기대려고만 한다면, 하늘에서 뚝 떨어지는 행운이 절대 오지 않습니다. 교단에 기대어 생명을 유지하는 화상이 되지 않으려면 먼저 사회에 봉사하는 화상이 되어야 합니다. 홍법이생하는 화상이 되어야 합니다. 문화적이고 교육적이며 보시하는 화상이 되어야 합니다. 사회에 따스함을 전하는 화상이 되어야 합니다. 불교를 위해 희생하고 공헌하는 화상이 되어야 합니다. 불광 제자 한 사람 한 사람은 자신의 발심에 의지해 시방의 신도와 불법의 선연을 맺어야 합니다.

때때로 우리는 조그마한 힘을 사용하고도 커다란 사업을 성취할 수 있으니 홍콩 불교의 변화가 대표적인 예입니다. 과거에는 출가자가 홍콩에 도착해 택시를 타려고 하면 엄청 힘이 들었습니다. 듣자니 홍콩 사람의 경마가 원인인데, 민머리의 출가자를 태우면 경마에서 전부 잃는다는 속설이 있어 태우지 않으려 했습니다. 제가 홍콩에 홍법을 하러 갔는데, 길을 모르니 택시를 타고 가려 했습니다.

홍콩은 넓지 않아 제일 먼 곳도 많아야 20위안 정도면 됐습니다. 저는 매번 백 위안을 냈습니다. 홍콩 택시기사는 팁을 받는 습관이 있어, 저는 내리면서 "거스름돈은 안 주셔도 됩니다"라고 말했습니다.

홍콩에서 여러 해 홍법하면서 이러한 상황이 대략 20~30차례 있었는데, 홍콩 돈 2천 위안을 넘지는 않을 것입니다. 제가 홍캄(紅

성운 대사는 홍콩 홍캄체육관에서 20년간 강연을 하셨다. 사진은 2006년 '인
간불교의 계정혜' 강좌를 세 차례 거행, TV와 인터넷으로 동시에 전 세계에
중계되어 만인이 함께 법음을 받았다. 2006.12.8~10

(劉) 홍콩체육관에서 강연할 당시 이런 얘기를 꺼냈습니다.

"여러분들은 출가자를 모두 재물신이라 생각하십시오. 당신의
택시에 매일 재물신을 태우는데 돈 많이 벌지 못할까를 왜 걱정하
십니까?"

과거에는 출가자가 물건 사러 상점에 들어가면, 항상 "사장님 안
계세요"라는 말을 들었습니다. 스님이 보시하라고 오는 줄 안 것입
니다. 지금은 상점에 물건 사러 가면 점원은 특별히 "스님, 더 할인

해 드릴게요"라고 말합니다. 심지어 누군가는 돈을 받지 않고 "스님, 제가 스님께 공양하겠습니다"라고도 합니다.

홍콩 불교는 과거보다 많이 발전했습니다. 타이완 스님들이 홍콩에 갔는데 기사가 택시비를 받지 않겠다고 한 적도 있었다고 합니다. 2, 3천 위안의 보시가 불교에 대한 택시기사의 관념을 바꿔놓았습니다. 교단에 기대어 삶을 살지 않는 화상인 제가 홍콩 불교에 미약하나마 공헌했다고 말할 수 있을 겁니다.

이 시기 불광산이 해외에 건립하는 도량은 모두 보시에 의지하지 않는다는 생각을 했습니다. 예컨대 네덜란드 하화사荷華寺, 런던의 불광도량, 호주의 남천강당, 뉴질랜드 북섬 불광산, 미국 뉴욕도량, 싱가포르 불광산 등은 모두 불광산 사찰의 대중이 아끼고 모아 매입한 것으로, 신도 대중이 함께 수행하고 중화의 자녀들이 해외에서 정신 혜명慧命의 가정을 가질 수 있게 제공합니다.

그러므로 주는 것이 곧 받는 것이고, 내어 주는 것이 곧 얻는 것입니다. 교단에 기대어 생명을 유지하지 않는 것이 승가의 인격, 승가의 도력을 향상시켜 줍니다. 교단에 기대지 않으면 오히려 더 많은 수확이 있습니다. 솔직하게 말하면 저 성운은 가난한 집의 아이였고 어떤 교육을 받은 적도 없지만, 오늘날 세계 오대주에 법을 펼칠 수 있으니, 이는 바로 '자까오 하지 않는' 성격에 의해 이루어낸 성과가 아니겠습니까?

내어 주고 얻어, 세계 오대주에 법을 펼치다

물론 우리가 몸소 행하는 걸 보고 각지에서 불교의 발전에 도움이 되고자 발심하신 신도도 일부 있습니다. 예컨대 미국 휴스턴 중미사中美寺, 브라질 여래사如來寺, 파리 법화선사, 호주 남천사, 중천사 등은 먼저 현지의 신도가 건물을 절에 기증한 뒤, 다 함께 금전과 힘을 모아 부처님의 깃발을 세운 곳입니다. 저도 "시방에서 와서 시방으로 가니, 시방의 일을 함께 완성한다. 만인이 보시하고 만인에게 나눠주니, 만인의 인연 함께 맺는다"라는 신념을 가지고 있습니다. 이른바 '모두가 나를 위하고, 나도 모두를 위한다'라고 하듯이, 승가와 신도 사이의 공통점은 '불교를 위해서'라는 겁니다. 우리가 먼저 교단에 기대어 살아가려는 화상이 되지 않으면, 신도는 자연스럽게 공양하고 공헌하려 할 겁니다. 서로 이러한 인식을 하고 있다면, 불교의 부흥은 걱정할 필요도 없습니다.

싱가포르에 수십 년 동안 제가 오가면서 귀의한 신도 역시 수만 명 이상이고, 매년 기쁜 마음으로 제 강연과 설법을 듣습니다. 제가 1원이라도 원한 적이 있나 모두에게 묻고 싶습니다. 싱가포르의 불자들은 공양심(공양하고자 하는 마음)이 매우 크지만, 저는 그들에게 제가 교단에 기대어 생명을 유지하려는 화상이 아니라는 새로운 인식을 심어 주려 했습니다. 그래서 불교에 공양한다면 괜찮지만, 제 개인에게 공양하는 것은 절대 받을 수 없습니다.

말레이시아는 거의 50년간 다니면서 노부인 여고黎姑의 기부를 받은 적 외에, 광여廣餘 스님이 불광산에 2만 달러를 기부한 적이 있습니다. 나중에 그가 학명사鶴鳴寺를 중건하기에 저는 보답으로 2만 달러를 기부해 서로 교류하였습니다. 현 주지이신 전문傳聞 스님은 광여 스님의 제자이자 불광산 불교대학의 학생이니, 그는 이 일을 알고 있을 겁니다.

말레이시아 불교총회의 회장이신 축마竺摩 스님, 금명金明 스님 등도 경전 강독을 요청하신 적이 있습니다. 자리에 앉아서 강독을 마치자 신도들이 네 줄로 줄을 서서 홍빠오를 공양하였는데 거의 한 시간이 걸렸습니다. 홍빠오가 얼마나 되었을까요? 저도 모릅니다. 전부 말레이시아 불교대학에 기부하여 교육기금으로 쓰게 했습니다. 제가 어디에 있건 공양 보시금이 들어오면 저는 모두 현지의 불교 홍법에 쓰게 돌려줍니다.

민국 52년(1963년)을 돌아보면, 처음 말레이시아를 방문하였을 때 홍종弘宗 스님께서 제게 말했습니다.

"타이완에서 희사喜捨하기를 권유하는 기부장 42장을 보내주셔서 제가 뭐라 대답을 드려야 할지 모르겠습니다."

그 말을 듣는 순간 타이완의 불교가 이처럼 다른 사람에게 도움을 청해야만 하느냐는 생각이 들어 무척 부끄러웠습니다. 그 순간 내게 충분한 역량이 채워지기 전까지는 싱가포르와 말레이시아에 홍법하러 오지 않겠다는 원을 세웠습니다.

그래서 수십 년간 불광산을 건설하면서도 해외에 손을 벌리지 않았습니다. 이유는 인연 있는 사람과 불교가 인연을 맺게 하고 싶고, 불교와 불교가 인연을 맺게 하고 싶지, 저를 시방에 의지해 먹고사는 화상이라는 인식을 주기 싫었기 때문입니다.

그래서 말레이시아에서 홍법하는 불광산의 각 사찰·청년회·청년단 등이 그러한 발심을 한다는 것은 그들이 교단에 기대어 생을 살아가지 않는 화상을 따르기 때문이라고 말할 수 있지요. 그리고 저도 불자들과 마찬가지로 경제적으로 출간물과 일필자로 보시공덕을 일부 짓고 있습니다. 일반 신도는 보시하면서 이름을 쓰고 기념으로 남기기까지 하지만, 저는 이름조차도 필요 없습니다. 난징대학교 총장이신 진준陳駿 교수님께서는 제가 평생 주장해 온 "보시에는 상이 없어야 하고, 중생 제도에는 '나'가 없어야 한다"에 관해 과분한 찬사를 해주셔서 저는 너무 부끄럽습니다. 이것이 저의 본분일진대 어찌 타인의 찬사를 받겠습니까?

성운 대사가 독자에게 사인을 해주며 환희를 주고 있다.

불법 전파, 시방 대중에 공양

최근 들자니 싱가포르『신명일보新明日報』에서 제가 쓴「점지혜點智慧」칼럼을 연재한 것을 모아서 책으로 출판했으며, 현재 6판 인쇄까지 들어갔다 하니, 천주교의 부총편집자인 주지위朱志偉 선생께서 심혈을 기울여 주신 데 대해 감사를 드립니다. 제자들은『점지혜』가 출판되자마자 싱가포르·말레이시아·홍콩 각지에서 잘 나가는 신작 도서에 이름을 올렸다고 말했습니다. 또 칼럼은 오늘까지 이미 5년이 지났는데, 이 신문사 설립 이래 최장기 칼럼 연재 기록을 세웠다고도 합니다.

천주교 신자가 우리에게 이토록 우호적인 것이 정말 고마웠습니다. 그래서 최근『인간복보』에 발표한「불광채근담佛光菜根譚·성운일필자星雲一筆字」시리즈를 몽땅 그에게 보내주었습니다. 그렇게라도 그의 우호에 대한 저의 감사하는 마음을 전하고 싶었습니다.

제자들과 신도는 제 글의 출판에 대해 항상 이야기해 줍니다. 그들이 중국 등지로 갔다 오면서 나의 서적을 몰래 인쇄하는 사람을 자주 봤다고 합니다. 그러면 저는 저들에게 괜찮으니 신경 쓰지 말라고 말합니다. 저는 무척 기쁩니다. 물론 해적판이 옳은 것은 아니지만 불법이 이렇게 해서 널리 전파될 수 있고, 인연 있는 사람은 책 속의 한두 마디 불법으로 인해 이익을 얻게 된다면 무엇이 나쁘겠습니까?

제가 이 글을 쓰는 의의는 불교의 화상이 시방에 기대어 생을 유지하는 화상이 되지 말고, 모두 시방에 공양하는 화상이 되기를 바

93세 되신 성운 대사는 제자에게 불도를 이루기 전 먼저 널리 선연을 맺고,
보살의 마음을 내어 불교가 나를 의지하게 하고, 불교를 빛내라고 권면한다.
(천하문화 제공)

라서입니다. 불광산의 제자들은 마땅히 이것을 알아야 합니다. 타
이완의 신도, 불광회의 불광인, 국제적인 인사들 역시 알아야 합니
다. 결론짓자면 저는 여러분들이 불교 안에 '자까오' 하지 않는 화
상이 많이 있음을 아셨으면 합니다. 여러분이 마음 놓고 교단에 기
대어 살지 않는 화상과 왕래하는데, 불교가 부흥되지 않을까 걱정
할 필요가 있겠습니까?

출가한 제자든 재가의 제자든 우리가 아직 불도를 이루지는 못
했지만, 먼저 널리 인연을 맺고 발심하는 보살이 되며, '자까오' 하
는 화상이 되지 말며, 자신을 불교의 신도 가운데 한 사람이라 여기
고, '불교가 나를 의지하게 하라'는 책무를 지녀야 한다는 것이 바
로 늙고 노쇠한 저의 생각입니다.

역경을 뒤집은 인생의 심법心法
– 신앙의 역량 증장

불광산에서는 출가한 비구·비구니가 즐겁고, 재가 제자
인 사고師姑·교사도 즐겁고, 총림학원에서 공부하는 남녀
학생도 즐겁고, 본산에 사는 노인·아동도 즐거울 뿐만 아
니라, 신도도 즐겁고, 봉사자도 즐겁고, 불광 아가씨도 즐
겁고, 여행 온 여행객도 즐겁습니다. 이유가 뭘까요? 신앙
의 역량이 우리의 정신을 꽉 채워주니 우리의 마음 안에
서 즐거움이 자라지 않을까 걱정할 이유가 없습니다. 이
많은 즐거움은 모두 '생인生忍·법인法忍·무생법인無生法
忍'의 실천과 체득에서 온 것입니다.

나의 신앙 여정

저는 피로 사경한 적이 있고, 연비 공양을 한 적도 있습니다. 1년간 묵언 수행을 한 적도 있고, 눈을 감고 3개월 동안 보지 않은 적도 있습니다. 나중에 우연히 두 눈을 떴는데 문득 이런 생각이 들었습니다.

아!

청산도 그대로고,

나무도 그대로고,

하늘도 그대로구나.

다시 이 세간으로 돌아온 것 같다!

저는 젊은 시절 이런 고지식함도 있었습니다.

불교 신앙에서는 발심을 중시합니다. 증상심增上心을 일으키는 것은 인천승의 불교이고, 인간 입세간의 불교입니다. 출리심出離心을 일으키는 것은 성문·연각승의 불교이고, 세간에 대해 사랑도 집착도 하지 않는 불교입니다. 출세간의 사상에 입세간의 발심을 더해 융합한 것이 바로 보살도의 불교이자 제가 주장하는 인간불교입니다.

보살도를 얘기하자면 체험의 순서가 필요한데 총 51위位가 있습니다. 즉 십신十信·십주十住·십행十行·십회향十回向·십지

불광산 대비전 관세음보살.

十地를 거쳐 등각等覺에 들며, 마지막에는 묘각妙覺의 불과佛果 경계에 도달합니다. 초심자를 우리는 '초발심보살'이라 부르며, 갖가지 수행을 통과하여 마지막에는 불도를 성취합니다. 또 관세음보살과 같은 많은 대보살은 원래 성불할 수 있는데도 일분一分의 '생상무명生相無明'을 끊지 않고 남기시고 인간 세상에서 중생을 두루 제도하겠다고 발심하시고 보살도를 행합니다.

보살도를 배우고 수행하는 과정은 유치원부터 박사학위까지 줄곧 끊임없이 완성하는 것과 비슷합니다. 저의 신앙 역시 느리지만

점차적으로 위로 단계가 올라갔습니다. 그래서 제 신앙의 단계에 관해 얘기해 보려 합니다.

선악의 인과, 세간의 필연적 이치

사람이 세상에 태어난 뒤, 아이일 때는 무지몽매하고 호기심이 가득하며 이 세계의 오색찬란함을 알고 싶어 합니다. 그러나 제 어린 시절의 고향은 문화 수준이 발달하지 않은 중국의 낙후된 강북지역 어느 한 시골구석으로 큰 빌딩도, 자동차도, 기차도, 현대식 전기시설도 없었으니, 오색 불빛은 더 가당치도 않았습니다. 사람들은 모두 농사일을 하며 생활했고, 공장에서 노동자로 일했으며, 빈곤 속에서 생존과 부대끼며 살았습니다. 해마다 전쟁·가혹한 세금·도적 떼의 창궐이 더해져 죽는 게 낫다고 느낄 정도였고, 세간에 대한 인식이란 얘기할 거리도 못 되었습니다.

그러나 인간은 태어난 뒤 본래 성품 안에 하나의 성향이 있습니다. 어쩌면 신앙의 에너지원일지도 모릅니다. 저는 바로 이 신앙의 잣대를 놓고 판가름합니다. 좋은 것은 믿고 나쁜 것은 믿지 않습니다. 선한 것은 믿으려 하고 악한 것은 믿지 않습니다. 진실은 믿으려 하고 거짓은 믿지 않습니다.

유년 시절 자주 외할머니를 따라 신도교神道教에서 말하는 '선문善門'을 다니다 보니, 본성적으로 세간에는 선과 악이 있고, 좋고 나쁨이 있고, 천당과 지옥이 있음을 더욱 굳게 믿었습니다. 특히 선당善堂 안에 『옥력보초玉曆寶鈔』를 묘사한 십전十殿 염라를 보고 놀라

눈앞이 캄캄해지며 악행을 하지 말아야겠다는 경각심이 들었습니다. 특히 아름다운 음성으로 외할머니께서 불당에서 '선은 푸른 소나무, 악은 꽃과 같아 눈앞에 보이는 것과 다르다네. 어느 날 찬 서리 몰아치면 꽃은 보이지 않고 푸른 소나무만 보이네'라며 노래를 부르시는데, 이와 같은 경세警世 게송이 천천히 마음에 들어왔고, 선악 인과는 필연적인 이치라고 생각했습니다.

심지어 선당 안에는 수많은 속담과 민요가 있었습니다. '전생에 신발 한 켤레 훔치면, 금생에서 나귀가 되어 짐을 지고 십 리를 걷는다', '수행하라고 해도 안 하면, 죽은 뒤 황소가 되어 멍에를 끈다' 등은 부지불식간에 어린 저의 마음을 움직여 점차 신앙의 첫 단계에 가까워지게 했습니다.

이상하게도 선당 안의 신명의 많은 명호를 기억할 수도 없고, 또 크게 숭배하지도 않았지만, '관세음보살 어머니'를 들을 때마다 깊은 신심이 끓어올랐습니다. 어머니께서는 제가 태어난 지 한 달이 되었을 때, 관세음보살에게 보내어 수양아들로 삼았다고 나중에 얘기해 주셨습니다. 그 말을 들은 후 '관세음보살 어머니'에 대한 그리움의 감정이 더 깊어졌습니다.

사찰의 활동, 신앙의 기초 배양

어린 시절에는 종교적 정서랄 것도 없었으니, 신앙이란 건 더 말할 것도 없었고, 단순하게 외할머니를 따라 절에 가는 것일 뿐이었습니다. 외출할 수 있고 도량에서 놀 수도 있는 데다 사탕과 간식도 먹을 수 있다는 거였습니다. 이러한 환경 속에서 어린 시절 종교 신앙의 기초가 길러졌다고 말할 수 있습니다.

위에서 언급한 인연으로 불당에서 누군가 아이인 저를 보면 외할머니에 대한 존경심 덕분에 저에게도 사랑과 보살핌을 주었고, 항상 활짝 웃으며 "어머나, 너 정말 소화상처럼 생겼구나"라고 말했습니다.

저는 '화상'이 무엇인지 왜 저를 소화상이라 부르는지도 몰랐습니다. 후에 또 누군가는 "너 참 복스럽게 생겼구나", "참 착하게 생겼구나"라고 말했습니다. 이 많은 찬사는 제게 '소화상'이 되면 굉장히 좋은 거라는 느낌이 들게 했습니다.

그러나 저는 어떻게 하면 화상이 되는지를 알지 못했습니다. 그저 아빠와 엄마가 필요하고, 집이 필요한 아이에 불과했습니다. 밖에서 다른 사람에게 괴롭힘 당하고, 심지어 아이들 사이에서 싸움이 있어도 집에 돌아오면 가장 안전했으므로 집이 가장 좋았습니다. 그래서 저는 근처의 아이들하고만 놀고 대부분 집에 있었으며, 1킬로 넘는 길은 갈 엄두를 못 냈습니다.

이 시기에 가장 인상 깊었던 것은 외할머니가 수행으로 얻은 재주였습니다. 아침에 향 피우고, 저녁에 물을 갈아주는 것은 말하지 않겠습니다. 특히 한밤중에 침대에 가부좌하고 앉아 있는 외할머니 배에서 물결이 요동치는 소리가 났습니다. 때로는 저도 외할머니의 출렁하는 소리에 잠이 깨곤 했지만, "할머니 배에서 왜 소리가 나요?"라고 물을 엄두는 안 났습니다. 외할머니의 금기를 범하게 되지는 않을까 몹시 두려웠습니다. 어린아이에게 명절과 새해는 가장 기다려지는 행사였고, 가족이 다 같이 모여 한 칸의 작은 거실에서 세배드리는 일이 가장 행복했으며, 집안이 북적거리는 느낌이 좋았습니다.

이렇게 저는 11세가 되었습니다. 그해 노구교 사건(1937년 7월 7일)이 발생했습니다. 양저우의 대가람 18곳이 침략당했고, 큰스님들은 서둘러 안전한 곳을 찾아 북쪽으로 피난 가셨습니다. 장두(江都)를 지나던 그들은 외할머니가 독실한 불교 신자인 걸 아시고 외할머니 댁에 와서 음식 시주를 받았으며, 외할머니는 기쁜 마음으로 공양하셨습니다. 한번은 10여 명의 큰스님이 외할머니의 작은 거실에 앉아 계셨던 거로 기억합니다. 저도 그들을 꺼리는 것은 아니었지만, 이 많은 큰스님들이 이처럼 위엄이 있고 장엄하다는 것을 느꼈습니다. 신성은 침범해서는 안 되는 것인 듯, 방문에 기대 호기심 어린 눈으로 그들을 바라보며 눈치를 살폈습니다.

이때 몇몇 스님이 저를 보고 말했습니다.

"꼬마야, 너 마치 소화상 같구나. 너 화상이 되지 않을래?"

저도 어디서 그런 용기가 났는지 모르지만, 일단 대답을 했습니다.

"될래요."

"그래 좋다. 화상이 되려면 먼저 은사스님께 절해야 한단다. 여기 있는 우리 중에 너는 어느 분을 스승으로 모시고 절하겠니?"

저는 그저 장난스러운 태도로 어느 큰스님한테 가서 그를 가리켰습니다. 그분을 은사스님으로 모시겠다는 의미였습니다.

"그래 잘했다. 오늘 여기에서 너는 은사스님을 모시고 삭발식을 거행하고, 이 스님이 널 받아들이면 넌 소화상이 되는 거다."

불당 앞에는 촛불이 밝게 빛나고, 향로에는 향이 피어오르고 있었으며, 공양 음식과 꽃과 과일이 놓여 있던 걸로 기억합니다. 스승을 모시는 의식을 거행하려 할 때, 제가 갑자기 물었습니다.

"스승님께 절한 뒤에 저는 어떻게 하나요?"

"우리를 따라가야지."

어디를 가는지 알지는 못했지만, 당연히 함부로 따라갈 수는 없었습니다. 그래서 약간 머뭇거리다가 다시 물었습니다.

"스님을 따라가면 외할머니도 저와 함께 가도 돼요?"

"아니, 가지 못한단다."

그 말을 듣는 순간, 마음이 반쯤 서늘해졌습니다. 외할머니의 보호도 없이 나 혼자 당신들을 따라 어디로 간단 말인가?

"그럼 엄마는 우리와 함께 가도 되나요?"

"엄마도 안 된단다."

저는 또 저보다 세 살 많았던 누나 얘기를 꺼냈습니다. 이미 13, 4세였던 누나는 소녀가 되었고, 제 마음속에 누나는 평소 매우 당차고 괄괄해 누구도 건드릴 수 없었습니다.

"누나는 저와 같이 갈 수 있나요?"

"누나도 안 된다."

그 말을 듣는 순간 떼를 쓰듯 말했습니다.

"그럼 저 안 할래요."

황당했던 촌극은 이렇게 끝났습니다. 그들은 식사한 뒤 훌쩍 떠나버렸고, 화상이 되려고 했던 이 사건도 연기처럼 사라졌습니다.

다시는 누구도 말하지 않았던 것 같습니다. 그때 우리 가족이 어떤 생각이었는지는 저도 모릅니다. 그러나 가족은 아마도 그저 제가 스님에게 절하고 그 많은 큰스님들과 인연을 맺길 바란 거지, 정말로 저를 화상이 되게 하려는 것은 아니었을 것으로 생각합니다. 그래서 그 후에는 아무도 다시 얘기하지 않았습니다.

국가 전쟁에 노인과 아이가 동원되어 항일

노구교의 전쟁상황은 갈수록 격렬했고, 온 나라가 들썩였습니다. 민간에서는 항일 투쟁의 의지가 피어오르고 곳곳에서 나라를 위해 희생하겠다, 일본 괴뢰에 항거하겠다는 정서가 만연했습니다. 낮이면 어른들은 서둘러 회의를 하고 민병 훈련을 하며 항일전선에 참여했습니다. 우리 아이들도 아동부대에 참가하여 노래를 부르고 글자를 익히고 행진해야 했습니다. 그래서 낮에는 아이들을 따라 다니며 노래를 부르고 밤에는 '글자 익히기 반'에 참가했습니다. 일본에 대항해야 하기에 국민의 교육수준을 반드시 높여야 했을 것입니다.

제 기억으로는 글자 익히기 반에서도 재밌는 일이 많았습니다. 가끔 선생님도 우리에게 일어나서 어떤 글자 하나를 읽어보라고 할 때가 있었습니다. 한번은 제가 글자 하나를 틀리게 읽었는데 모두 교실이 떠나가라고 웃어댔고, 저는 부끄럽고 창피한 생각이 들어 다시는 함부로 입을 열지 않았습니다.

설립된 아동부대는 가끔 낮에 행진하면서 노래를 불렀는데, 희미하나마 당시 불렀던 기억나는 노래 가사는 "강철만 있다면, 피만 있다면, 강철 같은 피만 있다면 중국을 구할 수 있다." 또는 "전진, 전진! 중화의 아들딸이여, 일어나 싸우라"였습니다. 당연히 저는 무슨 의미인지는 몰랐지만 더 신났던 것 같습니다. 집 근처 이웃 아이들과 하는 딱지놀이·쇠못놀이보다 훨씬 재밌었습니다. 특히 셋째 외삼촌인 유우화劉雨華는 향鄕 대장을 맡았는데 매우 멋지고 위풍이 있었습니다. 허리에는 권총을 하나 차고 있었는데 저는 그것이 무척 부러웠습니다. 당시에는 화상이 되겠다고 말하고 싶지 않았고, 장래에 군인이 되어 유격대에 들어가 일본 괴뢰를 무찌르겠다는 생각만 했습니다. 그 당시 모든 '항일과 관련된 운동'은 우리 아이들의 마음에 그저 한바탕 놀이에 불과했습니다.

존망의 기로에서 신앙의 동력이 생기다

제가 11세 되던 그해(1937) 겨울 12월, 일본군은 빠른 속도로 난징을 집어삼켰습니다. 난징이 어디에 있는지조차도 몰랐지만, 그쪽의 전세가 위급하다는 건 알았습니다. 불길이 매일 계속 올랐고, 백 리나 떨어진 우리 고향에서도 붉게 물든 하늘이 보일 정도였습니다. 외할머니 댁의 몇몇 외삼촌은 서둘러 후방으로 대피했습니다. 피난하던 때의 다급함, 슬픔, 그리고 내일을 기약할 수 없는 방황 등은 일일이 얘기하지 않겠습니다. 어쨌든 엄동설한에 눈이 몰아치던 때로 기억합니다. 저는 이불 두 채를 메고 난민들과 함께 피난의 대열에 섞여 후방으로 철수했습니다. 어디가 후방이고, 어디가 전선인지도 몰랐습니다. 무척 힘들고 괴로웠지만 재미있다고도 생각되었습니다. 또 모든 사람을 따라서 재밌게 노래를 불렀습니다.

"어디로 피난 갈까, 어디까지 떠돌아야 하나?" 나중에 여러 차례 빗발치는 총탄 속에서도 위험을 무릅쓰고 전진해야 했고, 일본군대의 추격과 시체로 가득한 길도 걸어가야 했으며, 심지어 일본군의 학살이 두려워 시쳇더미에 몸을 숨기기도 했습니다. 그때에서야 관세음보살 어머니를 염불해야 한다는 걸 알았고, 그러면 관세음보살 어머니께서 우리를 구하러 올 거로 생각했습니다. 사람은 위급하거나 어려울 때 신앙의 힘이 자연스럽게 생겨나고, 신앙이 중요하다는 걸 느끼게 됩니다. 믿음을 가져야 관세음보살이 우리를 구하고 평안케 해줄 거로 생각했으며, 이때 무의식중에 저의 신앙이 한 단계 높아졌다는 걸 느꼈습니다.

아버지를 찾고, 스님과 출가를 약속

그 당시 외지에서 일하시던 아버지께서 오랫동안 귀가하지 않으셨습니다. 물론 가장 조급한 것은 모친이었습니다. 어머니는 사방으로 소식을 알아보러 다니셨습니다. 후에 아버지께서 벌써 고향으로 돌아갔다는 소식을 들었지만, 왜 집으로 안 돌아오셨는지는 아는 사람이 없었습니다. 집에서 향과 초를 파는 가게를 여셨던 아버지께서는 외할머니와의 관계로 불교의 인사들과 왕래가 잦았습니다. 그 연유로 어머니께서는 저를 데리고 불교와 관련된 곳으로 소식을 알아보러 가시기로 했습니다. 민국 27년(1938년) 정월, 새해가 지난 지 얼마 되지 않아 어머니는 저를 데리고 아버지를 찾아 나서셨습니다. 이 넓은 세상 어디에서 아버지를 찾겠습니까? 그러나 이런 인연 덕분에 저는 난징 서하산棲霞山에서 출가하기로 약속했고, 이번에는 정말로 화상이 되기로 했습니다.

제 기억으로는 스승님과 어머니께서 말씀을 나누신 다음 날, 그러니까 음력 2월 초하루 삭발식을 거행했고, 저는 정말 소화상이 되었습니다. 나중에 여러 선배가 소화상이라 하면 안 되고 소사미라고 해야 한다고 말했습니다. 그때는 저도 그 이유를 잘 알지 못했지만, 사미든 화상이든 결론은 제가 출가했다는 것입니다. 스승님은 제게 공부시켜 주겠다고 하시면서 제가 불교를 믿고 불제자가 된다면 제 장래는 과거보다 분명 더 좋을 것이라고 말씀하셨습니다. 이때 신앙에 대한 저의 동경은 또 한 걸음 나아갔습니다. 은사

성운 대사께서 서하산에서 가까이했던 스승. 좌측부터 峻嶺·覺民·融齋·大本·合塵 등 여러 스님.

스님이신 지개상인志開上人은 특별히 10여 분의 고승 대덕을 모시고 저를 위한 법명을 상의하셨는데, 나중에 불학이 심오하신 융재融齋 스님께서 '금각오철今覺悟徹'이라 지어 주셨고, 그 후에 저는 금각이라 불렸습니다.

출가 후 저는 서하산·초산·금산·보화산 등의 도량에서 참학하며, 10년간 폐쇄된 생활을 했습니다. 많은 학식과 지식을 얻지는 못했지만, 신앙의 성장에 있어서만큼은 한 계단 더 올라섰습니다. 태어나면서 근면한 습관이 있던 저는 이 기간에 먼저 나서서 사찰의 일을 했습니다. 밥 짓기·물긷기·땔감 해오기 등 이 많은 고행을 괴롭다고 여기지 않았습니다. 모든 것은 자신의 신앙을 완성하기 위해서라고 여겨졌습니다.

고행의 어려움, 억울한 체벌 외에 이 10년의 세월 속에서 제게 가장 큰 영향을 끼친 것은 15세 되던 그해입니다. 출가자가 승려의 자격을 완전히 갖추려면 구족계를 받는 것에서부터 시작해야 합니다. 제일 처음 사미계를 받아야 하며, 이어서 다시 비구계·보살계를 받는데 이른바 삼단대계三壇大戒에 오른다는 것은 매 단계를 하나하나 모두 완성하여야 비로소 수계를 원만히 한 것으로 인정되어 진정한 출가자가 됩니다. 원래 불문의 규칙은 20세가 되어야 수기를 받을 자격이 주어집니다. 당시는 전란이 한창이던 때여서 여러 스승님께서 특별히 제게 편리를 베풀어 주셨고, 다 같이 상의한 뒤 만장일치로 통과하여 단체 안에서 가장 어린아이였던 저를 수많은 어른과 함께 구족계를 받게 해주셨습니다.

그러나 삼단대계는 의례대로 향을 살라 계파(戒疤: 계를 받을 때 머

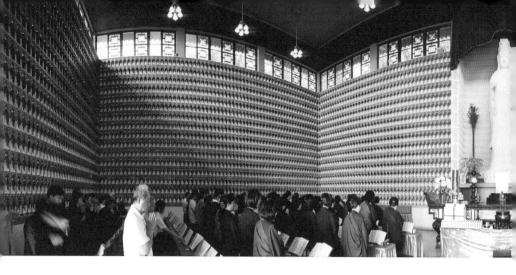

리에 생기는 둥근 상처)를 새기는데 계사께서는 저에 대한 기대가 너무 높으셨던 건 아니었는지 12개의 향을 한꺼번에 피웠고, 덕분에 머리의 두개골까지 움푹 들어가게 됐습니다. 그다지 멍청한 편이 아니었던 저는 아마도 이때부터 기억력이 떨어지는 아이로 180도 변해 버린 것 같습니다.

관음보살께 예불, 정신이 트이며 지혜가 증가

당시 스승님 한 분이 끊임없이 제 손바닥을 때리고, 꿇어앉아 벌서게 했습니다. 제가 기억하지 못하고 책을 외우지 못했기 때문에 저한테 멍청하다고 욕했습니다. 엄격한 교육은 소년에게 더욱 고통스러운 생활이었습니다. 어느 날 각민覺民 스님께서 저를 힐책하시면서 "멍청하기는. 지혜롭고 총명하게 해달라고 관세음보살께 절이라도 해봐"라고 얘기했습니다. 이 한마디에 저는 무한한 희망이 생겨났고, 손바닥의 아픔도 잊어버렸습니다.

저는 원래 '관세음보살 어머니'를 무척 신봉했지만, 사찰 안에서

총명하길 기원하고, 지혜를 주십사 엎드리며, 관세음보살에게 예불을 드리다. (安曉得 촬영)

관세음보살을 뵈려고 해도 쉽지 않았습니다. 총림 사찰 안에서는 개인이 자유롭게 행동할 수 있는 공간이 없었습니다. 저는 한밤중에 몰래 일어나 불학원의 작은 불당 안에서 예불드릴 수밖에 없었습니다. 경건하고 정성스럽게 한마음으로 관세음보살 앞에 꿇어앉아 절을 올렸습니다. 그리고 속으로 게송을 읊었습니다.

"지성으로 보리심을 내니, 곳곳에 연꽃이 가득합니다. 제자 마음이 몽롱하여 관세음보살님께 절하며, 총명하고 지혜롭기를 갈구하옵니다. 대자대비하시고 고난에서 구하시며 두루 살피시는 관세음보살님, 굽어 살펴주시옵소서."

계속 예불을 드리면 관세음보살께서 마정수기를 해주시거나 가피를 해주시고 감로수관정을 받게 될 것이라고 격려하는 사람도 있었습니다. 저는 그 말을 굳게 믿어 의심치 않았습니다. 불가사의하게도 몇 개월 뒤에 정말 전보다 기억력이 훨씬 나아졌습니다. 물론 제게 감로수관정이나 마정수기를 해주러 오신 보살님을 뵌 것은 아닙니다. 그러나 기묘한 보살님의 가피가 아니었을까 합니다. 갑자기 마음에 환한 빛이 일어나는 것처럼 기억력을 회복하였을 뿐만 아니라, 전보다 더 똑똑하고 영민해진 것 같았습니다. 선생님이 가르치는 교과서에 있던 『고문관지古文觀止』를 한두 번 읽기만 하면 곧 암송할 수 있었습니다. 물론 단번에 총명해졌다고 말하기는 힘들지만, 이때부터 학업에서도 막힘이 없었기에, 신앙의 불가사의한 감응처럼 느껴졌습니다. 그래서 신앙에 대해 더욱 깊이 알게 되었고, 그 가운데의 오묘함도 약간 깨닫게 되었습니다.

그러나 이때 불교의 교주이신 석가모니불이 바로 제가 어린 시절 들었던 '여래불'임을 알게 되었습니다. 제 생각에 관세음보살보다 더 크고 더 높은 여래불이 저의 교주이시니, 그분의 발자취를 좇아 그분이 계신 방위를 찾아낸다면 거기서 그분을 마주할 수도 있을 거로 생각했습니다. 저는 불교를 위해, 교주를 위해 희생과 공헌을 하겠다고 서원하였습니다. 더하여 은사스님의 보살핌에 감사하는 마음을 갖고 불교에서 이르는 "위로는 네 가지의 무거운 은혜에 보답하고, 아래로는 삼악도三惡道의 고통에서 구하겠다"라는 뜻을 세워 평생 봉행하기로 다짐했습니다. 이 단계에 도달하고 나서야 저는 신앙의 행렬 가운데 진정으로 들어섰다고 말할 수 있습니다. 대학이나 중학교 정도까지는 아니라고 하더라도 적어도 소학교 정도 신앙의 위치쯤에 저도 한자리를 차지했던 것 같습니다.

불교의 교주가 석가모니 부처님임을 알고 난 뒤부터 저는 그분의 생애와 가르침에 대해 완전히 이해하지는 못했지만, 그분에게 이미 깊은 신심을 가졌습니다. 부처님의 이론과 가르침은 세상 사

람이 필요로 하는 것과 꼭 부합하
므로 그분이야말로 '구세주'라고
생각합니다. 그러나 이 한마디 때
문에 불교 안에서도 적지 않은 사
람들이 그것은 기독교의 말이니 부
처님을 '구세주'라 칭해서는 안 된
다고 저를 공격하였습니다. 그렇다
면 '구세주'는 예수님한테만 쓸 수
있는 것입니까? 부처님은 '구세주'
가 될 수 없습니까? 불교와 부처님
에 관해 저는 타인과는 이미 다른
나만의 신앙을 느꼈고, 저의 생각
에 확신이 생겼습니다.

더구나 송 왕조 이후 원·명·청·
민국 시기까지 불교는 매우 쇠락해

소년 시절 성운 대사는 불교의 '위로는 네 가지
중한 은혜에 보답하고, 아래로는 삼악도의 괴
로움에서 구하겠다'라는 신념을 세우고, 평생
봉행하기로 발원했다. (불광산 초림학원 제공)

졌습니다. 방대한 불교문화자산을 수호하고, 넓게 펼칠 인재가 부
족하여 모습만 갖춘 사부대중만 남아 있거나, 대부분 경참불사에
만 의존해 삶을 유지하였습니다. 모두 불교에 기대어 먹고살 뿐 불
교를 위해 공헌하거나 희생하려는 사람이 없었습니다. 그래서 불
교는 일부 민간신앙과 마찬가지로 단지 숭배하며 평안을 구하고
복을 구하며 승진과 대박을 기원하는 대상이 되었습니다. 그들은
그저 예불하고 염불하고 부처님께 구하기만 하는데, 왜 '행불行佛'
하는 사람은 없을까? 하고 저는 생각해 봤습니다.

예불과 염불, 행불과 봉헌을 발원

홍법이생하는 모습을 보지 못한 당시 상황에서 저는 예불·염불뿐만 아니라, 장래에 반드시 행불을 하겠다고 발원하지 않을 수 없었습니다. 저는 불교에 기대어 삶을 유지하는 사람이 되지 않겠으며, 교단에 공헌할 것이고, 교단을 드높일 것이며, 교단을 위해 노력할 것입니다. 심지어 저는 희생과 순교를 하며 불교가 나를 의지하게 하겠다고 발원했습니다. 그렇게 신앙에 대한 확신을 다졌다고 말할 수 있습니다.

동시에 저는 불교 안의 제도에 약간의 폐단이 있음을 느꼈습니다. 세간의 모든 사물은 '오랜 시간이 지나면 폐단이 생긴다' 하였듯이 개선하고자 맘먹었습니다. 이때 태허 대사께서 제기하신 삼혁운동三革運動이 제 마음 깊이 박혔습니다. 저 스스로 신불자信佛者가 되는 것은 물론, 행불자行佛者가 되어야겠다고 생각했습니다.

서하산과 초산에서는 아직 배움을 구하는 단계라 저는 속으로 묵묵히 생각만 할 뿐이었습니다. 장차 불교를 위해 신문을 내고 싶고, 대학을 하나 설립하고 싶다는 희망을 다른 사람에게 얘기하지 못했습니다. 이때에서야 자신이 불제자이자 출가자 같았고, 여기에 이르러서야 비로소 진정 불교 신앙의 단계에 들어간 듯했습니다. 이때의 신앙은 중학교 정도에 도달했다고 봐야 할 겁니다.

20세쯤에는 담무갈曇無竭이 인도에 구법하러 가는 험난한 여정, 법현法顯 대사와 현장 법사가 육로 또는 해상으로 서역에 구법하러 가는 고난, 그리고 제 고향 선배 고승이신 감진鑑眞 대사께서 일본

으로 가 홍법하겠다는 원심을 내신
것 등 많은 『고승전』을 읽었고, 이는
모두 제 마음에 깊이 흘러들어 숭배
하는 불보살이 되었습니다.

특히 태허 대사께서 아직 건재하
셨기에 저는 그분을 중심으로 '신불
교 운동'에 종사하고 싶었습니다. 가
르침을 위해 몸을 희생하고, 교단을
위해 희생하는 그들의 정신은 제 마
음에 울림을 주기에 충분했습니다.
그들이 할 수 있다면 저도 할 수 있
을 거로 생각했습니다. 저는 불교를

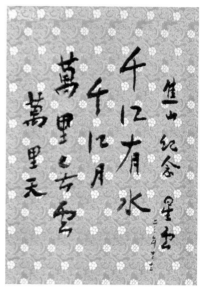

성운 대사가 초산에서 적은 묵적. 2000년

위해 희생하고 분발할 것이며, 불교를 위해 불길도 마다하지 않을
것입니다. 저는 널리 법을 전하여 중생을 이롭게 할 것이며, 보살도
를 행할 것입니다. 매번 수행과 발원을 하는 사이 저 자신의 신앙이
점점 발전되고 성장하는 걸 느꼈습니다.

홍법이생, 역대 조사를 본받다

저는 불교의 기생충이 되지 않고, 불교와 이익을 서로 나누고 싶지
도 않으며, 게으른 출가자가 되지 않겠다고 발원하였습니다. 부처
님께서 저를 도와주시기보다는 제가 부처님을 도와 홍법이생할 것
을 발원하였습니다. 이 상황이 되니 저는 사찰을 나가야 한다고 느

껐습니다. 역시 기이한 인연으로 후에 2년 가까이 국민소학교 교장을 하면서 교육에 종사하게 되었습니다.

그 후 더욱 부처님께 요구하고, 부처님을 의지하는 이 울타리를 벗어나 고난에 찬 중생과 마주해야 한다고 느꼈습니다. 그래서 저는 낙관樂觀 대사를 본받아 항일 기간에 '승려구호대'에 참가했습니다. 이렇게 제 신앙은 한 걸음 발전하고, 다시 한 뼘 성장한 듯싶었습니다. 이때의 신앙은 고등학교 정도의 수준에 들어가지 않았나 싶습니다.

불교에 대한 저의 신앙과 믿음은, 불법의 교의를 가르침 받아 저 자신이 허물을 벗고 꽃을 피운 것 말고도 주위에 칭찬과 격려를 해주시는 좋은 분들이 계셨고, 좋은 일들이 많았습니다. 그러나 저는 칭찬과 격려에 특별히 신경 쓰지 않았습니다. 오히려 사소한 사건에서 불교에 대한 더 깊고 원대한 신심이 배가되었다고 할 수 있습니다.

예를 들어 누군가 사찰을 짓는다면, 주위 사람들은 무척 장엄하게 꾸몄다느니, 어떤 비싼 재료를 썼다느니 하며 비웃기도 했습니다. 저는 아무리 금빛 찬란하다 하더라도 극락세계의 아름다움·장엄함과 비길 수 있겠냐고 생각했습니다. 불광산을 건설하고 난 뒤, 많은 사람들은 인간의 수십 년 인생 동안 전 세계에 2, 3백 곳의 사찰을 건설할 수 있느냐고 찬탄했습니다. 저는 뭐 대단하다고 생각하지 않습니다. 당연한 일이며, 시방의 선한 인연이 모여 신도가 함께 이룩한 것이고, 저는 그 가운데에 약간의 원력을 제공했을 뿐입니다.

1949년 성운 대사는 승려구호대를 따라 대만에 건너왔다. 사진은 대사와 대만으로 건너온 스님들. 앞줄 우측부터 浩霖·悟一·生華·寬裕·以德·能果 등 스님. 뒷줄 우측부터 隆根·果宗·성운 대사·性如·宏潮 등 스님.

또 예컨대 도서관을 건설한다며 저에게 보시를 요청하러 온 사람도 있고, 폐관閉關하려고 한다며 보시를 청하러 온 사람도 있고, 사찰을 건설한다며 보시를 청하러 온 사람도 있었습니다. 사실 저도 사찰을 건설하면서 경비를 마련하기가 매우 어렵지만 타인에게 보시를 요구한 적이 없는데, 그대들이 나에게 보시하라 하면 나라고 그 경비가 또 어디서 나오겠습니까? 그렇지만 저보다 힘 있고 권위 있는 동초 스님, 오일悟一 스님께서 물건을 빌려달라고 하셨어도 저는 아낌없이 도와주며 힘을 보탰을 겁니다. 그래서 불문에서의 많은 일을 크게 신경 쓰거나 가슴에 담아두지 않았습니다. 오히려 타인은 저의 신심을 넓히게 도와주고 홍법의 행렬 속에서 저의 신앙이 한 단계 높아지게 도와준다고 생각했습니다.

힘써 일구어 인연의 신묘한 성취를 이루다

'연緣'은 매우 심오하면서도 기묘한 의미가 있으며, 우주와 인생의 원류라 할 수 있습니다. 그러나 연을 남용해서는 안 됩니다. 당신에게 연이 있으면 인연이 당신을 찾아올 것이고, 연이 없으면 오리를 삶아도 결국 날아가게 됩니다.

그러나 저는 자선사업을 하겠다면, 돈이 있으면 하고 인연이 있으면 해도 되지만, 돈이 없고 인연이 없다면 굳이 밀어붙일 필요 없다고 생각합니다. 폐관하려는 당신을 대신해 살펴줄 사람이 있다면 폐관해도 됩니다. 굳이 사방으로 보시를 얻고 폐관할 필요가 있습니까? 먼저 땅을 경작하기만 하면 수확이 없을까 하는 걱정은 굳이 할 필요가 없습니다. 경작은 하지 않고 수확만 원하니, 이건 주객이 전도된 것 아닙니까?

오래전 이란의 염불회에서 있었던 일입니다. 매년 염불 7일 정진 법회 거행 때마다 항상 천 명이 모였고, 저도 평상심을 갖고 그들을 대했습니다. 그러나 한번은 천여 명의 아이들이 모여 염불하는데, 아직 열 살이 되지 않은 여자아이가 한두 살 정도 된 어린 여동생을 업고 두 자매가 야외에 합장하고 앉아 아미타불을 염불하고 있었습니다. 특히 제 눈에 등에 업힌 한두 살 됐을 어린아이 역시 두 손을 모으고 따라서 염불하는 모습이 띄었습니다.

成念紀影合宝三依飯班童兒會佛念蘭宜

성운 대사는 이란염불회에 아동반을 만들어 아동을 위한 귀의삼보 활동을
거행했다. 1956.8.26

이 광경을 보는 순간 제 마음에 큰 감동이 일었습니다. 눈물이 왈
칵 쏟아지고 슬픔과 기쁨이 교차하면서 무한한 감동이 밀려왔습니
다. 그때 부처님께서 저의 마음속으로 들어오신 것이 아닌가 생각
됩니다. 그래서 『보문품』에서도 "어린 남자아이와 여자아이의 몸
으로 제도 받고자 하면, 어린아이의 몸으로 나타나 설법하신다"라
고 하였던 겁니다. 이 작은 아이의 염불하는 모습은 많은 불보살이
저에게 경전과 가르침을 강설하는 것과 같이 큰 감동을 주었고, 제
신앙이 더 높이 성장하게 했습니다.

오랜 세월 염불하면서 감응이 온 사건도 무척 많았습니다. 특히

성운 대사는 이란염불회에서 '미타불 7일 정진법회'를 집전하며 일심으로 염불하여 하늘과 땅이 모두 공空하고, 너와 내가 모두 공空한 경계를 경험했다. 1956년

상처를 입은 한 노병이 이미 8년이나 전혀 움직이지 못하고 누워서 생활해 왔습니다. 염불에 참여하고 싶다는 그의 소망이 갸륵해, 저는 사람을 시켜 그를 데려와서 한쪽에 앉아 우리와 함께 염불하도록 했습니다. 어느 날 예불을 끝내고 막 염불을 하고 있었는데, 새벽 5시쯤 되었을까요? 그가 뜻밖에도 일어나서 제 앞까지 걸어와 절을 해 깜짝 놀랐습니다.

당시 저는 '정 선생이 왕생하셨나? 내 앞에 서 있는 것은 그의 영혼이란 말인가?'라고 생각했습니다. 그러나 얼굴 가득 홍조를 띠고 표정도 활기찬 것이 분명 정상적인 사람이었습니다. 저는 법회를 주재하는 화상이었기에, 두려운 기색을 보이면 안 될 것 같아 차분하게 말했습니다.

"절은 한 번이면 됩니다. 자리로 돌아가셔서 계속 염불하십시오."

그는 정말 걸어서 돌아갔고, 그 이후로 걷는 데 아무 이상이 없었습니다.

당시 이란 시민의 신심은 크게 늘었고, 이 일은 입에서 입으로 전해지며, 중앙신문사 등 많은 신문 매체에서 앞다투어 보도하면서 떠들썩한 뉴스거리가 되었습니다.

다년간 홍법하고 수행하면서 몸과 마음이 모두 없어지는 느낌을 받은 적이 있었습니다. 염불은 받아쓰는 경계에 들어가야 신앙의 단계가 높아진다고 생각합니다. 그래서 여러분이 참고하시도록 제가 경험한 방법을 공유할까 합니다. 어떻게 하면 염불의 효과를 확대할 수 있을까요? 네 가지 염불법이 있습니다.

기쁘고 기쁘게 염불하라.
애달프고 절절하게 염불하라.
모든 걸 다 비우고 염불하라.
진실하고 정성스럽게 염불하라.

저는 과거의 염불 형식을 따르지 않고, 제 감정과 진심을 담아 아미타불을 감동하게 하고 저 자신도 감동하게 했습니다. 바로 이러한 마음으로 이란에서 매주 토요일 염불회와 매년 한 차례의 염불 칠일 정진은 26년간 멈춘 적 없이 계속 이어져 왔습니다.

봉사 발심, 보살 화신의 호지護持

이란은 제가 처음 홍법의 길로 들어선 곳입니다. 저는 장여표張如標, 이주보李珠普 선생이 뜨겁게 내리쬐는 태양 아래 신도를 위해 양철판을 올려 만든 거처를 임시불당으로 삼는 걸 봤습니다. 그들은 봉급도 받지 않았는데, 당시 타이완에는 아직 자원봉사의 풍토가 없었습니다. 절로 우러나온 그들의 발심을 통해 이 많은 사람들이 보살의 화신이라 느끼게 했고, 제 신앙의 힘을 강하게 해주었습니다.

특히 임장청林長靑 선생은 지룽(基隆) 우체국의 말단 직원인데, 오직 이란 사람의 동질감을 위해 박봉의 월급과 쪼들리는 생활비에서도 매월 발심하여 불서 몇 권과 수십 권의 불교 잡지를 사와서 천리당天理堂의 향초 파는 가게에 놓고 무료로 나눠주었습니다. 이란 불교를 개척하고 발전시킨 데는 저나 앞서 법을 강설하신 몇몇 분도 아닌, 임장청 거사가 주인공이라고 봐야 합니다. 오랜 세월 발심한 그 덕분에 애초 이란 불교가 보편적 신앙에 도달하는 효과를 보았습니다.

이결화李決和 거사는 이란 염불회를 30년간 도우며 총무주임까지 역임했습니다. 초기에는 책상도 없이 복도에서 이름을 기록하고 각종 잡다한 일을 발심해서 도왔으며, 마음이 퇴색한 적은 절대 없습니다. 나중에 따님을 먼저 출가시키고, 손자도 출가한 뒤, 마지막에는 자신 역시 출가했으니 바로 지금의 자장 스님·혜용 스님·혜전 스님이십니다. 정말 감동을 자아내지 않습니까?

영사기를 이용한 불법의 포교를 처음 시도한 성운 대사는 불교의 현대화 포교를 개척했다. 우측부터 李決和 거사·李美惠 씨. (불광산 종사관 제공)

손장청양孫張淸揚 여사는 불교를 배척하는 송미령(宋美齡: 장개석 총통의 부인) 여사에 맞서 용감하게 불교의 좋은 점에 대해 변론을 벌인 적이 있습니다. 나중에 이란 염불회의 7일 정진법회에 많은 사람을 데려왔고 그 후로도 수차례 그랬습니다. 권위적 시대에 불교를 보호한 그녀의 용감함은 보살이라 하기에 충분합니다.

1955년쯤 저는 정쌍계頂雙溪의 한 작은 극장에서 홍법 전도를 하였습니다. 홍법하고 난 후 영사기로 불상 하나를 스크린에 쏘아, 고등학생인 이지흠李志鑫에게 제가 쓴 간단한 기원문을 부처님 앞에서 낭독하게 했습니다.

자비롭고 위대하신 부처님이시여.

우리 이란 염불회 청년대, 청년홍법대는

정쌍계에 모여 부처님께 기원합니다.

부처님의 법우로 여기 있는 모두를 가피해 주십시오.

저들이 부처님의 가르침을 숭상하며 근심 없이 생활하게 해주십

시오.

재난을 소멸하고 평안하고 길상하게 해주십시오.

　기원문을 낭독하는 그의 옆에서 저는 뜨거운 눈물이 흐르는 걸 참을 수가 없었습니다.

서로 이롭게, 대소승大小乘은 서로의 스승

제 신앙을 얘기하자면, 제가 불법의 신앙을 얼마나 많은 이들에게 가져다주었든, 타인도 제게 많은 감동을 주었으며, 우리는 서로에게 이로움을 주었습니다. 그래서 불교에서는 대승과 소승이 서로 스승이 된다는 전고典故가 있고, 부처님과 부처님의 가르침은 같고 빛과 빛은 서로 걸림이 없이 융합하여 구별이 없다고 합니다. 심지어 일체의 악한 행동과 악한 일을 돌려놓을 줄 안다면, 그것도 우리 신심이 증상하는 데 도움이 됩니다.

　저도 많은 대덕의 말씀을 듣고 장엄한 많은 전각에서 홍법한 적도 있지만, 심금을 울린 적은 없었습니다. 그러나 항상 평범한 장면에서 신심과 우주, 또는 저와 부처님, 저와 불교가 하나가 되는 느낌이 들었습니다. 또 홍법하고 중생을 제도하는 삶 속에서 남녀 어

린아이, 노인봉사자 모두 보살의 시현示現이 되어 제 신앙의 불퇴전不退轉을 굳건하게 해주었다고 말할 수 있습니다.

그 당시에 매일 저녁 12명 정도의 아이들이 찾아와 등불을 들고 이란의 골목골목에서 제가 하는 경전 강의를 들으러 오라고 홍보했습니다. "불교의 목적은 사람들에게 진리를 가르치는 것입니다. 부처님을 믿으면 여러분 모두 즐겁고 평안합니다. 항상 관세음보살을 염불하고, 아미타불을 염불하세요"라는 가사가 생각납니다. 그 천진난만한 아이들은 선재동자와 용녀의 화신이 아니고 무엇이겠습니까?

신앙의 삶 속에서 형식적인 예경을 저는 그다지 찬성하지 않습니다만, 저 자신도 형식적인 예경 속에서 불가사의한 경계를 수없이 느껴보았습니다. 예컨대 제가 절을 할 때 바닥에 바짝 엎드렸는데 슬픔이 그 가운데서 밀려오며 차마 몸을 일으키지 못하였습니다. 이때 이미 부처님과 마음을 나누는 것 같았습니다. 때로는 염불과 예불하는 가운데 문득 저 자신과 허공이 하나가 되는 걸 느낍니다. 제 몸이 존재하는지는 모르고 허공 우주와 한 몸이 된 것만 같습니다.

이러한 감동이 있기에 부처님께서 강림하셨는지, 저를 어루만져주시는지, 사랑으로 보호해주시는지, 또는 저를 어떻게 가피해 주시는지를 크게 염두에 두지 않습니다. 그러나 저의 마음속에 부처님은 이미 중요한 위치를 차지하고 계십니다. 보통은 "부처님은 제 마음 안에 계십니다"라고 말합니다. 저는 다시 묻고 싶습니다. 당신 마음에 시기·분노·원망·비교·따짐과 같은 복잡하고 많은 번뇌가 중요한 위치를 차지하고 있다면, 부처님을 받아들일 공간이 어디 있기는 합니까?

한겨울은 따스함을 보내고, 고난은 역량을 기른다

저는 경참불사 하러 가는 걸 좋아하지 않는 승려이지만, 여러 차례 천도법회에서 행한 오방불五方佛의 범패, 육진공六塵供의 리듬이 저의 심금을 울렸습니다. 특히 「소청문召請文」안의 "장군의 전투마는 지금 어디에 있는가? 잡초와 꽃만이 가득하네", "꽃이 막 피어나려 하는데 소나기를 맞고, 달이 밝게 비추는 곳에 먹구름이 뒤덮이네", "길고 긴 밤 새벽은 언제나 오려나? 고요한 관문은 은은하여 봄이 온 줄 모르네" 등 많은 구절에서 세간은 진실로 괴로움이며 공허하며 무상하다는 것을 깨달을 수 있었습니다. 그렇게 제 인생의 경험치를 배가시켰습니다.

특히 신앙의 삶 가운데서 고행하던 세월 또한 자신의 신앙에 영향을 주는 중요한 도움 인연입니다. 저는 사찰에서 쓸 물품을 조달하기 위해 항상 손수레를 끌고 나갔습니다. 그런데 너무 무거워 끌기도 힘들고 침이 흐르거나 구토를 할 때도 있었습니다. 그러나 저는 힘들고 괴로운 출가 생활을 원망하지 않고, 오히려 불교를 위해 더욱 헌신해야겠다고 생각했습니다.

조정祖庭이 있는 이싱의 대각사에서 현지의 풍속과 습관을 익히기 위해, 새해가 다가올 때 사형의 명을 받들어 탁발하러 갔습니다. 평안 부적을 가지고 가서 축복을 전해 주었는데, 주민들은 보답으로 쌀 한 그릇씩 주었습니다.

저는 그 쌀 한 그릇을 영원히 잊을 수 없습니다. 그래서 60년 뒤 저는 이싱에 돌아가 조정인 대각사를 중건했습니다. 그러면서 주변 십 리 안의 주민들에게 큰 가방 하나하나에 옷가지를 가득 담아 한겨울을 따뜻하게 지내시라는 마음을 전하며 애초 그들이 준 쌀 한 그릇의 온정에 보답했습니다. 그 쌀 한 그릇은 곡식과 같이 제 마음 밭에서 성장했습니다. 그분들이 저에게 주었든 제가 그분들에게 주었든 수량적으로는 한계를 지을 수 있지만, 숫자 하나가 그 마음을 모두 나타내지는 못한다고 생각합니다.

청소년 시기, 저는 나이 지긋하신 장로를 무척 좋아하고 따랐지만, 친구들은 별로 좋아하지 않았습니다. 저는 그들을 노화상이라 여기지 않고 할아버지나 외할아버지로 생각했습니다. 노화상 옆에 기대고 앉아 그들이 '머리 흰 궁녀가 앉아 옛이야기를 나누네'라는 말처럼 젊어서 참학하던 과정을 서술하는 걸 듣고 있으니까, 마치 제불보살이 현신하시어 설법하는데 그 곁에서 귀를 쫑긋하고 듣는 것 같았습니다.

특히 불문 안에서 생활이 청빈할수록 고난은 더 가중되었지만, '나는 행불을 하겠다, 불교를 혁신하겠다, 부처님의 은혜에 보답하겠다'라는 의지를 더욱 굳게 만들었습니다. 슬픔과 분함을 신앙의 역량으로 바꾼다는 것이 아마 이런 의미가 아니었을까 싶습니다. 고난 속에 태어나 우환 속에 자란 저는 오히려 부귀영화 앞에서는 마음이 움직이지 않습니다. 고난과 우환이 쉽게 저의 마음과 서로 반응합니다. 그래서 저는 괴로움의 가치에 매우 감사해합니다. 괴로움이 저를 증상시키고 제게 영양과 역량을 주었다고 말할 수 있습니다.

신앙은 가치를 매길 수 없고, 외경에 동요되지 않는다

가끔 저는 억울함을 당할수록 왜 더 역량이 생길까를 생각해 봤습니다. 왜 고난이 닥칠수록 더 정신이 맑아지는지, 때로는 의구심이 들기도 합니다. '나는 혹시 노신魯迅이 썼던 『아큐정전阿Q正傳』의 아큐라는 인물은 아닐까?'라는 생각을 한 적도 있습니다. 인생에 있어 신앙의 가치는 과연 얼마나 될까요? 이런 가정을 해봅시다. 불교도인 저는 여기 회사에서 일하는데 월급은 한 달에 겨우 1만 위안입니다. 그런데 저쪽에 있는 다른 종교의 회사 월급은 한 달에 5만 위안입니다. 그런데 제가 저쪽 회사로 옮겨간다면 저의 신앙의 가치는 몇만 위안 사이일 뿐입니다.

그러나 신앙은 가치를 매길 수 없다고 생각합니다. 이 사찰에 고난이 닥쳤다고 해서 싫어하며 신앙으로 섬기지 않고 부유한 저쪽 생활에 이끌려 가버린다면, 제 신앙의 가치는 그저 먹고 마시고 노는 환락에 있을 뿐이니 가치 있다고 볼 수 없습니다.

특히 공포와 위협 때문에 신앙을 바꾼다는 건 저는 할 수 없습니다. 마치 군인이 충성으로 나라에 보답하고, 유학자가 임금께 충성하고 애국하며, 의를 행하는 사람이 사회의 영향을 받는 것과 같이 저는 불문에서 불교 신앙의 영향을 받아, 신앙을 마주하면 권세와 무력에 굴하지 않고 재보에 마음을 움직이지 않아야 하며, 신앙의

불법은 거짓된 외부에서 구하지 않고 자신의 본심에서 찾아야 하며, 보리는 내 앞에 있다. (周云 촬영)

가치를 높이려 노력해야 한다고 생각합니다. 금전이나 애정, 그리고 부귀영화는 제 신앙을 움직일 수 없습니다. 신앙은 저의 인격을 대표하고 제 생명과 영혼을 대표하니, 제 신앙의 가치가 어찌 억만금 정도이겠으며, 어찌 항하사 모래 숫자만큼만 하겠습니까.

불교 사업을 하는 많은 사람이나, 불교를 포교하는 신도들이 저를 깨우쳐 준 경우가 매우 많습니다. 예컨대 홍콩 불교유통처의 엄관호嚴寬祜 거사, 타이완에서 불경인경처를 설립한 주경주朱鏡宙·주춘희周春熙 거사, 중경남로의 건물 한 동을 팔아 받은 대금을 대학 불교청년의 장학금으로 기부한 첨려오詹勵吾 거사, 나이 지긋하시고 덕망이 있는 이병남李炳南 거사, 입법위원이셨던 동정지董正之

거사, 대장경을 정리한 채념생蔡念生 거사 등은 항상 우리 젊은 출가 제자에게 예경하시는데, 우리가 무슨 덕과 능력이 있어 그분들의 절을 받는지 저는 부끄러움을 금할 길이 없습니다. 불법을 넓게 펼치고 중생을 두루 제도하지 않는다면 수많은 대덕 장자에게 어떻게 고개를 들 수 있겠습니까?

왕정법련王鄭法蓮 거사는 전 내정부內政部 정무차장 왕평王平 선생의 부인이십니다. 제가 어느 사찰에 있다는 소식을 들으면 서둘러 달려오셔서는 보시하였습니다. 제가 쓴『소리 없는 노랫소리』를 저 대신 집집이 찾아다니며 한 권씩 해서 천 권 이상 보급하였습니다. 저에게 이 많은 인간 세상의 인연이 없었다면 저는 불교에서 성취할 수도 없었고, 발전을 이룰 수도 없었을 것입니다. 모두 그분들이 저에게 준 인연 덕분입니다. 그래서 우리는 80세가 넘은 그녀를 불광산으로 모셔와 노년을 편안히 돌봐 드렸습니다. 얼마 후 왕생하셨지만, 제 마음을 조금이나마 표현할 수 있었습니다.

星雲大師 著

「소리 없는 노랫소리」는 산문체 형식에 혼잣말하는 투로, 20종의 늘 보는 법기를 묘사하며, 심오함 속에 대의를 발견하고, 법어 속에서 참뜻을 찾는다. 1953.7

말레이시아 쿠알라룸푸르의 전족을 하신 여고黎姑 노부인이 불광산에 참관을 한번 오셨는데, 우연히 저는 함께 길을 걷게 되었습니다. 걸으면서 노부인이 몇 마디를 하긴 했지만, 광동 출신인 그분은 제 말을 못 알아듣고, 그분의 말 역시 저는 알아듣지 못해 손짓과 발짓을 해가며 가는 길을 알려 주었습니다. 이 작은 인연으로 해마다 불광산에 백만 원씩 기부합니다. 그분이 부자가 아니지만, 있는 것을 다 내어 주며 불교를 수호합니다.

불광산 역시 인연을 맺은 이 많은 분께 감사를 드립니다. 신앙의 힘에 의지하지 않았다면 이런 좋은 인연을 만날 수 없었을 것입니다.

신도의 발심, 보살은 인간 세상에 계시다

불광산의 공덕주 가운데 한 분이신 유초명劉招明 거사는 상하이에 공장을 열었는데, 불광인이기만 하면 능력이 크든 작든 모두 채용을 합니다. 그가 상하이에서 성공하여 자신의 건물을 하나 지었는데, 완공한 뒤 한 층을 불광산에 주며 불법을 널리 알리는 데 쓰게 해주었습니다. 또한 차 한 대를 불광인이 쓰게 해주며 전용기사까지 제공하기도 했습니다. 당시는 중국의 불교가 아직 완전히 개방되지 않은 상황이었으니, 그의 이러한 발심에 감동하지 않을 사람은 없을 겁니다.

타이완 성보聲寶공사 진무방陳茂榜 선생의 사위인 장승개張勝凱 거사는 사찰을 위해 브라질에서 저택을 조건 없이 무상 보시하였으니, 감동을 자아내지 않을 수 없습니다.

타이동(台東)의 유명한 대선인大善人인 진권국陳權菊 거사는 미국 포브즈(Forbes: 미국의 격주간 경제 잡지)에서 아시아 자선 영웅에 뽑힌 인물입니다. 채소 시장에서 채소를 팔던 그는 자신의 남은 금액을 전부 자선기관과 불광산에 기부하였습니다. 불광산이 불법을 널리 알리고, 문화교육을 펼치며, 대중을 두루 이롭게 하기에 불광산에 기부한다고 이유를 밝혔습니다. 저들이 불교를 이해하고 수호하는데, 이 많은 사람이 보살이 아니라면 또 누가 보살이겠습니까?

사실 이 세상 어디에나 보살이 있고 어디에나 선인이 있어, 서로 보살피고 도우며 함께 불국정토의 길로 나아가고 있다고 생각합니다. 물론 저도 수많은 명산 총림을 가봤고, 참배행렬을 따라 예불하기도 했지만, 허공을 바라보고 바다를 바라볼 때면 불보살의 법신을 보는 듯했습니다. 심지어 종이 한 장에 그린 불상, 나무토막 하나에 조각한 보살상을 볼 때도 저는 제불여래께서 나와 마음이 통하고 옆에 있어 주는 동행자라고 느꼈습니다.

과거 은사스님께서 제게 주신 '반 그릇의 짠지'만이 홍법이생이라는 저의 원력을 키워 준 것만은 아닙니다. 50년대 타이베이 삼중포三重埔 불교문화복무처에서 경서를 발행한 싱가포르의 광여廣餘 스님·브라질의 송복정宋復庭 거사·태국의 료진상廖振祥 거사·미국의 심가정沈家楨 거사님은 수백 권 또는 수천 권을 구매하겠다는 편지를 보내오셨고, 구매한 것을 다시 보시하며 두루 인연을 맺었습니다. 불교에 빚을 진 것도 아니면서 그들은 불교의 선양을 돕기 위해 기꺼이 인심을 정화하고 인간 세상에 기쁨을 더하기 위해 온 힘을 쏟았습니다. 제가 어떻게 그들을 인간 세상의 보살이라 인정하지 않을 수 있으며, 또 불국정토가 인간 세상에 있음을 인정하지 않을 수 있습니까?

백만 대중 장구한 호응으로 학교 설립

1965년부터 불교대학을 설립하기 시작했습니다. 학생이 겨우 수백 명인데도 저는 힘이 들고 감당하기가 버거웠습니다. 그들이 먹고 입고 머무는 비용을 제공하기도 벅찬데, 어디에 다시 사회대학을 설립할 역량이 있었겠습니까? 타이완에서 사회대학 하나를 설립하는 데 백억 이상의 자금이 필요했습니다. 그러나 저는 '백만인 흥학 운동'을 생각해냈습니다. 한 사람이 백 원씩 백만 명의 역량을 빌어 '우공이산愚公移山'의 정신으로 장구한 발심을 하였더니, 정말 백만 명이 저에게 호응을 해주었습니다. 특히 환경보호 자원 회수 행사를 통해 대학의 설립에 호응해 주신 봉사자로 인해 저도 대학 한 곳이 아닌 제2의, 제3의, 제4의, 제5의 대학까지 건설할 역량이 있음을 알게 되었고, 힘을 합쳐 연이어 건설해 나갔습니다. 저는 이 많은 보살에게 감동하지 않을 수 없었습니다.

한 호법 공덕주의 한두 살 된 손자가 온몸이 이미 까맣게 변하며 곧 숨을 거두려고 했습니다. 우리가 아이를 위해 「보문품」을 읽자 다시 회복되었습니다. 중년의 한 여사는 이미 수의까지 다 입혀 입관하였는데, 우리 청년회의 젊은 오소진吳素眞(현재 자용 스님) 일행이 가서 열성으로 조념助念 염불을 해주었습니다. 그들은 순수하면서도 진심으로 염불을 하였는데, 그가 갑자기 일어나 앉아 말을 했습니다.

"배고파, 밥 먹고 싶어."

이러니 불교에 대한 신념과 신앙이 굳건해지지 않을 수 있겠습니까?

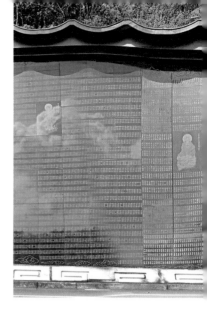

    수많은 사람이 제불보살의 감응을 얻
었기 때문에 신심이 올라가고 신앙이
굳건해졌다고 합니다. 그러나 저는 인
간 보살인 이 많은 대중 덕분이라 생각
합니다. 예컨대 불광회원·독서회원·남
녀 청년회, 심지어 보육원·아동반의 아
동 등이 모두 저의 선지식이자 훌륭한
스승이고 유익한 벗이 되었습니다. 그들이 제게 배우는 것이 아니
라, 제가 그들을 따라서 저 자신을 성장시키고 있습니다. 그들은 모
두 살아있는 보살처럼 제 신심을 견고하게 하였고, 인간불교 신앙
에 대한 제 역량을 증가시켰습니다. 그들은 또한 저의 모범이 되었
고, 신앙의 단계 안에서 저를 이끌어 주었으며, 저의 신심을 더 승
화시켜 주고 더 초월하게 해주었습니다.

    이러한 단체의 인식 덕분에 불문의 사업을 해나갈수록 저는 더
분발해야겠다는 정신이 생기고, 해나갈수록 발심하고 발전하고 싶
어집니다. 인생은 수십 년밖에 안 되지만, 저는 제한적인 생명을
300세 인생으로 바꾸길 원합니다. 총림학원을 떠나던 21세부터 시
작해서 80세가 되면 60년의 세월이 있습니다. 저는 하루에 5명의
일을 하면 5X60은 300세가 되지 않습니까? 이 작은 노력으로 삼보
용천三寶龍天에 공양하며 불법을 역사의 긴 강에서 흘러가는 물처
럼 끊임없이 흘러나와 인심을 정화하려고 합니다. 인간 세상의 수
많은 보살이 저를 일깨워 주었는데 어떻게 인간 세상의 무수한 대

1킬로미터 가까이 이어진 불광대학 백만인 홍학공덕비 벽. (慧延 스님 촬영)

중을 위해 헌신하겠다고 발심하지 않을 수 있겠습니까? 그렇게 인간불교도 제 신앙의 중심이 되었습니다.

인연 주고, 너와 나 함께 빛내자

장서와 경전 간행을 위해 팔을 잘라 발심한 법진法珍 비구니가 밤낮으로 탁발하러 다니며 법과 교단을 호위한 정신은 감동을 주기에 충분합니다. 저는 또 일본의 철안도광(鐵眼道光, 테츠겐 도코: 에도 시대 황벽종 승려) 선사도 생각납니다. 장서와 경전을 출간하기 위해 온갖 어려움을 겪으며 12년간 자금을 모았습니다. 막 인쇄에 들어가려 할 때 나라에 재난이 일어났다는 소식을 들었습니다. 사람을 구하는 게 먼저라며 선뜻 모금한 돈을 난민 구제에 가져다주고 자신은 다시 모으기 시작했습니다. 또다시 10년이 흘렀고, 다시 장서를 인쇄하려는 순간 또다시 재난이 발생했다는 소리를 들었습니다. 이번에도 망설임 없이 다시 모금액을 재난구조에 기부했습니다. 그 후 다시 수십 년의 시간을 차곡차곡 모금하여 세 번째에서야 비로소 『철안장鐵眼藏』을 인쇄하여 완성했습니다. 이 무엇과도 비할 수 없이 귀중한 장경은 일본 교토 오바쿠산(黃檗山) 만후쿠지(萬福寺)의 부근에 보존하고 있으며, 일본 보살 정신의 대표가 되었습니다.

'도력이 한 자 높아지면, 마력이 한 장 높아진다'라는 말이 있습니다. 세간에서 마난魔難은 끊임없이 우리를 부수고 공격하고 혹독하게 지적하며, 온갖 방법으로 우리를 괴롭힙니다. 그러나 마난이 많긴 해도, 보살 정신 역시 인간에서 빛을 밝히며 항상 우리의 마음을 비춰주고 가피하며 힘을 줍니다.

저는 평생 구법과 홍법하면서 교단을 위해 희생하신 분들을 무척 존경하며 감탄해 왔습니다. 2대 조사이신 혜가慧可 스님께서 구법을 위해 팔을 자른 정신은 우리의 마음을 흔들기에 충분하지 않습니까? 교주이신 석가모니 부처님은 대대로 우리 불제자에게 넌지시 신앙의 마음을 피어오르게 하셨지만, 인간불교가 길러낸 수많은 인간 보살 역시 우리의 신념을 증장시키니 저는 마찬가지로 그들을 본받을 것입니다. 타인이 나를 제도하는 걸까요, 아니면 내가 타인을 제도하는 걸까요? 사실 모두 서로 연결되어 있습니다.

그러므로 저는 일생 대중에게 약간의 인연을 주어 기뻤고, 대중 역시 저에게 수많은 인연을 주어 서로에게 선한 인연이 생겼습니다. 그래서 서로 수많은 아름답고 공통된 염원을 성취할 수 있었습니다. 밖으로 흘러나오는 자비·신심은 인간관계의 역량을 증가시키고, 내재한 우리 발심은 성현의 원력과 함께 빛을 발할 수 있습니다. 신앙의 증상增上이 이 정도면 대학교 수준에 들어섰다고 봐도 되겠지요?

무한한 보물, 누구나 탐구하길 기다려

수십 년의 세월 동안 저 자신의 밀행은 다른 사람에게 드러낼 정도는 아닙니다. 그러나 자신의 참선 수행·예불·발심·관상觀想·봉사·고행은 때로 한 차례의 감동적인 눈물이 되어 불도 위에서 다년간의 성취를 배가했을 겁니다. 한 차례의 억울함을 참아냈던 인내는 다년간의 발심을 증장했을 겁니다. 가끔 자신의 진여자성과의 대화는 심금의 울림을 가져왔을 것이고, 참선 명상의 과정에서 신앙 안의 무한한 보물을 발굴했을 것입니다. 저의 수십 년의 세월이 비록 부처나 조사가 되지는 않았지만, 부처님의 빛·부처님의 덕은 이른바 진리의 보물인데 우리가 전혀 알지 못하겠습니까? 그럴 리 없습니다.

이렇게 기쁘고 영광됨을 금할 길 없으니, 위대하신 인간 부처님, 위대한 인간 보살님, 위대한 신앙에 감사드립니다. 자신의 신앙을 더 높은 단계까지 끌어올려야 하겠지만, 깊고 원대하며, 무한하고 장구한 신앙은 우리가 끊임없이 향상하길 아직도 기다립니다.

올해 저는 향년 90세가 되었는데, 제가 성도成道하였을까요? 저는 감히 말 못하겠습니다. 제가 깨달음을 얻었을까요? 저는 모르겠습니다. 제가 불법에 대해 어떤 체득을 했을까요? 그 역시 한두 마디로 다 얘기할 수 없습니다. 제가 깊고도 넓은 무한한 신앙의 의미에 대해 얼마나 이해를 하였을까요? 저는 말로 설명할 수 없습니다. 불법에 대한 저의 신심은 끝이 없고 다함이 없습니다. 허공은 다함이 있고, 세계는 끝이 없으며, 저의 원력은 끝 간 데가 없습니다. 저는 신앙 안에 무량한 보물과 무한한 법희가 있어 우리를 더 깊이 연구할 박사과정으로 데려간다고 생각합니다. 이미 신앙 속의 박사학위를 땄다고 해도, 우리에게는 박사 후의 연구가 남아 있습니다.

부처님과의 감응, 인간불교를 힘써 행하다

신앙의 세계에서 저 자신이 평생 자신의 밀행 때문에 얼마나 많은 불보살의 가피를 얻었는지 전부 다 얘기할 수는 없습니다. 부처님의 은혜에 감사하는 것 말고는 저 자신의 신앙 세계를 형용할 길이 없으며, 그저 불가사의하다고 말할 수밖에 없습니다. 삼가 제가 말로 형언키 어려운 불가사의한 경험을 본문의 맺음말로 삼겠습니다. 이 신심으로 부처님께 회향하고 부처님께 공양함으로써 늘 부처님과 함께 있고, 시방의 신도들과 인연을 맺고, 신도 대중의 복을 기원합니다.

저는 피로 사경한 적이 있고, 연비 공양을 한 적도 있습니다. 1년간 묵언 수행을 한 적도 있고, 눈을 감고 3개월 동안 보지 않은 적도 있습니다. 나중에 우연히 두 눈을 떴는데 문득 이런 생각이 들었습니다.

아!
청산도 그대로요,
나무도 그대로요,
하늘도 그대로구나.
다시 이 세간으로 돌아온 것 같구나!

저는 젊은 시절 이런 고지식함도 있었습니다.

미국 서래사에서 5개월간 폐관한 적이 있었습니다. 어느 날 아침 환생幻生 스님·인해印海 스님 등 5, 6명이 찾아오셨고, 제가 지내는 곳에서 1분여 만에 국수 한 그릇 만들어 그들에게 대접한 적이 있었습니다. 그곳의 깨진 계단을 매일 얼마나 많이 걸었는지 모릅니다. 다리가 부어올라 의사는 당뇨병이 생겨 위험한 상황이 올 수 있으니 더는 걸어서는 안 된다고 해서 그만두었습니다.

자랑하려고 이 수많은 체험 얘기를 꺼내는 것은 아닙니다. 다만 모든 불교도가 저와 같이 불교에 대한 강대한 신심과 도념을 갖기를 바라서입니다. 부처님은 현신하지는 않으시더라도, 허공 중에 안 계신 곳이 없습니다. 그래서 종이에 그린 불상이든 나무를 깎은 불상이든 여러분의 마음이 감응하면 그것이 곧 부처님입니다.

그러므로 신앙을 고취하고, 고행을 제창하고, 인내를 제창하고, 자비를 제창하고, 봉사를 제창하고, 인연 맺기를 제창해야 한다고 제자들에게 말합니다. 자비와 희사가 생기고, 머무름 없이 마음을 내고, 가치를 매길 수 없는 신앙이 생기면 우리에게는 완전히 다른 인생이 생기고, 무한한 법희와 선열이 생겨날 수 있으니, 이것이 바로 인간불교를 신앙하는 목표입니다.

불광산 대웅보전에서 촬영한 성운 대사. (불광산 종사관 제공)

나는 과연 화상다운가?

기왕에 화상이 되었으니 저는 속세를 여읜 마음과
도를 향한 마음이 반드시 타인보다 뛰어나야 한다
고 자신에게 요구합니다. 극기하는 마음, 타인을
위하는 마음도 반드시 더 굳세게 해야 한다고 자
신에게 요구합니다. 손해 보는 법을 배우고, 타인
에게 더 이익을 주고, 인내와 고난을 감내하는 법
을 배우겠습니다. 이 모든 것은 당연합니다.

소년 시절 출가하여 80년 동안 '나는 화상다운가?'를 끊임없이 자문해 보았습니다.

삭발하고 승복을 걸치고 나자, 내가 이미 출가하여 화상이 되었다는 걸 실감했습니다. 그러나 저는 끊임없이 자신이 화상다운지를 점검했습니다. 제일 처음 저의 신앙을 놓고 정말 불교를 믿느냐며 자신의 마음을 살폈습니다.

이것은 의심할 여지가 없습니다. 어려서부터 외할머니를 따라다니던 저는 이미 신앙의 기초가 생겼습니다. 순수하고 초월적인 것은 아니지만, 제 신앙인 불교는 사이비도 아니고 사마외도도 아닌 올바른 것입니다.

발심하여 일하고, 스스로 교육하며 성장

저는 출가한 이후 다시 한번 물었습니다.

'나는 화상처럼 말하는가? 화상처럼 걷는가? 나의 행위 일체가 출가자 같은가?'

일체의 행동과 엄숙한 몸가짐에 주의를 기울여 소나무처럼 서고, 바람처럼 걸으려 합니다. 식사는 용이 구슬을 삼키고 봉황이 고개를 숙이는 것같이 하고, 말은 사실대로 자비롭게 얘기하려 합니다. 이렇게 저는 출가자의 모습을 갖추려고 했습니다.

어른이 되고 나니 세간의 견문은 넓어졌고, 생각도 넓어졌으며, 욕망 역시 증가하자 문득 든 생각이 나는 평생 채식을 할 수 있을까였습니다. 화상이라면 반드시 채식을 해야 하는데, 저는 출가하기 전부터 이미 채식에 관한 사상과 관념이 있었으니 이건 문제 될 게 없습니다. 화상이 되면 사회에서 밤늦게 돌아다니거나 가무를 즐겨서는 안 되며, 사회의 인사들처럼 웃고 떠들고 해서도 안 됩니다. 이것도 어렵다고 생각되지 않습니다. 저는 어려서부터 가정에서 규칙을 잘 지켜 생활했고, 아이들과 싸운 적도 없고, 타인과 욕하면서 다툰 적도 없습니다. 집안일 하길 무척 좋아하고 부모님께 효도하였으니, 불문에서도 웃어른을 존경하고 자신의 본분을 다하는 출가자가 되는 것은 문제없다고 생각합니다. 저는 좋은 화상이 될 수 있을 거로 생각했습니다.

출가자가 되면 마땅히 발심하여 기꺼이 밥 짓기·땔감 해오기·물 긷기·산문 지키기·야간순찰과 같은 고행은 해야 하는데, 제가 이 많은 고행의 생활을 잘 해낼 수 있을까 자문을 또 해봅니다. 그러나 이것도 문제없습니다. 어려서부터 빈곤한 가정에서 자란 저는 고된 생활이 몸에 배었고, 저의 본성 안에 이러한 능력이 있어 출가자 노릇을 잘 해내리라 생각했습니다.

그러나 저는 걸을 때 '안짱걸음(안 팔자걸음)'으로 걷습니다. 신체 골격의 구조에서 비롯된 것이라 교정까지 받으려고 했지만 쉽지 않았습니다. 안짱걸음의 걸음걸이가 보기 좋지 않아, 저는 마음을 단단하게 먹고 반드시 길을 똑바로 걷겠다고 다짐했습니다. 이

약관 나이의 성운 대사.

것은 은사스님께서 고치라고 한 것도 아니고, 스승님에게 안 팔자인 걸 들켜서도 아닙니다. 제가 기왕에 출가했으니 자신에게 주동적으로 가르치지 않고 자신에게 엄격하게 요구하지 않으면 성장에 제한이 있으리라 여겼기 때문입니다.

또 제가 부정적인 생각이 많기도 하고, 무척 유약하며 도덕과 용기가 충분하지도 않습니다. 물론 사람들이 괴롭히면 저 자신을 보호할 줄은 알지만, 평소 불교 안의 합법적이지 않은 일에 대해서는 저도 몰래 참는 것을 선택합니다. 불교에 대한 자신의 신심이 배양되고 증가하였을 때에서야 "노승이 지옥에 떨어질지언정 불법으로 인정을 짓지 않겠다"를 느끼며, 불교의 융성을 위해 반드시 도덕과 용기를 가지고 건의할 것은 건의해야겠다 생각했습니다.

그래서 불교의 불법에 부합되지 않는 일에 대해 어찌할 도리가 없더라도, 늘 힘껏 부딪혀 볼 생각은 있습니다. 그러나 또다시 의문이 들었습니다.

'그럼 나는 정확하고 훌륭한가?'

이 질문에 대해 저도 자신을 호되게 욕하고 책망합니다.

'고기 요리를 먹진 않지만, 생명을 사랑하고 보호하는가?'

'세속의 먹고 마시고 노는 것을 즐기지 않지만, 불교의 사업에 대해 나는 얼마나 헌신하였는가?'

'나의 관점에서 타인을 대하고 일을 처리하여 반감을 불러일으키지는 않았나?'

이 문제에 대해 저는 또 자신을 책망할 것입니다.

자라면서 또 한 가지 생각에 미쳤습니다.

성운 대사는 '마가摩迦'라는 필명으로 『인생잡지』를 6년간 편집했다.

'출가자는 학문이 있어야 하고, 저술을 할 수 있어야 하고, 홍법이생弘法利生할 수 있어야 한다. 나는 가능한가?'

젊었을 때는 장차 대학을 하나 세우고, 신문사를 하나 설립하겠노라 생각했었지만, 이것이 단지 몽상에 불과했음을 압니다. 당시 저의 조건으로는 실현 불가능한 것이니까요. 그러나 사람이라면 꿈 하나 정도는 가질 수 있지 않습니까? 마음속에 품고 있던 이 꿈을 저는 다른 사람에게 얘기하지 않았습니다. 이 꿈이 실현된다면, 저는 정말 홍법이생하는 화상이 될 것입니다.

그러나 화상이 되면 범패와 노래를 해야 하고, 각종 법기를 다룰 줄 알아야 하는데 저는 이 방면에 약하다는 것을 알고 있었습니다. 성조도 완벽하지 않다는 걸 모르고 있다가 다른 사람의 입을 통해 알게 되었으니 이것이야말로 심각한 일이 아닐 수 없습니다. 다른 도반들은 범패 음악을 부르면 사람들의 존중을 받고 환영받았지만, 저는 음악에는 박치에다가 음치였기 때문에 그때 저는 무척 열등감을 느꼈고, 많은 도반과 사형들과 비교했을 때 늘 뒤처진다는 생각을 가질 수밖에 없었습니다.

이후 생각을 전환하였습니다.

'괜찮아, 화상이 되는 길은 매우 많으니까. 화상의 규칙을 잘 준수하고 계율을 수지할 수 있으면, 나는 문화사업·교육사업·자선사업에 종사하면 돼. 반드시 법당에서 법기를 두드리고 경참經懺을 읊어야만 하는 것은 아니지.'

이것이 꼭 단점은 아니라 생각하며, 문화적인 화상, 교육적인 화상, 자비로운 화상이 될 수도 있다고 여겼습니다.

속세를 여의고 진리를 향하여, 극기심과 애타심 필요

기왕에 화상이 되었으니 저는 속세를 여읜 마음과 도를 향한 마음이 반드시 타인보다 뛰어나야 한다고 자신에게 요구합니다. 극기하는 마음, 타인을 위하는 마음도 반드시 더 굳세게 해야 한다고 자신에게 요구합니다. 손해 보는 법을 배우고, 타인에게 더 이익을 주고, 인내와 고난을 감내하는 법을 배우겠습니다. 이 모든 것은 당연합니다.

당시 불교는 무척 보수적이긴 했지만, 기회가 주어진다면, 장차 불교의 지도자를 찾기만 한다면 그를 따라 신불교 건설·신불교 개

성운 대사는 몸소 대중과 함께 공양하며, 몸으로 '나는 대중에 있다'를 보여
주신다.

선·신불교의 발전, 그리고 인간 불자생활에 대한 신불교의 인도에
종사하고자 합니다. 저는 이것을 하겠다는 동력과 발심과 원력이
있다고 생각합니다. 훌륭한 화상이 될 수 있다고 믿을 수 있습니다.
'나는 과연 화상다운가?'라는 물음에 저는 화상다울 수 있다고
긍정합니다.

그러나 후에 승복을 제대로 갖추지 않은 일부 화상을 보고 그들
이 화상답지 않다고 생각했습니다. 저들이 채식하지 않는 걸 보고
화상답지 않다고 느꼈습니다. 그들이 자주 속가의 집으로 돌아가

며 세속생활을 떠나지 못하는 걸 보고 화상답지 않다고 느꼈습니다. 불교에서는 화상 같은 사람도 많고, 화상 같지 않은 사람도 많습니다. 사람이 승복만 걸치면 '화양(和樣: 화상의 모습만 갖춤)'이 나오는데 일반 신도가 '화상'인지 '화양'인지를 구분할 수 있을까요? 신도 역시 분별하기 어려울 거로 생각합니다.

출가자가 능력도 쓸모도 없고, 심지어 설법도 못해 '땡중'이라고 조롱을 당해도 괜찮습니다. 자비롭기만 하면 됩니다. 문제는 지금 우리 중 일부 사람은 자비도 없을뿐더러 삿된 견해를 고집하기까지 합니다. 화상이 되었으면 올바른 지식과 바른 견해로 변하지 않는 신앙심을 지녀야 한다는 것을 자각해야 합니다.

특히 불교에서 신도의 수준 또한 각기 다릅니다. 스님이 도가 있는지 없는지는 상관 않고 가르침이 아닌 사람을 보호하고, 대중이 아닌 스님을 보호하고, 가르침이 아닌 사찰을 보호하고, 올바른 것이 아닌 삿됨을 보호하는 사람이 있습니다. 그는 또 시비와 선악을 분별하지 않고 일의 시비곡직을 상관 않고, 화상도 좋고 화양도 좋다며 그저 나한테 잘해 주면 그것이 그들 마음속의 불교가 됩니다.

사실 시비선악의 구분이 없는 이런 모습의 불교가 교단을 이룰 수 있겠습니까? 승가와 신도 사이에 아름다운 교류가 이루어질 수 있겠습니까? 이러한 신앙이 순결하고 순수할 수 있겠습니까? 저는 이러한 문제에 대해 사상적 충돌이 생겼고, 어떻게 하면 또 다른 일부 '화양'을 진정한 '화상'으로 변화시킬까를 생각했습니다.

출가는 이미지적으로 삭발 혹은 가사를 걸치는 드러나는 모습만이 아니라, '마음'이 출가하는 것이 가장 중요하다고 생각합니다.

특히 불교에 대한 신앙과 이념, 앞으로의 생활이 대중에게 화상이라고 인정돼야 비로소 출가자의 모습을 드러낸다고 하겠습니다.

마음에 중생이 없으면 사자 몸의 벌레와 같다

출가는 사람으로 다시 태어나는 것과 같고, 범속한 몸과 마음을 다시 청정한 승려의 모습으로 전환하는 것과 같습니다. 이 점에 대한 인식이 없다면 그것은 출가자가 아니고 사자 몸에 기생하는 벌레이며, 불문에 해를 끼칠 것이 분명합니다. 그는 신심을 갖추지 않았고, 자아의 긍정적 가치가 없기 때문입니다.

부처님께서 세상에 계실 때, 한 무리의 사마외도가 부처님을 찾아와 말했습니다.

"당신이 우리 지역을 강탈하고 우리 제자를 강탈해갔으니, 당신을 가만두지 않을 것이오."

부처님께서는 태연하게 말씀하셨습니다.

"나는 이치를 깨우친 사문인데, 당신들의 몽둥이를 신경 쓸 것 같은가?"

"우리는 여기저기 다니면서 당신에 관한 말을 퍼뜨리고, 당신의 불법을 비난할 수도 있소."

"불법은 진리이니, 당신이 비난한다 해서 불법을 저해할 수 없소."

외도가 아무리 위협하고 협박해도 부처님은 꼼짝하지 않았습니다.

출가자가 여래 가업의 사명을 짊어지려면 반드시 삼단대계에 등단해야 진정한 출가자이다. 사진은 1977년 불광산 첫 '만연삼단대계' 전수식이며, '모범적 계기'로 칭송받았다. (인간복보 제공)

외도는 마지막으로 단호하게 말했습니다.

"그럼 우리가 오늘부터 당신의 제자가 되겠소. 당신의 옷을 입고 삭발하여 명의상의 불자가 되어, 불법에 위배되는 속된 일과 나쁜 일을 저지르고 다닐 겁니다."

부처님께서는 그제야 할 수 없이 말했습니다.

"당신들이 그렇게 하겠다면 나도 어찌할 방법이 없구나."

사자 몸 위의 벌레는 사자의 고기를 먹고 산다고 하듯, 바깥 세계에서는 용맹하고 사나운 사자를 넘어뜨릴 수 없지만, 사자 몸 위의 벌레는 사자의 고기를 먹고 살기에 사자 자신도 저항할 수 없습니다.

이러한 사건이 이천 년 후의 오늘에 이르러 삭발하고 가사를 입은 사람이 자신이 출가자인지도 모르는 일이 보편적이 될 것은 생각지도 못했습니다. 이유가 무엇일까요? 그는 신앙이 없고 불법이 없고 마음에 부처님이 없고, 더욱이 중생이 없기 때문입니다. 그의 마음에 출가란 여자가 한 남편에게 시집가고 밥그릇이 하나 생기는 것과 같다고 여깁니다. 출가가 그저 하나의 직업이라 여기고, 숙식에 돈이 들지 않는 직업을 찾았다고 생각합니다. 출가는 또 여기저기를 마음껏 다닐 수 있고, 이른바 '천하 총림의 밥은 산처럼 쌓여 있고, 어디서나 발우에 음식 담는다'라고 생각합니다. 여기저기 다니며 참방·행각하는 이런 승려는 지나치다고 말할 수 없습니다. 그러나 불교에 기대어 생활하고, 혹은 경참으로 생활을 유지하며, 신도의 공양만을 바라고, 여기저기 탁발해서 자신의 욕망을 채우는 일부 승려는 출가자 자격이 없습니다. 그는 사자 몸에 기생하는 벌레입니다.

출가자의 이런 행위는 상인보다도 더 못합니다. 적어도 상인은 물품을 금전과 바꿔 취하기라도 합니다. 당신은 무슨 자격으로 신도가 당신에게 주는 공양을 받습니까? 불법도 없으면서 공양을 받아도 됩니까? 도덕이 없으면서 공양을 받아도 됩니까? 고행·수행 없이 공양을 받아도 됩니까? 마음에 대중이 없고 홍법이생하겠다는 생각도 없으면서 공양을 받을 수 있습니까? 현재 이렇게 기생충처럼 부처님께 의지해 밥을 먹는 많은 출가자는 불교에 신앙도 없고 자신도 수행하지 않는데, 불법이 아직 희망이 있겠습니까?

지옥문 앞에 승려와 도사가 많다는 말이 있습니다. 현재 불교의 전체 출가 제자들은 모두 자신에게 물어봐야 합니다.

"나는 불제자인가, 아니면 외도마왕인가? 나는 불교를 부흥코자 왔는가, 아니면 불문을 훼손하러 왔는가?"

행위와 사상은 불법에 부합되어야 한다

오늘날 북전불교는 불교의 정통이 되었는데, 출가한 제자의 몸으로 그대는 북전의 불교를 알고 있습니까? 정통의 불법에 의지해 불법을 넓게 펼쳐 나갈 수 있습니까? 출가하여 불교에 의지하고, 장차 불문의 은혜를 받으며 신도의 공양을 받는다면 '나는 출가자다운가?'를 자문해 봐야 합니다.

'나는 출가자다운가?'라는 물음은 모든 불제자가 항상 끊임없이 자문하고, 끊임없이 숙고해야 하는 문제입니다.

성운 대사는 항상 젊은이에게 첫 발심을 잊지도 퇴색하지도 말며, 최초의 염원이 곧 역량임을 기억하라고 격려하신다. (천하문화 제공)

　만일 사찰을 나왔다고 편한 옷으로 갈아입고 담배 피우고, 술 마시고, 노래하고 춤추면 출가자 같아 보입니까? 상점에서 명품을 구매하고, 재산을 모은다면 출가자 같습니까? 멋대로 행패 부리고 게임을 하면 출가자 같습니까? 누군가와 싸우고 욕하는 게 출가자 같습니까? 부처님의 명호도 모르고, 가르침에 담긴 뜻도 모르고, 승려의 임무가 무엇인지 모르는데 출가자다울 수 있습니까? 삼보가 무슨 뜻인지 모르고, 오계를 받아 지니지 않고, 십선을 봉행하지도 않고, 육바라밀은 더더욱 모르는데 출가자다울 수 있습니까? 마음에 불법이 없는데 어떻게 출가자다울 수 있습니까?

　만약 육화승단六和僧團의 지도를 받고 대중과 화합하고 어울린다면 출가자다울 겁니다. 계법과 청규를 준수한다면 출가자다울 겁니다. 채식하고, 승복을 가지런히 하며, 섭율의계攝律儀戒·섭선법계攝善法戒·요익유정계饒益有情戒의 삼취정계三聚淨戒를 받아 지니고, 이른바 삼단대계三壇大戒 모두 봉행할 수 있다면 저는 출가자다울 수 있다고 봅니다.

출가했으니 사찰의 보살핌을 받으며 배불리 밥을 먹고, 자신의 본분을 지키며, 욕심을 적게 하고 청정하면 화상답지 않겠습니까? 중생에게 환희를 주고 불법에 광영을 더해야 함을 명심한다면 화상답습니다. 학문과 지혜는 없어도 노력과 자비와 진심으로 중생을 공양하고 부처님을 공양하면 화상다울 겁니다. 매일 경전을 읽고, 예불하고, 포교하고, 불법의 사업을 전파하는 데 정진하며, 옳지 않은 취미를 가지지 않고, 불법에 위배되는 삿된 견해·삿된 생각·삿된 행동이 모두 없다면, 불문에 출가한 제자다울 겁니다.

만일 오늘 중국불교총회가 백만 이상의 승려를 모아놓고 다시 시험을 친다면, 진정한 모습의 출가자는 얼마나 되겠습니까? 이 수많은 출가자 같지 않은 사람이 불문에서 부처님께 의지해 살아가며 부처님께 의지해 밥 먹고 있는데, 불교에 그래도 미래가 있겠습니까? 그래서 이제 우리는 불교의 모든 출가 제자들에게 자신이 출가자다운지를 스스로 반성하고 점검하도록 일깨워 줘야 합니다.

출가자다우려면 속세의 집을 자주 방문해서는 안 되고, 고기와 생선은 더는 먹어서도 안 되며, 속세의 옷을 입어서도 안 되고, 사회에서 주는 공양·홍빠오(紅包)를 받아서도 안 됩니다. 사찰 안에 머물면서 예불·수행하고 대중과 함께 봉사하며, '나'라는 상을 없애고, 불사를 여법하게 하며, 불문을 장엄하게 하기만 하면, 설령 외출하지 않고 사찰 안에만 있어도 공양이 자연스레 들어올 것입니다.

부처님 도와 법을 펼쳐, 법수로 대중을 윤택하게

부처님이 세상에 계실 때 비구가 음식을 탁발하러 나오지만, 그것은 불법을 사회대중에게 널리 알리는 것이기도 했습니다. 신도는 보시 공양하고 출가자는 설법으로 중생을 이롭게 하니, 이른바 재물과 법 두 가지 보시는 동등하여 차별이 없다는 것입니다. 오늘날의 불교 신도 대부분은 열심히 공양하는데, 승가 대중은 승가다운 모습을 하고 있습니까? 이 공양을 받을 자격이 있습니까?

부끄러움을 알아야 하고, 고뇌할 줄 알아야 합니다. 『불유교경』에서 부처님께서는 우리가 머리를 만졌을 때 자신에게 '나는 이미 출가했다' 하고 말하는 것을 잊지 말라고 끊임없이 일깨우십니다. 불법을 수학해야 하고, 깨달음을 위해 정진해야 하며, 부끄러워할 줄 알아야 합니다. 이른바 '부끄러움을 아는 옷이 모든 장엄 가운데 으뜸'이라 하듯이 내가 고뇌할 줄 알아야 비로소 타인을 존중할 줄 알고, 자신을 낮추고 겸허해야 마음에 불법을 받아들일 수 있습니다.

우리가 대박 나길 바라고 부귀영화를 구하고자 한다면 사회에 있는 공장·기업 등 사업체에서 일하고 성공해 나가면 되지, 부처님께 기대어 살 필요가 없습니다. 신도가 보시하는 공양을 많이 받았는데, 장차 어떻게 그 사람에게 돌려줄 겁니까? 굳이 고난이 닥쳤을 때에서야 비로소 '보살은 원인을 두려워하고, 중생은 결과를 두려워한다'는 사실을 깨달을 겁니까? 불보살의 수행법문을 배워 익히면 '원인'을 짓지 않을 수 있으니 불법에 위배되는 일도 하지 않을 겁니다.

자고이래로 북방불교에는 수많은 대덕이 우리에게 배움의 본보기가 되어 주셨습니다. 선종의 일화오엽一花五葉이나 오종칠파五宗七派의 고승들처럼, 그들의 지혜와 깨달음은 불법이 세상 사람의 존중을 받게 만드셨습니다. 천태종·화엄종·법상종·삼륜종 등 각 종파의 조사들은 불법을 통해 중생의 마음을 위로하고 어루만졌는데, 왜 우리는 그들을 본받지 못합니까? 왜 우리는 그분들께 배우지 못합니까?

그래서 오늘 새로이 출가한 제자들에게 적어도 5년간 계를 배우고, 5년 동안 고행한 뒤에야 가르침을 듣고 참선할 수 있기를 희망합니다. 총림의 대가람에서 머물며 학습하고, 10년 뒤에야 산문을 나서십시오. 출가하자마자 승복을 입고 여기저기 나다니지 마십시오. 국가 법률이 관여하지 않고 경찰도 관여치 않겠지만, 인과는 관여하게 될 것입니다. 가사 아래에서 인신人身을 잃는 것은 참으로 안타까운 일입니다.

'나는 화상다운가?' 매일 아침저녁 예불할 필요 없이 이 한마디를 아침에 열 번, 저녁에 열 번 외우며 진심으로 반성하고, 진심으로 이 말과 부합이 될 수 있게 하고, 적어도 '불교를 위해서'라는 작은 발심만 있다면 또한 부처님을 도와 법을 넓게 펼치는 것이고, 불문의 제자다우며 출가자답다고 할 수 있을 겁니다.

불교계의 제자와 신도는 이병남李炳南 거사에게서 배울 수 있기를 바랍니다. 그는 이미 나이 지긋하고 덕이 높지만, 계법을 지키지 않는 수많은 출가자를 향해서도 머리를 숙여 절을 올립니다. 이는

불제자는 '불교가 나를 의지한다'는 정신을 가지고, 여래의 가업을 짊어져야
한다. (楊冠霖 촬영)

그대가 출가자다우냐는 뜻입니다. 그러나 우리는 이병남 거사를
통해 이런 질문을 하지 말고, 우리 스스로 자신에게 '나는 출가자다
운가?' 하고 물어봐야 합니다.

저는 출가자답고 싶습니다. 단정하게 걷고, 선하고 자애롭게 말
하고, 타인과 잘 어울리고, 자비와 사랑으로 대중을 대하고, 타인에
게 환희와 존중을 주고 싶습니다.

부처님의 전생 중 앵무새가 물을 묻혀 불을 끈 이야기를 생각하
고, 부처님 과거생 가운데 중생에게 보시하고, 타인의 뜻을 거스르
지 않은 수많은 선행을 생각하면, 우리는 그중 단 1%라도 할 수 있
을까요? 또한 유가에서 '날마다 나 자신의 세 가지를 반성한다(吾

日三省吾身)'라는 것처럼 매일 스스로 우리의 행위를 반성해야 합니다. 매일 참선하며 스스로 숙고해야 합니다. '조주趙州 선사가 80세에 이르도록 행각을 하였으나, 마음의 번뇌는 여전하였노라'라는 구절에서는 저도 마음에 부끄러움이 생깁니다.

승려가 스스로 성찰하면 불법은 반드시 융성한다

어려서 출가한 저는 지금 이미 늙고 병든 몸이 되었습니다. 그러나 평생 스스로 화상다우냐를 수천만 번도 더 자문했습니다. 밥을 먹을 때는 오관(五觀: 승려가 공양할 때 외우는 5가지 고마움)을 생각하며 먹고, 성기고 고운 것을 가리지 않으며, 좋고 나쁜 것을 구별하지 않고, 모두 좋아하며 감사한 마음으로 식사합니다. 이런 모습이야말로 화상답다고 생각합니다. 길을 걸을 때마다 옆에 많은 눈이 지켜보고 있고, 많은 손가락이 저를 가리킨다고 생각하니 반드시 장엄하게 걸어야 했고, 가벼이 보이지 않고 나는 듯 단정한 몸가짐으로 걷는 출가자다운 모습이어야 했습니다. 대화를 나눌 때는 투박한 말을 사용하지 않고 타인을 경멸하지도 않습니다. 이유가 무엇일까요? 저는 화상이기 때문에 반드시 장중하게 행동하고, 자애로운 말을 써야만 하기 때문입니다.

세월은 흘러 이렇게 80년 가까운 승려 생활을 해왔고, 지금은 이미 헛되게 보낸 세월이 90년입니다만, 오로지 화상다운 사람이 되기만을 생각했습니다. 남은 날이 많지 않다는 것은 알지만, 그래도 자문해 봅니다.

불광佛光이 두루 비치고, 오대주五大洲에 법수法水가 흐르게 하자는 것은 성운
대사 일생의 염원이다. (慧延 스님 촬영)

“나는 과연 화상다운가?”

이번 생에 화상 노릇 잘하지 못했다는 생각이 드니, 저는 다음 생에도 계속 화상 하기를 발원합니다. 저는 감히 성불하겠다는 망상은 하지 않고, 그저 출가자 노릇을 잘하자는 생각뿐입니다.

현재 불문에 드는 사람이 많아지고, 계를 받고자 계장戒場에 들어오는 사람도 많습니다. 젊은 도반들은 계를 받으러 단에 오르면서 자신이 출가자다운지를 생각해 봐야 합니다. 만약 출가자답지 않다면 천룡팔부·호법신장이 그대를 가만 놔두겠습니까?

현재 전 세계의 불교계를 보니 모두가 이 문제를 숙고해 보지 않을 수 없습니다.

“나는 과연 화상다운가?”

물론 제가 감히 타인에게 요구하지 못하니 그저 저 자신부터 해 나갈 따름입니다. 여러분께서 항상 반성하신다면 수행에 반드시 발전이 있을 것이고, 성장도 할 것입니다. 여러분이 이것을 해낸다면 불법도 반드시 융성해질 것입니다. 이것은 제가 가장 염원하는 중차대한 일입니다.

태허 대사 오십 세 생신 헌정시를 되새기며

사실 제가 일생 중 가장 즐겨 읽었던 것이자, 저의 인생에 무척 큰 영향을 끼쳤다고 볼 수 있는 글은 태허 대사께서 인도를 방문하셨을 때 국제대학교 중국문학원 원장인 담운산譚雲山 거사가 그의 50세 생신을 축하하자, 대사께서 쓰신「오십 번째 생일을 맞는 감회」란 장편의 시입니다.

사람은 저마다 태어난 날에 모두 생일을 축하하며 생일을 잘 보내려고 합니다. 특히 10세, 20세, 60세, 80세, 90세 등 열 살마다 생일은 매우 중요합니다. 그러나 저는 '생일 축하'라는 이 명칭은 검토할 필요가 있다고 생각합니다. 우리가 출생한 그 하루는 어머니께서 고통을 받으신 날이기 때문에 '모난일母難日'이라 불러야 합니다. 역사적으로 볼 때 자녀를 낳기 위해 난산을 겪은 어머니는 헤아릴 수 없이 많습니다. 그렇게 태어난 자녀가 경축할 만한 게 있겠습니까? 마땅히 어머니께서 어려움을 겪으신 날을 기념해야 옳습니다.

　태어나서 지금까지 저는 생일을 지내는 게 싫었습니다. 평상시의 생일도 기억하지 못합니다. 그러나 생각해 보면 몇 번의 10살 단위 생일을 맞이할 때가 있었는데 대부분 다른 사람이 대신해 차려주었습니다. 기억나는 것 몇 개를 여기에서 얘기해 드릴 테니 재미나게 읽고 넘기시길 바랍니다.

저는 어려서부터 집이 가난해, 심지어 12세 이전까지는 새 옷을 입어본 적이 없습니다. 제 위로 형이 있는데, 어렸을 때는 형이 안 입는 옷이 당연히 제 차지였습니다. 출가한 뒤에는 위의 사형이 한 분 있었는데, 그도 더는 안 입는 옷을 제게 주었습니다.

열 살의 새 옷, 모기향에 태워버리다

열 살 때일 겁니다. 어머니께서 드디어 가난에 허덕이는 상황에서도 저를 위해 옷 한 벌을 새로 지어 주시면서 말씀하셨습니다.

"내일이 너의 열 살 생일이니까, 특별히 새 옷 한 벌을 지어 주는 거야."

곤궁하였기에 생일을 지내는지 안 지내는지도 몰랐습니다. 새 옷이 생기니까 너무 좋았습니다. 나도 드디어 새 옷이 생겼고, 내일 새 옷을 입을 수 있어서 기뻤습니다. 그래서 저는 조심스럽게 머리맡에 잘 개어두었습니다.

우리는 시골에 살았는데 여름밤에는 모기가 많이 날아다녔습니다. 한 손으로 휘젓기만 해도 몇 마리를 쉽게 잡을 수 있었습니다. 당시에는 모기장이 없을 때지만 그래도 모기향은 있었습니다. 똬리를 튼 긴 뱀처럼 생겼는데 불을 붙이면 모기를 쫓아 보내 편안하게 잠을 잘 수 있었습니다.

아직 철이 없던 저는 모기향을 피운 후 절반 남은 걸 옷 위에 놓고 잠이 들었습니다. 어느 정도 시간이 지나자 모기향은 옷을 태우기 시작했고, 옷에 불이 붙자 저는 깜짝 놀라 깨어나 서둘러 불길을 껐지만, 옷은 이미 제 모습을 잃어버린 지 오래였습니다. 저 자신의 잘못이니 누구를 원망할 수도 없었고, 새 옷을 입을 복이 없다며 저 자신을 탓할 뿐이었습니다.

후에 출가하고서는 아예 생일이 무엇인지도 잊어버리고 특별히 마음에 두지 않았습니다. 심지어 나이가 몇 살인지조차 잊어버렸습니다. 기억나는 것은, 20세 되던 그해 초산불학원에서 공부하고

20세의 성운 대사.

있던 저는 온몸에 농창이 생겨 고통이 무척 심했는데, 옷을 입고 벗는 것도 살갗을 한 겹 벗겨내는 것 같았으며, 길을 걷는 것조차도 무척 힘들었습니다.

어느 날 도반들은 모두 점심 공양하러 갔지만, 저는 가사를 걸치기가 불편하여 입구 섬돌에 앉아 넋을 놓고 있었습니다. 갑자기 한 젊은 부부가 왔는데, 정원에 앉아 있는 저를 보더니 물었습니다.

"올해 몇 살이니?"

저는 갑자기 '아, 오늘 내가 스무 살이 되는구나'라는 생각이 들어 그대로 대답했습니다. 그러나 젊은 부부는 자세히 듣지 않고 제가 올해 스무 살이라고 얘기한다고 생각했습니다. 이것이 스무 살에 농창이 생긴 제 기념일입니다.

생일을 쇠는 것을 중요하게 여기지 않다

30세 되던 그해, 저는 이미 타이완에 있었습니다. 손립인孫立人 장군 부인인 손장청양孫張淸揚 여사와 몇몇 뜻이 맞는 벗이 『각세覺世』잡지 하나를 편찬했는데, 편집할 사람을 구하지 못해 저를 찾아와 도움을 청했습니다.

저는 잡지에 글도 써봤고 기간지를 편집해 본 적도 있지만, 신문 형태의 순간지(旬刊: 열흘에 한 번 발행하는 잡지)는 아직 편집해 본 경험이 없어 어떻게 하면 그들을 위해 이 간행물을 편집할까 하며 힘들게 학습했습니다. 처음에는 하루 만에 저도 완성할 방법이 없었습니다. 신문의 뉴스 편집을 할 줄 몰랐기 때문에, 소위 장단長短·전판(轉版: 한 면에 글을 다 싣지 못해 다른 면에다가 계속 싣는 것)·글자 수 등을 이리저리 계산해 봐도 늘 맞지 않는 것 같았습니다. 그러나 제가 무척 애쓴다는 걸 그들도 알고 있었습니다. 후에는 반시간이면 4면짜리 내용을 편성해 낼 수 있었습니다.

나중에 제가 30세가 되었다는 얘기를 듣고, 그들은 이립지년(而立之年: 공자가 『논어』에서 30세에 홀로 서게 되었다는 말에서 유래)의 생일을 특별히 채식 음식으로 한 상 가득 차려 초대했습니다. 식기·수저·젓가락 모두 황금으로 만든 것이었습니다. 손 부인은 황금으로 만든 식기가 커다란 상자로 두 개나 있었어도 한 번도 쓴 적이 없었지만, 저를 중시한다는 걸 보여주기 위해 전부 꺼내 제게 생일상을 차려주었습니다. 그러나 저는 전혀 좋지 않았습니다. 이유가 무엇일까요? 저는 저 자신이 그만큼 중요한 사람이라고 생각되지

성운 대사의 회갑연에서 회갑을 맞이한 일천여 명의 신도와 함께 나누어 단체사진 촬영. 1992.7.22 (불광산 종사관 제공)

않았기 때문입니다. 그러나 많은 어른들 앞에서 거절하기 어려워 얼떨떨하게 보냈습니다.

40세 생일은 불광산이 개산한 때라 여러 가지 일로 바빠 어느 날이 생일인지도 기억하지 못했습니다.

50세 생일은 불광산이 중요한 공정을 앞둔 단계여서 생일을 보낸다는 게 무엇인지도 모를 정도로 바빴습니다.

60세가 되자 조산회관·대학·대웅보전이 대략 거의 완성되고, 사찰이 정한 제도에 따라 58세에 퇴위했습니다.

그때 타이완 각계에서 많은 관심을 받았는데, 심지어 총통부에서도 관심을 가져주며 '퇴위'라고 부르지 말고 '전법傳法'이라 고쳐 부르라고 했습니다. 총통부에서 전법이라 권하는 것도 매우 일리가 있다 여겼고, 심지어 신문에서도 많은 사설을 발표하며 저의 전법과 퇴위 문제를 토론하였습니다. 대체로 이 시기는 사회가 가족 중심의 사업을 하였고, 한 사람이 자리에 앉으면 물러나지 않으려

태허 대사 오십 세 생신 헌정시를 되새기며

했기에 제가 제도에 따라 퇴위한다는 소식이 사회의 큰 관심을 불러일으켰습니다.

천세 연회를 열어 환갑 장자들을 축복하다

그해 주지를 연임하던 제자 심평 스님은 반드시 저 대신 60세의 생신을 차리겠다고 요청했고, 다른 제자와 신도들까지 그 요청에 찬성했습니다. 그 많은 사람의 요구를 거절할 방법이 없어 부득이 이렇게 말했습니다.

"만일 여러분들이 60세가 된 사람 천 명을 불광산에 모을 수 있다면, 내가 여러분들과 같이 생일을 보내겠다."

어디서 모셔왔는지 모르지만, 뜻밖에 1,300여 명이 모였는데, 모두 60세인 분들이 불광산으로 초대되었습니다. 저의 생일을 차려주겠다는 그들의 말에도 저는 기쁘지는 않았습니다. 그날 화를 내지는 않았고, 60세가 된 노인 천여 명이 다 같이 한자리에 있으니 이것도 훌륭한 일이라 느꼈으며, 반백 살의 환갑을 맞은 수많은 장자들에게 환희와 축복을 드렸습니다.

70세 때는 아마도 해외를 다니고 있을 때라 어떻게 보냈는지 모르겠습니다.

80세 되던 그해는 미국 서래사에 있었습니다. 기억으로는 그날 점심 죽을 먹고 있었습니다. 문득 오늘이 저의 생일인 게 생각났고, 그제야 제가 80세가 된 걸 기억한 사람들이 어떻게 하면 좋을지 모르고 있을 때 제가 말했습니다.

중华传统文化交流暨
佛教回归佛陀本怀发布会

성운 대사, 이싱 대각사에서 거행된 '인간불교 부처님 본래 품은 뜻' 신작발표회에 참석. 2016.8.24 (周云 촬영)

"잘됐네요. 죽은 나이 든 사람에게 아주 잘 맞는 음식이니까요."
이것도 아름다운 추억입니다.

올해(2016) 저는 향년 90세이고, 대중을 번거롭게 하고 싶지 않아 특별히 중국에 있는 조정인 대각사에 숨어 유실幽室에서 하루 문을 닫고 독경·참선·명상·묵상을 했습니다. 이날은 모난일母難日입니다. 부모의 은혜를 갚기 어려운데, 어떻게 자신을 축하할 수 있겠습니까? 특히 부처님의 은혜는 더욱 끝이 없어 보답할 방법이 없습니다. 그런데 어찌 감히 속세의 나이를 말하겠습니까? 어머니께서 어렵고 힘들었던 이날은 어머니를 위해 기도하고 어머니의 명복을 빌 뿐입니다.

그날 오후 중국인민출판사에서 『인간불교, 부처님의 참된 가르침』 신작을 간체자로 출판했습니다. 대각사에서 신작발표회를 거행했는데 교육계의 총장·교수·학자 등 3백여 명이 오셨고, 생일 얘기를 꺼낸 사람이 아무도 없어 저는 무척 기뻤습니다.

장편의 감상시, 마음 수행으로 삼다

저는 일생 생일을 이렇게 간단하게 보냈습니다. 제가 생일과 관련된 많은 이야기들을 했습니다만, 사실 저의 일생에서 가장 즐겨 읽었던 것이자, 저의 일생에 무척 큰 영향을 끼쳤다고 볼 수 있는 글은 바로 태허 대사께서 인도를 방문하셨을 때 국제대학교 중국문학원 원장인 담운산譚雲山 거사가 그의 오십 세 생신을 축하하자, 대사께서 쓰신 「오십 번째 생일을 맞는 감회(五十生日感言)」란 장편의 시입니다.

태허 대사의 60권 『전서全書』중 제가 가장 공감하고 가장 훌륭

태허 대사 법상.

하다고 느끼는 시입니다. 수십 년 동안 이 장편시를 저는 『반야심경』과 마찬가지로 항상 꺼내어 읽어보았으며, 심지어 유창하게 외울 수도 있습니다. 매일 이 시를 읽으니 저는 마치 태허 대사님과 더욱 가까워진 것 같고, 심지어 저 자신의 남은 날을 태허 대사의 수명과 바꾸어 그의 정신을 따르고 그의 원력을 널리 알리고 싶습니다.

지금 그 시를 아래에 적어봅니다.

나는 우환이 들끓던 시기에 태어났고, 슬픔과 분노로 많은 잘못을 저질렀다.

고향 떠난 지 오래니 친족 소식도 끊기고, 갚지 못한 은혜가 마음 한쪽에 남아 있다.

생일이 되면 늘 생각나는 나의 어머니, 그리고 나의 어머니 같은 할머니는 보기 드문 미덕을 지녔다.

출가해 승가에 의탁하니 인연은 더욱 넓어졌고, 스승과 도반·후학들이 대나무 숲처럼 총총하였다.

불교의 쇠퇴를 목격한 나는 구제하고자 노력했고, 승단제도를 어떻게 개혁하면 좋을지 고민하였다.

지금 국토는 만신창이가 되고, 능욕당한 국민들은 피눈물을 흘리고 있다.

온 세상이 악마의 불길에 핍박당하고, 연이은 재앙에 억압받고 있다.

나는 전국을 돌며 불법을 전파하고, 온 세상을 다니며 대중을 제도하였다.

온 세상은 극심한 궁핍에 처해 있고, 불제자들을 데리고 부처님 나라로 순례를 떠났다.

강인하고 용맹스런 마음을 지닌 불제자는 부귀영화를 뜬구름처럼 하찮게 여긴다.

정직하고 고상한 인품의 담譚 거사는 중국과 인도의 불교문화 융합을 위해 애써 왔다.

그 담 거사가 생일을 맞은 내게 오래 살라고 축수를 해주었지만,

나의 삶은 망망대해 위의 작은 물거품에 지나지 않는다고 생각
한다.

그렇지만 나는 소망한다.

물거품이 모든 괴로움을 걷어내 주기를!

나라와 민족의 모든 소망이 이루어지기를!

세상 사람들이 모두 전쟁과 살생을 멈추기를!

자애로운 눈으로 서로를 바라보며 무기를 내려놓기를!

물보라가 퍼져나가듯 온 세상에 안락함이 퍼지기를!

부처님의 밝은 빛이 온 우주에 두루 빛나기를!

태허 대사님과 저는 34살 정도 차이가 나니, 대사께서 50세이실
때 저는 대략 16세였습니다. 그때 이미 저는 태허 대사께서 저의
지도자가 되실 만한 분임을 알았습니다. 그분이 강학하는 걸 들은
적이 있고, 그분이 주최하는 회무인원훈련반會務人員訓練班에 참가
한 적도 있습니다. 그러므로 이 시를 읽을 때마다 저는 만감이 교차
하고, 같은 처지였던 것 같아서 태허 대사님께 감사한 마음과 존경
이 일어납니다.

교단 보호 혁신, 정신과 행동을 본받다

태허 대사께서는 어린 시절 빈곤한 가정에서 출가하셨고, 저도 마
찬가지입니다. 그분은 외할머니께서 길러주셨고, 저 역시 외할머니
를 따라다니며 불교를 배웠습니다. 그분은 태어난 가정도 가난하

태허 대사(우측 세 번째)께서 불교방문단을 이끌고 일본에서 열리는 불교회의
에 참가했다.

고 보잘것없었는데, 저도 같습니다. 출가하신 이후 스승과 벗, 도반
이 대나무처럼 많으셨는데, 그 점도 저와 마찬가지입니다.

심지어 출가 후 되돌아보니, 불교에서의 실천 원력으로 볼 때, 태
허 대사께서도 불교를 수호하겠다는 열정과 불교를 혁신하겠다는
이념을 가지고 계셨습니다. 저는 그분과 감히 비교할 정도는 못 되
지만, 그분을 본받고 그분의 행동 하나하나 배워 저 자신의 본보기
로 삼고자 노력했습니다. 교계에서는 불교를 혁신하겠다는 그의
이념을 받아들일 수 없었고, 그로 인해 그분은 불교계의 압력·훼
방·비방을 받았습니다. 저 역시 같은 운명의 길을 걸어오지 않았

습니까? 저는 이처럼 위대한 지도자를 따라 불교를 위해 희생하고 헌신하기를 발원합니다. 이 시는 태허 대사께서 쓰신 것이지만, 마치 저 자신의 심정을 대변한 것처럼 느껴지기도 합니다.

특히 태허 대사는 전쟁을 원망하며 중일전쟁 중 동포가 처참히 살해당하는 상황에 관심을 가졌습니다. 저 역시 유감스러움에 동감하며 전쟁을 증오하기까지 합니다. 그 전란 당시 저는 비록 어렸지만, 적에게 발견되어 칼에 찔릴까 봐 살기 위해 여러 차례 시체 속에서 잠을 자야 했습니다.

태허 대사께서는 시 안에서 "나의 삶은 망망대해 위의 작은 물거품에 지나지 않으니, 물거품이 모든 괴로움을 걷어내 주기를 기원한다"라고 말했습니다. 이 점은 저 역시 깊이 공감합니다. 개인의 생사는 크게 중요하지 않습니다. 그러나 불교의 앞날에 대해 태허 대사의 감회, 이러한 원력을 저라고 못하겠습니까?

재미교포 역사학자 당덕강唐德剛 교수의 관찰에 의하면, 이 세계의 종교는 500년마다 큰 인물이 하나씩 나타난다고 합니다. 2,500년 전에 석가모니 부처님이 계셨고, 2천 년 전에는 기독교의 예수님이 있었으며, 1,500년 전에는 모하메드가 있었고, 15세기에는 마르틴 루터(Martin Luther)가 있었습니다. 당 교수는 그 후 20세기까지의 5백 년까지는 거기 제가 적합하다고 생각했습니다. 정말이지 당치 않고, 이 500년에는 마땅히 태허 대사께서 들어가야 합니다.

신심을 다해 헌신해 온 누리의 중생에게 바치다

태허 대사께서는 일반 출가자와 다릅니다. 그분은 개인을 위하지 않고 불교 전체를 생각했습니다. 불교에 의지해 영위해 나가지 않고, 불교가 당신에게 의지해 발전하게 했습니다. 자신의 인생을 즐기지 않고 희생하고 헌신하였습니다. 인간 세상에 오셔서 사적인 관계를 누리지 않고 온전히 자신을 불교와 일체중생에게 바쳤습니다.

안타깝게도 불교의 노인·장년·청년들은 탁자에 모셔진 관음보살·지장보살에게는 예불을 드려도 인간 세상에 살아있는 보살인 태허 대사를 공양할 줄 모릅니다.

만일 당시의 불교계가 그가 부르짖는 불교혁신에 호응했더라면 분명 더 큰 발전을 가져왔을 것입니다. 만일 태허 대사께서 몇 년 더 사셨다면 그의 지도로 불교는 새롭게 변모했을 것이 틀림없습니다.

안타깝지만 보살이 세상에 계실 때는 알아보는 사람이 없고 인식하는 사람이 없다가, 이처럼 위대한 염원과 자비를 구족하신 대보살께서 원력을 타고 다시 오시었는데, 앞에 있어도 알아보지 못하

성운 대사는 '중화민국불교방문단'을 따라 태허 대사 사리탑 앞에서 예를 올렸다. 1963.9.10

고 존중할 줄을 모릅니다. 이것은 비단 태허 대사 개인의 손실일 뿐만 아니라, 전체 불교 인사의 손실이기도 합니다.

태허 대사께서는 원적하셨지만, 우리는 태허 대사와 같은 분이 몇 분 더 나타나시기를 희망합니다. 중국을 얘기해 볼까요? 저장에 태허 대사의 정신을 이어받은 사람이 있습니까? 장쑤·서남·서북·동북에도 태허 대사께서 계십니까? 예컨대 천동天童·육왕育王·설보雪寶·금산金山·초산焦山·사대 명산 등 시방의 총림에 계신 분은 우리가 태허 대사를 따라 배울 수 있는지 자문해 보십시오.

태허 대사 역시 사람이고 그의 이념과 정신은 우러러 받들만한데도, 오늘 모든 불제자 가운데는 태허 대사께서 이루지 못한 뜻을 이어 나가고자 나서는 사람이 없습니까?

역사상, 지자智者 대사·현장玄奘 법사·혜능惠能 대사·감진 대사 등 몇 분이 부처님께서 인간에 행화行化하신 정신을 표현하였습니다. 그러나 이렇게 커다란 중화민족에 겨우 이 몇 분의 인물만 출현했습니까? 불교에 백 분의, 아니 열 분의 태허 대사만이라도 출현하시기를 희망합니다. 그렇게 되면 오늘날 불교의 기상이 달라질 것입니다.

보살행을 따르고, 불교가 나를 의지하기를 발원

저는 재주는 없지만, 성현에 대한 숭배가 '불교를 위해서'라고 생각했으며, 이것은 신앙상의 자연스러운 염원입니다. 출가하여 불교의 밥을 먹고 불교의 옷을 입는 우리는 태허 대사처럼 불교를 위해 함께 희생하고 헌신하여, 불교가 우리를 의지하게 할 수 없겠습니까?

태허 대사께서 원적하신 후, 저는 무척 상심하여 「한없이 크고, 한없이 높으셔라」라는 제목의 글 한 편을 써서 『해조음』이란 잡지에 실은 적이 있습니다. 높다는 것은 태허 대사의 포부가 청산처럼 숭고하다는 말이고, 크다는 것은 대사의 원행이 바다처럼 광대하다는 의미입니다.

오늘날 청산은 그대로이고 바다도 막힘이 없는데, 우리의 대사께서는 어디에 계십니까? 제가 허공을 멀리 바라보며 찾고 있으니, 바라건대 제 마음속의 청산과 같은 태허 대사를, 바다와 같은 태허 대사를 찾을 수 있게 해주십시오.

태허 대사께서 오늘날 여전히 세상에 계신다면 126세가 되셨을 것이고, 제가 그분을 존경할 시간도 80년은 될 것입니다. 80년 세월 동안 태허 대사께서는 여전히 저의 마음속에 계시며, 꺼지지 않는 등불처럼 발전해 나가도록 우리를 이끌고 계십니다. 멀지 않은 곳에서 우리를 이끄시고, 부처님의 빛이 찬란히 빛나는 목표를 향해 전진해 나가고 계십니다.

"생일이 되면 늘 생각나는 나의 어머니, 그리고 나의 어머니 같은 할머니는 보기 드문 미덕을 지녔다."

존경하는 태허 대사님이여! 50세 때 제 일생의 심정을 당신의 시구 가운데 써주셔서 감사합니다. 다른 사람이 이 시를 읽고 어떤 감상이 들었는지 저는 모릅니다. 그러나 저에게 있어서는 한 글자, 한 구절 모두 제 삶의 심혈을 기울인 증거입니다. 제 마음속의 말을 대신 해주신 태허 대사의 시구절은 제 마음속에서 거듭 메아리치며 저 자신의 감정을 억제할 수가 없었습니다. '슬픔과 기쁨이 교차한다'는 말이 그 심정을 가장 잘 표현한 것일 것입니다.

감사합니다. 숭상해 마지않는 태허 대사시여!

이 글을 쓰는 저는 이미 90세를 넘기고 몸도 성치 않은 노인이라, 절을 할 수 없기에 그저 당신께 합장하며 저의 진실한 예경을 표하고자 합니다.

성운 대사는 '태허란약太虛蘭若' 문화유적공원 정초식에 참석해 기념식수를
했다. 유명작가 余秋雨 선생(좌측 첫 번째), 보타산의 방장 戒忍 스님(좌측 두 번
째), 홍콩 대공신문사 사장 王國華 선생이 함께 참석했다. 2005.11.1

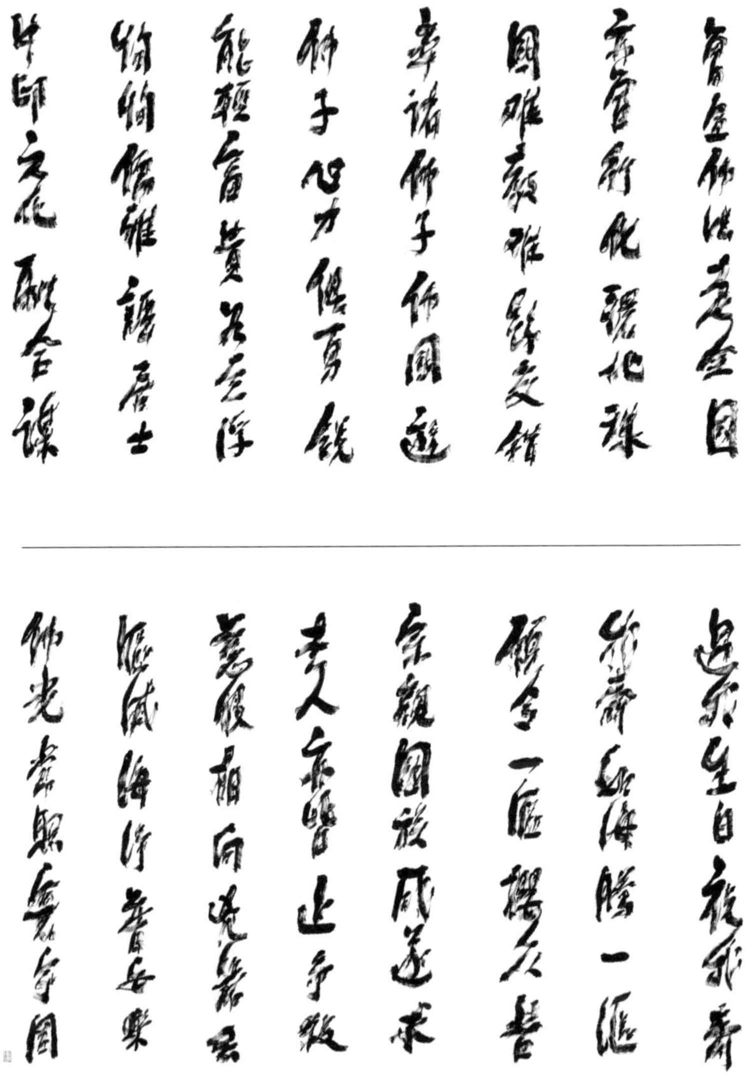

會金佛法流遠至圓

廣會新化張北誅

圖雖教雜緣交錯

率諸師子佛國遊

師子心力惟勇銳

能輕金貨若塵浮

恂恂儒雅饒居士

牛師之老獻金謀

迫求生自發弗舞

竹齋初海膽一派

顧予一區攜友昔

家親園牧戊造求

走之京華止于牧

慈履相何進蒼玄

振威海濟普安樂

佛光常照無量圓

성운 대사가 쓰신 「태허 대사 오십 번째 생일을 맞는 감회」 친필 서예.

우환 속에 태어나, 어려움 속에 자라고, 일생을 기쁨 속에 보내다

늘 누군가는 제가 일생 동안 어떤 곤란을 겪은 적이 있는지 묻습니다. 한순간에 대답하지 못하겠습니다. 저는 "병사가 공격해 오면 장수가 막고, 물이 넘어오면 흙으로 막으며, 산을 만나면 길을 만들고, 물을 만나면 다리를 놓는다"라는, 순리에 맡긴다는 마음가짐을 늘 유지합니다. 그러니 무슨 곤란이 있었겠습니까? 90세를 맞은 오늘 저의 일생을 다음 한 문장으로 나타낼 수 있습니다. '우환 속에 태어나, 어려움 속에 자라고, 일생을 기쁨 속에 보냈다'고 말입니다.

저는 1927년 가난한 장쑤 지역의 북쪽에서 태어났지만, 가난은 심각한 문제가 아니었습니다. 가난한 사람에게 가해지는 국가사회의 끊이지 않는 고난이야말로 괴로움의 극치입니다. 예컨대 북벌전쟁은 군벌이 사방에서 군인이건 일반인이건 마구 잡아갔고, 산적은 수시로 출몰해 약탈하였으며, 가진 것이 없어도 그들은 쥐어짜듯이 재물을 요구했습니다.

이외에도 가혹한 세금은 백성의 근심거리였습니다. 논 몇 마지기를 가지고 거기서 수확한 모든 것을 각 단위 정부에 내도 각종 명목의 세금을 다 채울 수는 없었습니다. 원래 찢어지게 가난한 우리 가족은 이밀李密이 「진정표陳情表」에서 "밖으로는 벼슬하는 가까운 친척조차 없고, 안으로는 문 앞에서 손님을 응대할 어린 시동도 없다"라고 말한 것처럼, 집안엔 성년의 남자도 없고, 정직하고 후덕한 아버지는 장사에 거듭 실패하여, 아무리 열심히 농사를 지어도 세금 내기엔 역부족이었습니다.

더구나 매일 난민 한 무리가 지나갈 때마다 도와주어야 했습니다. 먹고 살기 위해 고향을 버리고 떠난 그들을 피난민이라고 불렀습니다. 지역 사람들은 그들에게 한끼 음식을 제공했고 그들도 분수를 지키며 배불리 먹고 난 뒤에는 조용히 떠나갔습니다.

빈곤에 따라오는 궁색함뿐만 아니라, 곤궁했던 시골 사람은 심

지어 시체를 메고 우리 집에 와서는 아버지
한테 맞아 죽었다며 목숨 값을 내놓으라고
한 적도 있었습니다. 다행히 공정한 판결이
나와 억울함을 씻을 수 있었고, 우리는 남
은 삶을 연명해 나갈 수 있었습니다.

　이어서 장장 8년에 걸친 중일전쟁은 매
일 양측 군인이 접전을 벌였습니다. 낮에는
비행기에서 불시에 폭탄을 쏟아내고, 기관
총을 허공에 난사했으며, 포탄 소리가 사방
에서 들려왔습니다. 밤에는 유격대와 일본군이 격돌했습니다. 백성
은 외출할 때 항상 일본의 일장기를 휴대하고 다녀야 했고 일본군
을 만나면 90도로 인사했습니다. 그들의 몸수색을 통과한 뒤에야
통행이 허락되었습니다.

심신이 괴로워도 따지지 않는 습관

때로는 일본군의 체포를 피하고자 부득이 시쳇더미에서 잠을 자야
했고, 때로는 살기 위해 강을 건너다 조심하지 않아 얼음구멍 안으
로 빠지기도 했습니다. 어렸을 때 구사일생을 이미 겪었던 저는 이
유 없이 체포되어 감옥에 갇히고, 묶인 채 형장에 끌려가 총구 앞에
선 순간에도 조금의 두려움도 없었습니다. 매일 가슴이 콩닥콩닥
뛰는 불안한 가운데 생활하니 인생에 어떤 즐거움이 있는지 모르
고, 죽음에 어떤 고통이 있다고는 생각되지 않았습니다.

성운 대사는 가오슝불교당에서 삼보귀의 의식을 집전했다.

『예기禮記·단궁편檀弓篇』에 "가혹한 정치는 호랑이보다 사납다"
라고 아주 잘 나와 있습니다. 청나라의 봉건제도는 이미 사라졌지
만, 태평천국 이후 전란의 여파는 여전히 가시지 않아 어수선하고
불안한 정세 아래 백성은 살고자 계속 도망쳤고, 저도 '피난민' 대
열에 끼어 그들을 따라 여기저기로 유랑하며 도망을 다녔습니다.

12세에 출가 후 매일 욕먹고 매맞고 하였으니, 엄격하고 독단적
인 교육은 일반인이 쉽게 받아들일 수 없을 것입니다. 또 가난하다
고 사회 인사의 멸시, 굴욕적인 눈빛, 상처 되는 말을 받지 않은 날
이 하루도 없었습니다. 보고 듣고 깨달아 안 바(見聞覺知)에 따르면,
비록 가난으로 인한 고통이었지만, 어린 나이에도 이미 난세에서
는 생존하기 어렵다는 걸 깊이 체험했습니다.

새 옷을 한 번도 입어 본 적이 없고, 학교조차도 본 적이 없는 아

불광산 개산 초기, 성운 대사는 제자들을 이끌고 가시덤불을 제거하며 산림
을 건설했다.

이에게 들리느니 모두 비웃음이고 조롱이고 경멸이었습니다. 주위
를 둘러봐도 사회 전체에 법률적인 보장은 없었습니다. 누에 실처
럼 가늘고 취약한 어린 생명은 가난으로 무너질 지경인데 어디에
존엄이 있기나 했겠습니까? 이러니 우환 속에서 태어났다 한 것입
니다. 다만 신심에 가해진 수많은 고난에 대해 일찍부터 습관이 된
터라 크게 신경 쓰지 않았습니다.

　신사군(新四軍: 1937년부터 1947년까지 있었던 공산당의 야전군)과 국
민당의 군대가 끊임없이 격돌하였고, 제 고향에서 멀지 않은 곳에
서 발생한 '황차오(黃橋) 전투(1940)'만으로도 몇만 명이 죽었는지
모릅니다. 집에 있을 때 밖에서 '탕' 하는 총소리가 들리면 생명 하

나가 또 쓰러졌음을 알았습니다. 결국 항일전쟁에서 중화의 아들 딸은 최후의 승리를 얻었지만, 국공내전(2차 국공내전, 1946~1949) 이 다시 발생해 중국인은 같은 민족끼리 싸우게 되며 무수한 가정 이 뿔뿔이 흩어졌으니, 뭐라 말해야 할지 모르겠습니다.

후에 타이완에 도달한 저는 다시 계엄 상황을 맞아야 했고, 행동 에 자유가 없어졌으며 외출하려고 해도 경찰서에 가서 허락을 받 아야 했습니다. 한밤중에는 자주 경찰이 찾아와 사람을 깨워 조사 하곤 했고, 심지어 이유도 모른 채 출가자들도 연루되어 갇히는 재 난을 맞았습니다.

고통은 증상연, 생존 역량을 성취

차츰 불교를 위해 가르침을 널리 알리고 사회 인심을 정화하는 일 을 하고 싶었지만, 늘 경찰과 숨바꼭질을 해야 했습니다. 경비 총사 령부의 경찰 말로는 저를 밀고한 사람이 써낸 문서가 높이 쌓였다 고 했습니다. 제가 무슨 죄를 지었는지 저 자신도 모르고, 누구에 게 원한을 산 적도 없습니다. 고생스럽고 고달픈 인생을 불교에서 는 "업장이 무겁지 않으면 사바세계에 태어나지 않는다"라고 말하 니, 개탄을 금할 수 없습니다. 이런 세상을 만나 태어난 걸 보면 정 말 업장이 무겁긴 무거운가 봅니다. 그리하여 스스로 인간에 기쁨 의 정토를 건설하려고 연마합니다.

우선 이 길었던 우환의 세월에 감사해야겠습니다. 어려서부터 저는 무상한 생사에 대한 두려움이 없이 길러졌으며, 가난한 생활과 고난의 삶으로 인해 가지고 있던 물질과 명리에 대한 욕망과 기대도 없어졌습니다. 그래서 저는 늘 괴로움은 인생의 증상연이라고 얘기합니다. 괴로움은 제가 생존할 역량을 키워주고, 어려움 속에서 고통을 느끼지 못하게 하고, 빈곤할 때에는 부족함을 느끼지 못하게 합니다.

이렇게 저는 타이완의 동북쪽에 있는 이란에서 남쪽 가오슝으로 왔고, 백색공포로 한걸음 떼기도 어렵던 시기에 드디어 사찰을 건설하고 승가를 안정시키고 가르침을 펼칠 기회를 얻었습니다. 수산사가 막 건설되었는데, 근처 요새사령부에서 수산사의 철거 명령을 내릴 줄 어찌 알았겠습니까? 이 5층 건물이 너무 높아 군사목표 감시에 방해가 된다고 했습니다.

저와 관계있는 가오슝 불교당은, 당시 사회가 여전히 전쟁의 분위기 속에 있었기 때문에, 신도들이 북부인과 남부인으로 나뉘지는 않았어도, 타이완 남부파와 가오슝파·펑후澎湖파로 나뉘어 서로 비방하고 배척하며 다툼을 벌였습니다. 무척 난처해진 제가 얘기를 했습니다.

"여러분의 지역 관념이 이처럼 심하니, 석가모니 부처님은 인도로 돌려보내는 것이 가장 좋겠습니다."

불광산 개산하는데, 처음에는 토지가 척박하고 자질구레한 것들이 섞여 있어 사용하기 좋지 않았습니다. 천신만고 끝에 겨우 깊은 구덩이를 평탄하게 메꿔가며 위에다가 건물을 세웠습니다. 그때는 아직 공사에 대해 잘 모를 때라, 한차례의 폭우가 쏟아지자 산사태가 나면서 토양이 쏟아져 내려와 도로와 건설을 망가뜨렸습니다.

수백 평이나 되는 관세음보살 방생 연못이 커다란 물길에 세 차례나 무너졌으며, 보교寶橋 옆의 비탈이 곧 홍수에 쓸려내려 갈 판이었습니다. 부득이 일찍부터 저를 따라 개산에 참여하고 있던 제자들을 총동원해 이불과 요를 모두 가져다가 홍수에 씻겨 내려가는 걸 막았습니다.

사람 마음 헤아리기 어려워, 증거 없이 죄명을 날조

사람 마음을 헤아리기 어려운 것에 비하면, 대자연의 파괴력에 대항하는 것은 오히려 쉬운 편에 속합니다. 인간사야말로 어렵습니다. 그 지방의 민중은 외성 사람이 들어와 이곳에 절을 짓는 걸 반기지 않아, 외성에서 온 화상에게 토지를 매각해서는 안 된다고 서로 밀약했습니다. 더구나 4, 50년 전 불광산은 산간지대에 위치하였기에 건축 인가가 필요하지 않아 건물 몇 개를 짓고 났더니, 현 정부에서는 우리에게 또 다른 난제를 던져주었습니다. 반드시 소방차 두 대, 소방대원 백 명을 보유할 수 있어야 사찰을 건립할 수 있다고 명령했습니다. 당시 저는 오토바이 두 대를 사고 싶어도 방법이 없었는데, 소방차 두 대 살 돈이 있었겠습니까? 백 명을 먹여 살릴 여력이 있었겠습니까? 이것이 가오슝현 자치단체가 사찰을 짓는 저에게 한 첫 지시였습니다.

어렵사리 정토동굴·조산회관을 짓고 나니, 또 제가 장총은 200자루를 숨겨놓고 권총·수류탄·폭탄 등 또 다른 것은 부지기수라고 얘기한 사람이 있었습니다. 가엾게도 그 당시 저는 몽둥이 200

개조차도 살 수가 없었는데, 장총 200자루라니요?

예로부터 지방의 향鄕과 진鎭의 사무소는 원래 사찰·교회를 짓는다면 두 손 들어 환영하며 사회의 민심을 안정시키는 데 협조해왔습니다. 그러나 황량한 산에다가 절을 짓는 우리를 마치 자기들에게 크나큰 방해가 되는 듯 온 힘을 쏟아 제지하였습니다. 불광산이 창건되고 불교의 사업이 발전됨에 따라 치안부서의 의심을 사게 되었고, 줄곧 저의 동정을 주시하였습니다. 마치 내가 젊은 나이라는 것이 곧 저의 죄라도 되는 것 같았습니다. 공산당의 지원을 받아 절을 짓는다고 말했고, 불광산은 인도가 비밀리에 우리와 왕래하기 위한 곳이라 말한 사람도 있었습니다. 심지어 국민당이 저를 이용하기 위해 자본을 대고 저에게 여기를 발전시키고 있다는 등 말이 많았습니다. 이 허황한 죄명 일체가 타인이 저를 대신해 만들어놓은 것입니다.

교단의 오랜 존속을 위해 도덕과 용기 일으키다

가엾게도 불광산은 10년 동안 사찰등록증 신청을 했는데, 가오슝현 자치단체는 질질 끌며 허락하지 않았습니다. 향 사무소는 거듭 공문을 발송하여 사찰 안에 산업도로 하나를 뚫어(현재 조산회관 옆의 보리로) 농민이 농산물 운수에 사용할 수 있게 하라고 요구했습니다. 말이 안 되는 것이, 여기는 산지에 있는 사유토지인데 왜 저에게 산업도로를 만들라고 하는 건가요?

심지어 향민들은 이걸 위해서 트랙터로 산을 에워싸고 우리를 출입하지 못하게 했습니다. 당시에는 수백 명의 경찰이 출동했어도 그 자리에 서서 수수방관할 뿐, 향민들의 행위를 저지하지도 않고 우리에게 산문 출입을 허용하지도 않았습니다. 답답한 일이 아닐 수 없습니다. 그렇다면 정부는 불광산에 머무는 수백 명의 대중이 산채로 산속에서 굶어 죽게 두려는 걸까요?

도시에 세운 도량은 높이가 높다는 이유로 허물라 하고, 시골의 사유토지에 절을 세워도 주위를 포위하고 길을 내라고 강요를 합니다. 이건 공평한 일입니까?

저는 평생 정부政府에 가본 적은 없지만, 경찰서는 여러 차례 간 적이 있습니다. 저는 민중과 싸워본 적은 전혀 없지만, 여러 차례 길가에서 불량배처럼 경찰과 큰소리로 다툰 적은 있습니다. 가슴

장경국 총통이 1978년 네 번째로 불광산을 방문해 대웅보전을 참관했다.

에 손을 얹고 자신에게 물어보아도 불교의 오랜 존속과 중생의 혜명을 위해 도덕과 용기가 없어서는 안 된다고 확신합니다.

과거 삼무일종(三武一宗: 국가권력에 의한 몇 차례의 불교 박해)의 멸불滅佛과 승려 탄압, 태평천국의 불교 배척과 경전 분서(焚經), 기독교도인 풍옥상馮玉祥 장군이 발의한 '훼불운동毁佛運動', 교육인인 태상추邰爽秋씨가 제기한 '묘산흥학(廟產興學: 사찰을 허물고 학교를 세우자는 주장)', 그리고 문화대혁명 시기 사찰이 보이기만 하면 불을 질러 버리는 등의 일들을 생각하면, 가엾은 불교는 사찰을 세워 승가를 안주시키고 가르침을 널리 전해 중생을 이끌려 한 것뿐인데, 그것이 이토록 심한 박해를 받을 일입니까?

가장 큰 염원, 불법과 환희가 인간에 가득

세간은 변화무쌍합니다. 장경국 선생이 집권한 이후, 양안兩岸은 개방과 교류를 시작했고, 백색공포도 과거가 되었습니다. 국민의 조그마한 목숨은 법률적 보장이 뒷받침되어야 대중이 생존을 이어가게 됩니다. 근 수년 동안 사회 분위기가 혼란스럽고, 조폭들이 판을 치며 살인과 강탈 등 굵직한 사건 소식이 들려왔지만, 전체적으로 민간 분위기는 순박하고 인심은 보편적으로 선량했습니다. 오늘날 자유민주주의 체제 아래에 있어도 양 당의 말과 사상에서 심각한 분쟁이 일며 민간의 민족 분열을 초래하였으니, 이 많은 인과는 대체 누가 책임져야만 하는지 개탄스럽습니다.

수많은 겁난劫難을 겪었어도 저는 한 번도 우환을 두려워해 본

적이 없고, 핍박을 받아 자포자기한 적도 없습니다. 저는 어려서부터 즐거운 인생을 제창해 왔습니다. 가장 큰 염원은 불법과 환희를 인간에 가득 채우며, 자상함과 온화함으로 사회를 정화하여 험악한 사회환경과 혼란한 세상을 정토로 바꾸어 누구나 서로 존중하며 함께 살아가고 함께 누리는 것입니다. 저도 불법이 있는 곳에 방법이 있으며, 대중을 위해 기쁜 마음으로 봉사할 것임을 굳게 믿습니다.

제가 설립한 보육원·양로원은 온갖 어려운 여건 속에 하나씩 성립되었습니다. 50년 동안 제가 길러낸 아동은 이미 가정과 사업을 이루었으며, 적어도 800쌍 이상 됩니다. 가오슝 불광정사·이란 인애지가에 계신 장자들께서는 이곳에서 사시다가 돌아가실 때는 자신들을 위해 염불이나 해줬으면 하는 바람이셨지만, 뜻밖에 백 세까지 장수를 누리셨습니다. 저에게도 그분들을 수십 년간 더 모실 기회를 주셨으니 환희할 만한 일 아니겠습니까?

뚝심으로 성취, 만우절에 복보를 창간

정치적 핍박 하에서 과거의 TV 방송국은 불교 프로그램의 방송을 허락하지 않았습니다. 끊임없는 투쟁을 치르고서야 오늘날 타이완은 수많은 불교방송국이 설립되었습니다. 이전에 민간에서는 신문 설립을 금지했습니다. 16년 전(2000년) 저는 특별히 4월 1일 만우절을 선택해 『인간복보人間福報』를 창간했습니다. 어리숙하게 행동하며 뚝심으로 일을 해낸다면 괴로운 일이 아니라, 오히려 즐거움이 되리라 생각했습니다.

수십 년 전 정부는 또 개인의 학교 설립을 제한했는데, 인내심을 가지고 계속 노력을 하여 지금은 남화대학교·불광대학교·보문중학교·균두초중학교·균일초중학교와 수십 개의 유치원을 설립했고, 해외에도 50여 개의 중화학교가 있습니다. 또 미국 LA·필리핀 마닐라·호주 시드니에 각기 서래대학·광명대학·남천대학을 설립하였습니다. 우리는 또한 50대의 운수 이동도서 차량으로 외진 곳을 돌며 독서운동을 추진했습니다. 매일 학생들이 즐겁게 낭랑한 목소리로 책을 읽는 소리가 각지에 두루 퍼지는데, 환희롭지 않을 수 있겠습니까?

일찍이 타이완의 불교사찰에서는 명절과 경축일에만 문을 열고 대중을 맞이했으며, 정부는 사사건건 불교를 억눌렀고, 민간단체의 성립도 많이 제한했습니다. 60년 동안 저는 분주히 뛰어다니며 국내외에 건립한 사찰이 이미 200곳 이상이 되며, 전 세계에 퍼져 있는 국제불광회의 수백만 회원들이 홍법이생의 역할에 열심히 종사하고 있습니다. 신도와 회원 수만 해도 천 명·만 명이 넘으며, 함께 어울려 식사도 하고 부처님의 가르침을 주제로 토론하니 저는 환희롭지 않을 수 없습니다.

늘 누군가는 제가 일생 동안 어떤 곤란을 겪은 적이 있는지 묻습니다. 한순간에 대답하지 못하겠습니다. 저는 "병사가 공격해 오면 장수가 막고, 물이 넘어오면 흙으로 막으며, 산을 만나면 길을 만들고, 물을 만나면 다리를 놓는다"라는 순리에 맡긴다는 마음가짐을 늘 유지합니다. 그러니 무슨 곤란이 있었겠습니까? 90세를 맞은 오

『인간복보』 창간 차담회 및 기자회견. 왼쪽에서 曹仲植 장자·전 공보원장 趙怡·성운 대사·吳伯雄·일월광 그룹 회장 張姚宏影·연합보 계열 회장 王必成. 2000.3.31

늘 저의 일생을 다음 한 문장으로 나타낼 수 있습니다. 우환 속에 태어나, 어려움 속에 자라고, 일생을 기쁨 속에 보냈다고 말입니다.

신도 호법, 불광산의 후원자

5월 16일은 불광산 개산 50주년 기념일입니다. 저는 이 글을『연합보』신문과『인간복보』에 발표하는 동시에『인간불교 학보·예문』격월간지에 연재하였습니다. 이 기회를 빌려 많은 신도님들께 말씀드리려고 합니다. 여러분께 이처럼 노쇠해 불구가 되어버린 노승을 따라 주어 감사드립니다. 여러분이 저에게 수많은 좋은 인연을 주셨으니 여러분도 저와 함께 환희심이 우러나기를 바랍니다.

우환이 우리의 신심을 길러주고, 어려움이 우리의 역량을 배가시킬 수 있습니다. 기쁨이야말로 인생의 가장 중요한 보물입니다.

눈 깜짝할 사이 50년이 지났지만, 사실은 증명되었습니다. 불광산을 지원한 것은 인도불교도 아니고, 공산당도 아니며, 국민당도 아닙니다. 바로 묵묵히 공헌한 많은 불광산의 공덕주였습니다. 그분들이 명성과 지위를 따지지 않고 작은 액수라도 모아서 두루 선연을 맺었거나, 역량을 삼보에 보시하며 가르침과 승가를 호위하였거나, 지혜로 대중에게 공양하여 널리 교화하였기에 다 함께 중생에게 이익되는 각종 사업을 성취할 수 있었습니다. 사실 많은 여러 호법신도들이야말로 불광산의 가장 강력한 후원자입니다.

해외 인사도, 불교의 벗도, 정당 인사도 도움의 손길을 조금이라도 보탤 수 있다면 모두 좋은 일이고 환희를 느끼기에 충분합니다. 여러분이 다 함께 보시하였기에 이 세간이 더욱 아름답고 훌륭해질 것이기 때문입니다. 우리는 뇌물을 받아 법을 어기지도 않았고, 은밀히 주고받지도 않았으며, 국유지를 침범하지도 않았고, 세금을 탈루하지도 않았습니다. 일체 타인에게 환희를 주고 공익을 위한 일이었는데 무슨 죄가 있겠습니까?

인간불교의 발전은 곧 '법희와 선열'의 인생을 제창하는 것입니다. 50년 동안 불광산은 수백 차례의 삼귀오계 의식 거행은 물론, 수백 차례 이상의 단기출가 수련회·백여 차례 이상의 각종 대규모 회의·수백 수천 번의 강설·즉석 설법·가두행렬 포교·좌담회·포럼을 거행했으니 여러분 모두 불법 진리의 희열 속에 흠뻑 빠지지 않았습니까? 입장료를 받지는 않았지만 저는 이것 때문에 무언가

불광산 개산 50주년 기념일에 성운 대사는 홍콩중문대학의 '명예사회과학 박사학위'를 받고 365권의 『성운대사 전집』 발표회를 가졌다. 사진 위: 성운 대사는 『전집 전장증서』를 陳振遠 가오슝 제일과기대학 총장(뒷줄 좌측부터)·古源光 핑둥대학교 총장·林聰明 남화대학교 총장·楊朝詳 불광대학교 총장·蘇慧貞 성공대학교 총장·沈祖堯 홍콩중문대학교 총장·樓宇烈 북경대학 철학과 및 종교학과 교수·攝永海 남경대학교 중화문화연구원장·李利安 서북대학 현장연구원 원장·劉長樂 봉황위시방송 이사회 대표이자 행정총재·요코야마 고이치 일본 릿쿄 대학 명예교수에게 수여했다. 2017.5.16 (慧延 스님·蘇少暘 촬영)

부족하다고 느끼지 않았으며, 오히려 더 내어줄수록 저는 더 즐겁습니다.

백만 신중, 아름다운 선연의 희열

불광산 개산 50주년을 기쁘게 맞이하지만, 또한 제가 타이완에 온지 68년이 되는 해이기도 합니다. 90세의 늘그막에 이르러 이 글을 쓰면서 여러분에게 저의 희열이 있는 인생을 얘기해 주고 대중과 함께 저의 즐거운 체험을 나누는데 제가 어찌 환희롭지 않겠습니까? 예컨대 푸런(輔仁)대학, 홍콩대학, 호주 그리피스대학 등 수많은 대학이 저에게 10여 개의 명예박사 학위를 수여했고, 또 베이징대학, 난징대학, 산둥(山東)대학, 상하이교통대학, 둥지(東濟)대학, 저장(浙江)대학 등 수십 개 대학의 명예교수도 받을 수 있었습니다. 장쑤성 북쪽 가난한 농가에서 태어나 정식교육을 전혀 받지 못하

성운 대사는 매년 타이베이 국부기념관에서 3일간 경전강독을 1977년부터 2006년까지 30년간을 이어오셨으며, 매년 청중들로 자리를 가득 메웠다. 2002.11.1~3

고, 또 어려서 출가한 빈승이 농촌을 빛낸 것이 아니겠습니까?

'일필자一筆字'는 세계 각지를 돌며 전시를 했었습니다. 예컨대 베이징국립박물관, 베이징중국미술관 및 중국 내 각 성의 박물관 등에서 전시하였으며, 참관하고 가르침을 주신 분이 헤아릴 수 없이 많습니다. 심지어 박물관 측에서 먼저 나서 기간 연장을 요구하기도 했습니다. 저의 글씨가 좋지는 않습니다. 저의 글씨를 보지 말고 마음을 봐야 한다고 그들에게 권합니다. 다행히 저에게 자비심이 조금 있어 사람들에게 보여줄 수 있고, 여러분도 확실히 저의 마음을 보았으니 이러한 상호 영향이 제가 기뻐하기에 충분합니다.

저는 일개 빈승이지만 전 세계에 수백만의 신도가 있기에 고대의 현감이나 감사가 어느 고을에 가도 끼니 걱정이 없는 것처럼 어

디를 가든 늘 공양할 수 있고, 늘 차를 마실 수가 있고, 늘 교통편이 있습니다. 심지어 과거 불광산에서 개최했던 대학생 하계캠프에 참여했던 회원들은 국내외에서 이미 명의가 되어 제가 소소한 병에 걸리거나 조금만 아파도 무상으로 저를 치료해 줍니다. 수많은 아름다운 선연은 기뻐할 만하지 않습니까?

해마다 새해 설날에는 보육원에서 자란 원생들이 기쁜 마음으로 가족의 손을 잡고 불광산을 찾아 여행합니다. 당시 이란 각지에서 저를 따라 불학을 하던 청년들이 이미 지금은 백발이 성성한 장자가 되었습니다. 그중에는 대학교수도 계시고 대기업가도 있지만, 경축 행사가 있으면 모두 흔쾌히 참여하여 우리와 함께 봉사하고 헌신하는 법회를 누립니다. 어느 고덕께서 "홀로 즐겁기보다 대중과 함께 즐거운 것이 낫다"라고 말씀하셨습니다. 주말이 되면 백명이 넘는 교장 선생님과 교사들이 불광산과 불타기념관에서 자원봉사를 하고 있습니다. 발심하여 봉사하는 그들의 행위는 타이완의 교육계를 빛내는 것이 아니겠습니까?

오대주에서 온 불광협회 회원은 불광산에서 열리는 '국제불광회 세계회원대표대회'에 참석한다. 2016.10.11~16 (慧延 스님 촬영)

신앙의 힘, 마음에서 즐거움을 자라게 한다

우리는 신도가 가정에서 불당을 설치하고 신심을 안정시키라고 권장하며, 우리는 사회 각지·각급 학교에서 삼호 운동·책 향기 가득한 사회 추진을 제창하며, 우리는 재가자의 자원봉사 선생님을 제창합니다. 심지어 세계 각지 도량에서는 납팔죽을 보시하며 부처님께서 성도하신 환희를 함께 누리고 있습니다. 또 트랙터를 욕불차로 개조해 골목골목을 돌며 선남선녀들이 부처님을 관욕시켜 드리고 마음을 정화하기 편리하도록 해줍니다. 운수 이동도서와 운수 구급차는 외지고 먼 시골 땅끝까지 달려갑니다. 함께 동승한 애심마마(愛心媽媽: 타이완의 부녀 자원봉사자)는 이야기를 들려주고, 갈매기 삼촌(海鷗叔叔: 불광산의 운수 이동도서 자원봉사자)은 마술을 보여줍니다. 낙관적인 기사님은 노고를 마다하지 않으며, 자비로운 의사·간호사는 친절하게 진료하시니, 받는 사람은 신심이 환희롭고 주는 사람은 즐겁습니다. 이것이 최상의 환희 아니겠습니까?

'불광산은 출세간의 발심으로 입세간의 사업을 하며, 문화 · 체육 · 음악 · 예술 등 민중의 생활과 관련된 것을 제공 시행코자 한다.' 이것은 성운 대사가 미래 50년 동안 불광산의 홍법 방향을 제시한 것이다. 각 사진은 '삼호체육협회' 체육으로 홍법에 전력하는 활동 모음집이다.

브라질 여래사의 여래의 아들이 축구공을 성운 대사에게 바치고 있다. 2016.6.18. (慧延 스님 촬영)

전국고교야구 리그전 나무 배트 조별 3위전에서 보문이 참가해 3위의 좋은 성적을 거두었다. 2016.9.22 (高惠萍 촬

2009년 HBL 고등부 농구 일류팀 리그전에서 보문중학교가 팀 역사상 첫 우승을 따내자 전 선수가 기뻐하고 있다.

보문중 체육침, 야구팀, 여자 농구팀 등 세 분 야 대표 선수광산에서 2개월간의 선 수행 훈련을 받으며 잠재력을 키운

'제4회 불광배 국제대학농구 초청대회'가 6일간 35차례의 경기를 원만하게 끝내고 폐막했으며, 여자 농구팀은 타이베이 시립대학이 5전 전승으로 우승했다. 2014.7.7

대사는 브라질 여래사 여래의 아들 축구팀 선수에 문했다. 2016.6.18. (慧延 스님 촬영)

'삼호배' 농구경기에서 성운 대사가 점프볼을 하고 있다. 2012년

6년 불광배 농구경기에 대사께서 현장에 참석하시어 〕대학 농구팀을 격려했다. (인간사 제공)

성운 대사는 보문중학교 야구팀 선수에게 법문하였다. 장소: 불광산 금광명사. 2015.11.29 (삼호체육협회 제공)

우리는 불교합창단·범패찬송단을 이끌고 국제적으로 저명한 음악당에서 공연했습니다. 농구·야구·축구·체조·인라인 스케이팅 등 각종 팀을 구성하여 각지에서 친선시합도 벌입니다. 문학예술(藝文)과 체육으로 사회를 이끌고, 신심을 정화하며, 불교 인구를 증가시키고 있는데 어찌 법회가 충만함을 못 느끼겠습니까?

많은 외국 인사와 정부 관료는 불광산 및 불타기념관을 참관한 뒤, 이곳 승신대중僧信大衆의 얼굴 표정이 특히 다르다고 말합니다. 모두의 얼굴에 미소가 가득한 것이 마치 매일 새해를 보내는 것 같다는데 이유가 무엇이겠습니까? 신앙의 힘이 우리의 정신을 충만하게 하기 때문인데, 우리의 마음 안에서 즐거움이 나고 자라지 않을까 걱정할 필요가 없습니다. 이 많은 기쁨은 모두 '생인生忍·법인法忍·무생법인無生法認'의 실천과 깨달음에서 오는 것입니다. 자랑스러워할 만하지 않습니까?

여럿 가운데 하나, 승신僧信은 서로의 정토

우리는 지역적 관념이 없고, 자타의 분별이 없으며, 정치적 견해 차이가 없고, 종족의 장벽이 없습니다. 또 오시는 분이 어느 당 어느 파이건 상관하지 않고, 인심을 정화할 생각만 합니다. 우리는 항상 교류하고 헌신하며 서로 화합합니다. 신앙적인 인생은 여러분의 기쁨을 배양하고, 봉사하는 인생은 여러분께 즐거움을 가져다주었습니다.

우환과는 어깨를 나란히 하고 고난은 곁에 끼고 저의 용기와 의

'나는 대중 가운데 하나이다'라고 하시며 제자들이 대중 속으로 들어가기를 바라신 부처님의 가르침을 대사께서는 그대로 봉행하시어 무궁한 이익을 받으셨다. (천하문화 제공)

지를 단련시켜 주어 감사하지만, 질병의 고통 역시 저의 인생에 또 다른 경험을 시켜 주었습니다. 저는 평생 큰 병이건 작은 병이건 서로 다툼 없이 병을 벗 삼아 평화롭게 살았더니, 부지불식간에 노년에 들어섰습니다. 오랜 세월 저를 치료해 준 적 있는 의사 중에는 천주교도도 있었고 기독교도도 있었지만, 서로 좋은 친구가 되어 병이 나도 낙관적이고 정진하기만 하면 어디가 되었든 환희로운 인간정토임을 깨닫게 해주었습니다.

2,600년 전 부처님께서 "나는 대중 가운데 하나이다"라고 하신 말씀은 제자들이 대중 가운데로 스며들라 하신 가르침입니다. 저는 이대로 봉행하여 이루 다 할 수 없는 이익을 받았습니다. 대중이 있기에 교단이 있고, 대중이 있기에 성취가 있으며, 대중이 있기에 규율이 있고, 대중이 있기에 기쁨이 있으므로 저는 신도 대중에게 감사드립니다.

존경하는 불광인 여러분, 불교는 여러분이 필요합니다. 불광산은 여러분이 필요합니다. 저도 여러분이 필요합니다. 여러분도 불광산이 필요합니다. 우리는 서로가 필요하며, 승화된 신앙의 기쁨과 즐거움을 가져올 인간불교가 필요합니다.

노력을 들이면 헛되지 않다
- 인간을 위해 더 많은 일을 하다

'결연·보시·보은'은 적수방을 설립한 종지입니다. 내가 가진 것이 있으면 보은할 수 있지만, 내가 가진 것이 없고 궁하면 타인이 주는 것을 받을 생각뿐이니 보은할 방법이 어디 있겠습니까? 사실 반드시 부자여야 보은할 수 있는 것은 아닙니다. 좋은 말 한마디 해주고, 작은 봉사하고, 목인사 한번 하고, 미소 한번 띠고, 합장 한번 해주는 것 모두 보은입니다. 우리가 먹고 입고 쓰는 것 모두 사회 대중의 격려에서 왔음을 생각하고, 물 한 방울의 은혜도 샘물로 갚을 수 있다면 이 얼마나 아름다운 일이겠습니까?

불교에 대한 조용한 혁명

저는 일생 사회의 발전에 뒤처지지 않는 불교를
위해서 사상에서 항상 새롭게 하고, 실천에서 끊임
없이 조정해 나가고 있습니다. 불교는 반드시 개혁
해야 함을 알지만, 저는 열정 하나만 가지고 혁신
해 나가자는 건 아닙니다. 제가 제창하는 '조용한
혁명'은 전진도 있고 후퇴도 있습니다. 실천할 때
도 있고 멈출 때도 있습니다. 즉시 효과가 나타나
지는 않지만, 인내심을 갖고 실천해 나가면 천천히
모든 것을 이겨낼 수 있다고 봅니다.

사람의 사상은 말하자니 참 이상합니다. 과거 인광 대사께서 불교에는 '삼람(三濫: 세 가지 넘쳐남)'을 없앨 필요가 있다고 제기하셨습니다. 첫째는 지나친 계법의 전수, 둘째는 지나치게 방부를 함부로 들이는 것, 셋째는 제자를 지나치게 많이 받는 것입니다. 저는 인광 대사께서 제창한 바에 찬성하면서도, 한 가지도 해내지 못했습니다.

첫 번째, 지나친 계법의 전수로 말하자면, 저는 1977년부터 삼단대계 전수를 시작하여 30여 년 동안 10차례 이상 진행했습니다. 국내에서 전계한 것뿐만 아니라, 미국·인도·호주 등의 국가에서도 전수하였습니다. 이것이 지나치게 계법을 많이 전수한 것은 아니었는가 자문해봅니다만, 사실 저는 계법 전수의 기둥을 수립하기 위해서였습니다.

두 번째, 지나치게 방부를 들이는 것으로 말하면, 현재 불광산은 3천~5천 개의 자리를 제공하며 신도와 손님이 묵게 합니다. 이것이 지나치게 방부를 들이는 것 아닌가 자문해 보지만, 아닙니다. 저는 대중이 법회에 참여하고 보리심을 기르게 하고 싶어서입니다.

세 번째, 제자를 지나치게 많이 받는 것으로 말하자면, 저는 천여 명의 출가 제자와 수백만 명의 재가 신도들이 있습니다. 출가자이든 재가자이든 신앙 면에서 조금 성장하고, 인격 면에서 조금 증진

불광산은 2016년 국제만불삼단대계를 전수하였다. 장소: 불광산 장경루. (周學忠 촬영)

하며, 발심 봉사 면에서도 하루하루 증가합니다. 이것이 제자를 지나치게 많이 받는 것 아닌가 물으신다면, 아닙니다. 저는 부처님의 혜명을 잇고 싶을 뿐입니다.

그래서 인광 대사께서 제기하신 '삼람' 세 가지 일에 저는 대부분 관련되어 있지만, 저 자신은 넘쳐나지 않았다고 생각합니다. 저는 매우 신중하게 계를 전수하고, 매우 조심해서 방부를 제공하며, 매우 세심하게 제자를 받습니다.

이밖에 태허 대사께서는 불교의 부흥을 위해 '세 종류의 혁명(三種革命)'을 제기하였으니, 하나는 교리敎理 혁명, 또 하나는 교제敎制 혁명, 마지막은 교산敎産 혁명입니다. 저도 잊지 않고 마음에 새겼고, 줄곧 자신의 사상과 단단하게 결합하고 거기에 더하여 조용한 혁명의 방식으로 꾸준하게 실천해 오고 있습니다.

혁명 이야기가 나오면, 일반인들은 타인을 쓰러뜨리고 타인의 생명을 취한다고 생각해 두려움을 느낍니다. 사실 우리가 말하는 '조용한 혁명'은 건설성과 증상성增上性이 풍부하며, 낡은 것을 없애 더 새롭게 한다는 의미를 가지며, 모두가 느끼지 못하는 사이에 기쁘게 받아들이는 개혁입니다. 그러므로 조용한 혁명이 불교의 발전을 촉진할 수 있다면 매우 의미 있지 않겠습니까?

그러면 어떻게 조용한 혁명을 해나가야 할까요? 아래에 태허 대사께서 제기하신 불교의 세 가지 혁명이란 이상에 근거하여, 간략히 저 자신의 방식과 생각을 서술하고자 합니다.

첫째, 교리教理 혁명

1. 황금은 독사, 부부는 원수, 자녀는 빚덩이

과거에 불교는 돈 애기만 꺼내면 '황금은 독사'라고 말하고, 부부 애기를 꺼내면 '원수니까 안 만나려 해도 만난다'라고 말하고, 자녀 애기를 꺼내면 '빚덩이'라고 말했습니다. 사실 불교가 금전 재물을 완전히 부정하는 것은 아닙니다. 깨끗한 재물은 홍법하고 수도하는 데 선근 공덕이 됩니다. 불교가 윤리를 중시하지 않는 것은 아닙니다. 오히려 인류 도덕을 적극적으로 권장합니다. 불교는 가정의 혈육의 정을 비난하지 않고, 화목하고 건설적인 가족 관계를 더욱 권장합니다. 그래서 재가 신도들에게 황금을 독사로 보고, 부부를 원수로 보고, 자녀를 빚더미로 보라 한다면 그들이 또 뭘 소유할 수 있겠습니까? 이러면 오히려 사람들은 놀라서 더는 불교를 가까이할 엄두를 못 내지 않겠습니까?

우리는 불교의 포교방식을 개선하여 황금은 독사가 아니라는 걸 모두가 이해하게 하는 것이 지금 가장 중요합니다. 이른바 "군자는 재물을 사랑하되 도리에 합당한 것만 취해야 한다(君子愛財 取之有道)"라고 합니다. 심지어 사용하는 데에도 도리가 있다 하니, 금전 재물을 의미 있는 곳에 쓰는 것 역시 공덕을 짓는 선한 일입니다. 더구나 서방극락세계도 황금을 땅에 깔고, 칠보로 누각을 장식하였기 때문에 사람들이 기꺼운 마음으로 왕생하도록 하는 것 아니겠습니까? 왜 불교는 재부를 추하고 깨끗하지 않다고 말을 합니까?

부부가 서로 가까이하고 사랑하는 것은 인륜에 중요한 일입니다. 부처님도 인륜 관계를 중시하셨기에 아버지를 위해 관을 메고 어머니를 위해 설법하셨을 뿐만 아니라, 특별히 방편법문을 내시어 이모인 마하파자파티 부인이 출가하여 비구니가 되게 하신 겁니다. 불교에는 일곱 종류의 제자가 있습니다. 출가한 비구와 비구니는 독신이고, 재가자인 우바새와 우바이는 오계와 보살계를 받아 지니며 집에서 생활합니다. 현재에 와서는 거사님들이 불문에 머물고자 오면 곧바로 남편은 동쪽으로 모시고 가고, 부인은 서쪽으로 안내하는 거로 변했습니다. 불문은 은애하는 부부에 대해 '사랑하는 사람은 함께 있어야 한다'라고 그들에게 권장해야 하지 않겠습니까? 왜 억지로 부부를 떼어놓고 그것이 옳다고 생각합니까? 부부의 인륜은 추악한 일이란 겁니까? 부처님께서도 재가 신도들

불교는 화목하고 깨끗한 가정 건설을 제창한다. 성운 대사께서 불광산 공덕주
인 賴維正·李美秀 부부 자녀의 불교혼례를 주재하셨다. (蘇少暘 촬영)

이 오계·보살계를 받아 지니는 것을 허락하셨는데, 왜 우리는 더
욱 엄격하게 그들을 대하고, 부처님이 중시한 가정윤리의 초지初志
를 따르지 않는 겁니까?

자녀는 장차 국가의 동량입니다. 불교 경전에서도 수없이 '경시
해서는 안 되는 네 가지' 사례를 구술하고 있는데, 왜 우리는 아직
자녀를 빚덩이라고 말합니까? 국가사회의 장래와 중차대한 책임을
저들이 짊어지게 하지 말아야 합니까? 그래서 불교를 위해 큰소리
로 외쳐야 할 첫 번째 소리는 '가정의 인륜을 중시하자!'입니다.

2. 인생은 괴로움이다

일반인은 불교 신앙을 갖게 되면 인생이 괴로움 그 자체인 것처럼 여깁니다. 여기서도 인생은 괴롭다 얘기하고 저기서도 인생은 고통이라 얘기하며, 여기저기서 듣는 것 모두 인생은 괴로움이라는 얘기뿐입니다. 사실 불교는 오로지 괴로움을 강조하지는 않습니다. 기쁨과 즐거움을 더욱 중시합니다. 불교 경전에서도 극락세계를 말하고, 환희지보살·희락지보살을 말하지 않습니까? 심지어 미륵불께서도 '모두가 크게 즐겁다(皆大歡喜)'를 주장하시지 않습니까? 왜 불교는 아직도 하루 종일 괴로움만 말합니까? 그러니 불교는 즐거운 생활·즐거운 마음을 강조해야 하며, 그래야 즐거운 인생을 펼쳐나갈 수 있습니다.

3. 사대四大는 모두 공空하다

불교는 '세상의 모든 현상은 공하다'라고 말합니다. 지수화풍地水火風 네 가지 큰 원소는 영원하지 않습니다. 그러나 초학자들에게 있어 하늘도 공하고, 땅도 공하고, 너도 공하고, 나도 공하고 일체의 것이 모두 공하다고 하는 것은 너무 무섭고 두려운 일입니다. 저는 불법에서 말하는 공(비움)은 유有(채움)를 건설하는 것이라 이해합니다. 예컨대 찻잔이 비어야 차를 가득 담을 수 있고, 방에 공간이 있어야 사람이 머물 수 있으며, 눈과 귀와 코가 비어야 사람이 살아갈 수 있습니다.

이 도리를 자세히 설명하기 위해서 저는 대련 한 구를 썼습니다.

사대가 모두 공함은
채움을 드러내는 것이고,
오온의 화합 역시
진실은 아니다.
(四大皆空示現有,
五蘊和合亦非眞)

四大皆空示現有
五蘊和合亦非眞

성운 대사 친필 서예.

　이것은 불교의 '중도中道' 사상을 설명하기 위한 측면도 있습
니다.

4. 무상無常

불교에서 '세간은 무상하고, 생사는 무상하다'라고 말하니, 일반인
은 마치 무서워 엄두를 내지 못하는 것처럼 무상을 두려워합니다.
사실 무상이 오직 소극적인 면만은 아니며 좋은 것은 결국 나쁘게
변하고, 나쁜 것 역시 좋게 변할 수 있다는 의미입니다. 예컨대 내
가 멍청하다면 공부를 열심히 해서 총명해질 수 있고, 내가 가난하
다면 열심히 일해서 자연적으로 큰 부자가 될 수 있습니다.『아미

타경』안의 상정진보살, 불휴식보살(건타하제보살)을 본받는다면 안 좋은 일도 옳고 좋게 변할 수 있습니다.

그럼 기왕에 무상이 적극적인 면도 가지고 있고 인생을 개선할 수 있으며 희망으로 가득 차게 할 수 있는데, 왜 아직도 무상을 두려워해야 합니까?

5. 방생放生

불교에서 제창하는 방생은 무척 중요합니다. 그러나 현재 일부 불자는 '방생'을 '방사放死'로 전락시키고 있으면서도 깨닫지 못합니다. 안타깝기 그지없습니다. 예컨대 생일을 맞아 자기가 방생할 고기를 잡아 오라 시키는 사람이 있고, 결혼하면서 방생할 새를 잡아 오라고 시키는 사람도 있습니다. 물고기는 방생되기 전에 그물망 안에서 얼마나 많이 죽는지 모릅니다. 이 죄업은 누가 책임져야 합니까? 억지로 새를 잡아 와서 가족과 갈라놓고 심지어 새장 안에서 이리저리 퍼뜩거리다 방생하기도 전에 이미 죽으니, 이 죄업은 또 누가 책임져야 한단 말입니까?

저는 생태계를 중시하고 중생에게 두려움을 주지 않고 근심 없는 안전한 환경을 주는 것이 방생이라 생각합니다. 예컨대 산에 올라 사냥하지 않고, 강과 냇가에서 물고기를 잡지 않고, 동물을 괴롭히지 않고, 생명을 죽이지 않고, 생태계를 파괴하지 않는 것이 가장 좋은 방생입니다.

사람을 근본으로 하는 불교는 '방생'의 기초 위에서 '방인放人'을 더 고취하여 타인에게 살길을 주고, 인연을 줄 수 있습니다. 타인을

불광산 접인대불. (陳碧雲 촬영)

도울 수 있고 타인이 행복을 얻게 하는 것이야말로 적극적인 방생
입니다.

6. 삼호三好

신구의身口意 삼업으로 탐진치貪瞋癡 삼독을 짓는다는 얘기를 들으
면 많은 사람이 무척 두려워합니다. 더구나 불교가 제출한 해결 방
법인 계정혜戒定慧 삼학에 대해서는 통속적이지 않아 실천하기 쉽
지 않다고 느낍니다. 그러므로 불학을 수년간 공부할지라도 탐진
치 번뇌는 여전히 줄어들지 않습니다.

이에 대한 저의 생각은, 왜 불교는 적극적 의미에서부터 불법을
선양하지 않고 소극적 측면에서만 맴돌아야 하느냐는 겁니다. 삼

업을 강조하는 것보다 삼호를 봉행하는 것이 낫습니다. 몸으로 좋은 일 하고, 입으로 좋은 말 하고, 마음에 좋은 생각 갖는다면 자연히 악업을 짓지 않게 될 것이며, 악업을 짓지 않으니 이른바 탐진치가 없을 겁니다.

7. 우리의 보은을 아미타불께 전가하지 말라

신도가 어떤 선한 일을 하였든 간에 모두 그에게 "보살께서 당신을 보살펴주실 겁니다", "아미타불께서 당신을 보살펴주실 겁니다"라고 말합니다. 저는 이 표현은 잘못되었다고 생각합니다. 누군가 우리 승가를 보호하고 지지해 주는데 우리 스스로 보답할 생각을 않고, 왜 책임을 보살에게 전가하고 아미타불께 보답하라고 미룹니까? 불교 안의 이 수많은 불공평한 일도 혁신해야만 합니다.

그러므로 과거 불광산에 불광정사를 세우면서 불교계에 공헌이 있는 장로와 대덕께 보답하고자 특별히 그분들에게 처소를 마련해 드렸습니다. 중국불교회 비서장을 역임하신 풍영정馮永楨, 교도소 홍법을 20여 년 하신 조무림趙茂林, 교계에서 '후난(湖南)의 재자才子'라는 명예를 가지신 장검분張劍芬, 불교를 수호하는 데 여력을 아끼지 않으신 손장청양孫張清揚 여사 등이 모두 이곳에 머문 적이 있습니다. 심지어 저는 미국 서래사에도 처소 몇 칸을 준비해 두었는데 『각세覺世』 창간인인 장소제張少齊 거사님 등께서 저의 공양을 받아주셨기에 감사를 드립니다. 불교의 장로에게 보답하고자 했던 제 염원을 완성했습니다.

불광산은 '재가자 오계보살계회'를 거행, 2,500명이 참회발원하며 지극한 마음으로 연비를 살랐다. 계율의 정신은 침해하지 않음이며, 타인을 침해하지 않음 역시 자비의 하나이다. 2006.11.19

8. 삼보 귀의, 오계 수지

삼보에 귀의함은 민주이자 평등이고, 오계를 수지함은 자유와 존중으로 그 의미가 남다릅니다. 그런데 현재 불교도는 삼보 귀의를 스님을 받드는 거로 바꾸었습니까? 오계 수지를 살생하지 말라, 도둑질하지 말라, 음행하지 말라, 거짓말하지 말라, 술 마시지 말라는 소극적인 것만으로 바꾸려고 합니까?

　사실 삼보 귀의는 불교를 신앙으로 가지겠다는 것을 의미합니다. 불법을 인생의 나침판으로 삼길 원하는 것이지, 누군가를 스승으로 모시겠다는 것이 아닙니다. 오계 수지는 신앙을 실천함이고,

처신의 근본 도덕이며, 타인을 침해하지 않고 존중하는 데 그 본질이 있습니다. 예컨대 살생하지 않음은 타인의 생명을 침해하지 않으면서 더 적극적으로 생명을 보호해야 합니다. 도둑질하지 않음은 타인의 재물을 침해하지 않으면서 타인의 재산을 더욱 존중해야 합니다. 사음하지 않음은 타인의 신체를 침해하지 않으면서 타인의 정절을 더욱 존중해야 합니다. 망어하지 않음은 타인의 명예를 침해하지 않으면서 타인의 미덕을 더욱 널리 알려야 합니다. 음주하지 않음은 자신의 이성을 손상하지 않으면서 타인을 상해하지 않고 더 나아가 자신과 타인의 몸과 마음의 건강을 존중해야 합니다.

불교의 교리가 역사 이래로 해석상의 오류와 부처님의 뜻에 어긋나는 것이 적지 않습니다. 사회에서 타인을 비난할 때 자주 사용되는 '호설팔도胡說八道'의 경우가 그러합니다. 여기서 팔도는 본래 불교의 여덟 가지의 수행의 길인 팔정도를 가리킵니다. 그러나 불교 초전 시기에 서역의 호인이 집단 거주하던 지역을 지나다가 어쩌면 호인의 중국어 능력이 부족하고 팔도에 대한 이해가 부족해서 의미를 분명하게 전할 방법이 없었기 때문에 모두 알아듣지 못하는 상황에서 결국 '호인이 팔도를 말한다(胡人說八道)'라 하였습니다. 다만 후에 이것이 호설팔도로 변하여 경시하는 의미를 지니게 되었습니다.

그러나 현재의 불교는 호인만이 '팔도'를 말하는 것이 아니라 전 세계 불교와 인연 있는 사람 모두 팔도를 이야기하지만, 불교 이치를 잘못 해석하는 상황도 없다고 말할 수는 없습니다. 여기에서 저는 먼저 그중 인간불교 성격과 부합하는 의리義理 문제를 간략하게 몇 가지 예를 들어 설명하고자 하나, 아직 깊고 상세한 해석을 하지 못했으니 미래에 전문서적이 나와 태허 대사의 교리 혁명을 다시 발양시키기를 바랍니다.

둘째, 교제敎制 혁명

불교도는 계정혜 삼학에서 '계'를 최고 자리에 놓았는데, 안타깝게도 현재 일부 인사는 부처님이 이미 제정한 계율을 고쳐서는 안 되고, 부처님께서 제정하지 않은 계율을 더하여서는 안 된다는 말을 자주 인용하며 불법을 꽉 옭아매었습니다. 사실 부처님께서 계를 정하실 때 시의적절하게 상황에 대처하시고, 시대의 인심·생활습관·문화풍속에 따라 진화를 거듭하셨습니다. 한번 정해지면 변할 수 없다고 고수하면, 계를 지니느냐 지니지 않느냐, 반대와 견지堅持 사이에 너무 많은 대립과 모순을 조성하게 되어 불교는 계율 아래 멸망하게 될 것입니다.

　계율을 고치지 못한다는 것은 천백 년 이어온 수구 인사들의 집착입니다. 현재 각국의 헌법만을 살펴봐도 늘 수정하려 하고 있습니다. 당초 계율의 제정 역시 여러 차례의 결집을 통해서 이루어진 겁니다. 왜 지금은 수정하여 새롭게 결집할 수 없는 겁니까? 예를 들어보겠습니다.

1. 사부대중은 평등

사부대중이 평등할 수 없다는 것은 불법에 부합되지 않습니다. 애초 부처님이 보리수 아래에서 성도하실 때 '일체의 중생은 모두 불성을 가지고 있다'라고 선언하셨습니다. 또 '사성이 출가하면 모두 석씨가 된다', '이 법은 평등하여 높고 낮음이 없다'라고 하신 설법은 중생 평등의 도리를 설명하고 있습니다. 부처님과 부처님은 평등할 뿐만 아니라, 부처님과 모든 중생도 평등합니다. 그런데 불법을 전파한 뒤로 사부대중 제자 가운데 비구를 제일 앞에 올리고 비구니는 비구와 동등할 수 없다는 겁니까? 심지어 출가 대중이면 매사 특혜가 있고, 재가 대중에게는 교단을 보호하고 홍법할 자리와 공간을 거의 주지 않습니다.

　부처님께서 애초 강설하는 각종 법회를 생각하면 사부대중 제자, 팔부 대중, 관료 인민이 에워싸고 있어 소위 '법화회상法華會上 백만인천百萬人天'이란 활기 가득한 정경을 보였는데, 왜 현재 오로지 비구만이 있고 그 외에는 인도의 '카스트 신분제도'처럼 깨뜨릴 수 없는 겁니까? 이런 사상을 가진 사람은 정말 부처님의 자비를 배신하고 부처님의 평등 가르침을 위배하는 겁니다. 게다가 신중은 밖에서 보호하는 것이라며 교단의 핵심에 들지 못하게 합니다. 불교는 마치 신도가 마땅히 받아야 하는 것이 아니라, 출가 대중만의 것이라고 느끼게 합니다. 불교가 발전하는 데 많은 역량을 감소시켰으니 깊이 개탄하는 바입니다.

　사실 부처님의 출가 제자 가운데 비구니 대아라한도 수백 명이 넘지만, 비구들에 의해 결집된 경전 안에는 여성 대중의 이름들은 하나도 언급하지 않았고, 천이백오십위 대아라한 가운데도 여성 아라한은 한 분도 언급하지 않았습니다.

이 부분에 유감을 표하며 남녀평등의 관념을 충분히 드러내게 하려고 저는 불타기념관을 세울 당시 특별히 보리광장 양측의 18 나한 중 세 분의 여성 아라한을 조각하였습니다. 각기 승단 최초의 비구니 대애도大愛道, 신통제일 비구니의 칭호를 받은 연화색蓮華色, 숙명제일 비구니인 묘현妙賢입니다. 그녀들 모두는 부처님께서 세상에 계실 때 수행하여 증명 받은 비구니들입니다. 이밖에 불교계에서의 비구니 지위를 높이고 비구니의 새로운 모습을 수립해 수많은 여성 대중 인재가 재능을 발휘하고 발표할 수 있게 불광산의 장서 편집업무는 비구니에 의한 주도로 완성하였습니다.

수천 년 동안 불문은 경건하고 성실하게 불교를 믿고, 불학을 깊이 연구하여 커다란 경지에 오른 재가 호법제자라 하더라도, 그저 '제자'로 칭할 뿐 '스승'이라 칭할 수 없는 현상은 저도 형평성을 잃었다고 생각합니다. 오늘날 불교는 그들에게 공정한 도리를 돌려줘야 합니다.

제가 재가 대중을 지나치게 보호한 결과, 장차 재가자인 교수·신도가 설법하는 말법末法 시대가 가속화될 것이라고 말하는 사람이 있습니다. 하지만 불광산 개산 후 지금까지 사부대중 제자가 서로 화목하게 지냈습니다. 특히 홍법 사업은 재가 대중의 큰 협조가 없어서는 안 됩니다. 예컨대 국내외의 적수방은 재가자 사고師姑에 의해서 설립되었습니다. 국제불광회 설립 이후 단강사檀講師 제도를 수립했는데, 신도 회원은 불광산을 도와 세계 각지에서 인간불

불타기념관의 십팔나한 중 세 분의 여성 아라한을 모셔 깨달음에 남녀의 구
분이 없음을 나타냈다. 사진은 연화색 비구니. (慧延 스님 촬영)

교를 널리 알리고 있으며, 사회에 공헌하는 등 큰 도움을 주고 있는
데, 불교가 어찌 그들의 발심을 홀대할 수 있겠습니까?

2. 육화경六和敬

부처님은 신이 아니고 사람입니다. 그분은 자신과 다른 사람이 같
지 않다고 표방한 적이 한 번도 없었으며 늘 끊임없이 '나는 대중
가운데 하나이다' 혹은 '나는 대중 안에 있다'라고 거듭 말씀하셨습
니다. 부처님께서 '육화승단六和僧團'을 건립하신 것도 이런 평등정
신의 발로입니다.

　이른바 육화는 곧 단체가 화목하게 함께 머무는 신화동주身和同
主, 언어적 친절인 구화무쟁口和無諍, 마음의 화합인 의화동열意和同

悅, 법제적 평등인 계화동수戒和同修, 사상의 공통된 인식인 견화동해見和同解, 경제적 균형인 이화동균利和同均입니다.

불교에 이처럼 좋은 덕목이 있으니 이것을 뿌리내리면 홍법의 역량이 증진될 수 있습니다. 그러나 현재 우리는 불교를 '사조師祖'·'사태師太'의 불교로 분열시켰으니, 이것은 부처님께 너무 죄송한 일이 아닙니까? 부처님 역시 중생을 이끄는 스승일 뿐인데 우리는 또 어떻게 부처님 위에서 다시 무슨 사조니, 사태니 하는 명목을 세웁니까? 우리는 부처님께 무례한 짓을 하고 있음을 어찌 느끼지 못한단 말입니까? 그러므로 불교 안의 적합하지 않은 칭호는 모두 개선되어야 마땅합니다.

3. 오른쪽 어깨의 옷을 드러내다

부처님께서 비구는 가사를 걸칠 때 오른쪽 어깨를 드러내야(偏袒右肩) 한다고 제정하셨습니다. 인도처럼 아열대기후에서는 쉽게 할 수 있지만, 중국의 북방지역이나 혹은 러시아 시베리아의 경우라면 과연 생활해 나갈 수 있겠습니까? 의복은 그저 하나의 문화입니다. 머리를 깎고 검은 옷을 입으며(削髮染衣), 의복 세 벌과 발우를 갖추다(三衣鉢具)는 모두 당시 문화에 순응하기 위해 제정된 것이라고 부처님도 말씀하신 적이 있습니다. 기왕에 이러하다면 현재 우리는 각지의 풍속·습관·기후에 순응하여 합리적인 규정을 두고 불교를 발전시킬 수는 없는 겁니까? 이 모든 것의 개선이 필요치 않다는 겁니까?

4. 팔경법

본래 공군 장교였던 한 신도는 다섯 아이의 아빠였습니다. 그런데 박봉의 월급으로 일곱 식구를 먹여 살리기 힘들다 보니 결국 부인이 집을 떠나버렸고, 어쩔 수 없이 다섯 아이를 불광산 보육원에 보내고, 그 자신은 출가했습니다.

기왕에 출가했으면 열심히 수도해야 하는데, 어느 날 그가 불광산으로 저를 찾아와 하소연하는 겁니다.

"불광산은 규율이 엉망입니다. 자혜 스님과 자용 스님은 저를 보고도 예를 갖추지 않더군요. 설마 불광산의 비구니는 모두 팔경법 八敬法을 모르는 것은 아니겠죠?"

팔경법 안에는 80세가 된 비구니라도 젊은 비구나 사미를 만나면 정례해야 한다는 하나의 규정이 있습니다.

저는 그의 말을 듣는 순간 매우 놀라며, 조금은 무례한 투로 말했습니다.

"당신은 정말 부끄러운 줄 모르는군요. 자용 스님과 자혜 스님이 당신 대신 자녀 모두를 가르치고 길러주었습니다. 그들은 불교에 수년 동안 헌신하신 분들입니다. 자격이나 도력, 불교에 공헌한 점을 놓고 봤을 때 당신의 어떤 점이 저들보다 더 나아 저들의 절을 받습니까?"

제가 생각키로 공경은 상대가 마음 깊은 곳에서 절로 존중이 우러나게 해야 한다고 생각합니다. 자신은 학문도 덕도 없으면서, 타인에게 무조건 자신을 공경하라는 말을 어떻게 할 수 있습니까?

제 생각에 팔경법은 비구가 제정한 것인 듯합니다. 그러나 부처님의 명의를 빌려 비구니가 비구를 존경해야 한다는 조항 때문에, 수많은 우수한 여성 인재가 계법의 불합리함 때문에 승단에 들어오기를 꺼려하고 불교는 수많은 인재의 손실을 보게 되었습니다. 과거 불교홍서학원佛敎弘誓學院의 소혜昭慧 스님께서 팔경법에 대해 반대를 제기했지만 비구들의 강력한 반대에 부딪혔고, 이로 인해 큰 파문을 야기했습니다. 사실 저는 불광산에서 이 일을 논의하지 않았습니다. 오히려 조용한 혁명으로 성공을 거둘 수 있었습니다. 현재 불광산은 국내외의 수백 개 사원 모두 비구니가 건설하여 완성하였고, 세계 각지의 천여 개 불광회 역시 비구니에 의해 성립되었으며, 전문지식을 갖춘 수많은 비구니가 대학교에서 교편을 잡고 있습니다. 그러므로 팔경법의 문제에 관하여 교계는 정말 더는 감정적으로 일을 처리하지 말고, 비구니에게도 비구와 동등한 지위를 돌려주어야 합니다.

5. 사미십계

사미계沙彌戒에는 열 가지 계법이 있습니다. 살생하지 않기·도둑질하지 않기·사음하지 않기·망어하지 않기·음주하지 않기 이외에 꽃다발이나 향이 나는 것을 몸에 바르지 않기·가무를 듣거나 보지 않기·넓은 침대에서 잠자지 않기·아무 때나 먹지 않기·금은 재물을 만지지 않기 등이 있습니다. 그중에 '넓은 침대에서 잠자지 않기'는, 사미는 어리고 생활 속에서 어려움을 극복하는 수행을 확실히 약간 배워야 하며, 소박한 것이 수행을 증상하는 데 유익합니다. '꽃다발이나 향이 나는 것을 몸에 바르지 않기'는 담백한 생활에 머물며 성실하게 수행하는 것을 표방하니 이상하지 않습니다. 이 역시 수도 생활의 증상연이기도 합니다.

그러나 시대가 오늘에 이르러 불교는 음악으로 불법을 선전해야 하고 가무로 대중을 그러모아야 하는데, 가무를 보거나 듣지 말라는 계법을 고수하면 일부 홍법 활동을 해나갈 수가 없고, 불교는 점차 몰락해갈 것입니다. 과거 대가섭 존자는 거문고 소리를 들으며 마음에 환희가 일어 자신도 모르게 얼씨구 춤을 추기 시작했습니다. 누군가 평소 엄숙한 대가섭 존자에게 그 이유를 물었습니다. 그는 "사실 나는 일찍이 이미 오욕육진에 대해 탐욕을 일으키지 않습니다. 그러나 둔륜마 긴나라왕의 거문고 소리는 지혜의 소리이니 법음과 같아, 듣는 순간 법희가 충만하게 하니 일어나 덩실덩실 춤추지 않을 수 없다"라고 했습니다. 음악·무도는 때로는 중생제도의 방편 중 하나임을 알 수 있습니다.

이밖에도 금은 등의 재물을 만지지 않는다는 계에 관하여, 과거 인도에서는 화폐를 사용하지 않았지만, 현대사회는 대중교통을 탈 때도 늘 돈을 내고 표도 사야 하는데 금은(돈)을 지니지 않고 어떻게 합니까? 먼저 차표를 준비하면 될 거라고 말하는 사람도 있을 겁니다. 그러나 차표는 금은 재물과 동등한 가치를 지니는 증명서 아닙니까?

특히 현대의 불교는 늘 정부에서 개최하는 사회 구제활동에 참여합니다. 이 계법을 고수한다면 사미도 해서는 안 되는 것을 불교의 비구 대덕들께서는 어째서 범하시는 겁니까? 이 많은 계법은 진실로 불교의 발전을 저해하는 것입니다. 불교는 반드시 부흥의 길로 나아가야 하며, 인간불교는 바로 이러한 상황을 개선하여 발전해 왔습니다.

6. 오시午時가 지나면 먹지 말라

불교는 사람들에게 분소의(糞掃衣: 납의)를 입고, 걸식하여 음식을 얻고, 맨발로 길을 걷는 등 고된 수행을 권장합니다. 이것은 의지를 다지게 할 수 있지만, 반드시 세계 각지에서 다 통용되지는 않습니다. 예컨대 '눈으로 코를 바라보고 코는 마음을 바라보다'라는 수행은, 차가 물 흐르듯 넘쳐나는 현대사회에서 만일 좌우를 살피지 않고 길을 걷는다면 자동차에 부딪치지 않는다고 해도 자전거나 오토바이에 부딪쳐 넘어질 텐데, 수정하지 않을 수 있습니까?

불교는 줄곧 오시를 넘겨 먹지 말라고 제창합니다. 수많은 사람이 정오가 지나 먹지 않으면 큰 공덕이 생기는 것처럼 잘못 생각합니다. 그래서 정오 12시 이후부터는 밥을 먹지 않다가 다음 날 아침 6시가 되어서야 아침을 먹습니다. 사실 건강 면에서 위장이 18시간 동안 영양을 섭취하지 않으면 필경 균형이 깨지고, 특히 위장 안에 소화할 만한 음식이 없으면 결국 위벽을 긁어 이른바 위천공胃穿孔이 생깁니다.

저는 정오가 지나면 먹지 않는 사람을 많이 봤습니다. 정오쯤에 반드시 배를 부여잡고 몇 사발 또는 큰 접시 하나로 가득 담아 먹습니다. 사실 불교는 중도를 강조합니다. 음식은 조화롭고 치우치지 않은 것이 좋습니다. 사찰의 주지인 방장스님은 "저는 정오가 지나면 안 먹고, 저녁에 면 한 그릇만 먹는다"라는 말씀을 늘 하십니

다. 또 누구는 "저는 점심 지나 아무것도 안 먹고 저녁에 쥬스 한 잔이나 우유 한 잔이면 족합니다"라고 합니다. 자랑으로 여기며 하는 이 말은 종종 자신이 지은 거짓 형식을 자신도 알지 못하는 겁니다. 사실 정상적으로 조금 담백하게만 먹는다면 좋지 않겠습니까?

어느 사찰은 '정오를 지나 먹지 않는다'라는 규정 때문에 원래 하루에 10위안을 들여 식자재를 사면 족할 것을, 대중이 배불리 먹지 못해 영양이 부족하여 더 많은 돈을 들여 건강보조제를 사기도 합니다. 사찰 안의 사람이 모두 약에 의지해 사니, 참으로 득보다는 실이 더 많습니다.

과거 구마라집 문하의 사성四聖 중 한 분인 도생道生 대사는 상황에 따라 시의적절한 임기응변을 취하며 구습에 구속되지 않았습니다. 유송劉宋의 문황제文皇帝가 어느 날 음식을 가득 차려 승려들을 대접하려 했는데, 마침 정오를 지난 시각이라 접대 받는 승려들 중

성운 대사께는 1,300여 명의 출가제자
가 있어 전 세계 사찰에서 홍법하며, 해
마다 정기적으로 본산에 모여 강습과
수행을 한다. 2010.9.4

감히 먹으려는 이가 아무도 없었습니다. 황제는 딱딱해진 분위기
를 깨뜨리며 말했습니다.

"짐이 보니 때마침 정오가 되었구료."

도생 대사가 일어나 한마디 했습니다.

"밝은 대낮에 천자께서 비로소 정오라 하시니 어찌 정오가 아니
리오."

천자인 송 문제가 '때마침 정오가 되었다' 하였으니, 정오가 지난
것은 아니라는 것입니다. 그러면서 그 자리에서 먼저 젓가락을 들
어 음식을 먹음으로써 송 문제를 대신해 오시가 지난 문제를 해결
한 것은 오랜 세월 미담으로 전해집니다.

7. 불문의 사제

불문에서는 자주 제자들 간의 다툼이 있습니다.

이분은 나의 스승이고, 저분은 너의 스승이라는 등 마음에는 스승님만 있고 불교를 보호하고 지켜야 함을 모릅니다. 또 어느 스승은 '이 녀석은 내 제자 할 테니, 저 녀석은 네 제자 해라' 라며 제자를 마치 개인 재산으로 보고 사람을 불교에 돌려주지 않으니 '불교(敎)'와 '제자(徒)'를 갈라놔서 불교 추진의 역량을 약화시켰습니다. 누군가 '3할 사제, 7할 도반'이란 구호를 제기하였지만, 보편적으로 실천되지 못하였습니다. 불문 사제師弟의 다툼은 여전히 불교에서 지탄받고 있다는 것입니다.

불교 교단의 제도와 관련하여, 불교가 중국에 전해진 이후 기후·지리·신앙·습관 등이 인도와 서로 달라 완전히 최초 부처님이 정하신 계율이 생활 속에서 확실히 적용하기는 어려웠습니다. 그러므로 근대의 태허 대사께서 교제敎制 혁명을 제창하시기 전에, 당나라 때 이미 백장 선사의 불교를 개혁하자는 뜻은 감히 탁월한 지혜라 할 수 있습니다. 백장 선사께서는 인도의 모든 계율은 하나도 손대지 않으면서, 다시 중국불교를 위해서 '총림청규' 제도를 수립하였고, 이것이 불교에 한줄기 활기를 가져왔습니다. 물론 천년 뒤에 태허 대사께서도 교제 혁명을 제시하며 역시 불교를 위해 활기를 가져오길 희망하셨지만, 교계에 적폐가 너무 깊어 결국 물거품이 되었습니다. 그러나 그 획기적인 의의는 여전히 사라져서는 안 되는 공적입니다.

셋째, 교산敎産 혁명

태허 대사께서 제시한 삼종 혁명의 마지막은 교산 혁명입니다.

불교가 처음 중국에 전해진 시기, 사찰이 일단 건축되면 불교를 신앙하는 제왕·사대부들은 서로 앞다투어 삼보에 공양하였기에 불교의 재부가 갈수록 늘어났습니다. 그러나 시간이 지나고 종종 사회 관료체계의 시기·질투가 일어나면서 결국에는 위기를 초래하였습니다. 현대에 와서 일부 사찰에 참배자가 끊이지 않자, 일부 지방 관원이 사사건건 괴롭히고 있습니다. 사실 출가자가 재부를 가지고 있다고 해도 사적 용도로 사용하지 않고, 세속의 가족과 친지에게 사용하게 주는 것도 아니며, 모두 홍법이생과 사회 공익에 사용합니다. 어째서 정당한 경제생활을 누려서는 안 됩니까? 게다가 사찰에 깨끗한 재물이 없다면 이 많은 불교 사업을 어떻게 처리하고, 더 나아가 인간에게 어떻게 복을 짓게 할 수 있습니까?

1) 불교의 재산은 교단의 소유인지 사찰의 소유인지, 아니면 각자의 소유인지 마땅히 준칙이 있어야 합니다.

2) 불교의 재산을 어떻게 사용하는지를 교단이 결정하느냐 주지가 결정하느냐, 아니면 회계가 결정하느냐의 표준을 마련해야 합니다.

3) 사찰 안의 보시를 관리하는 방법이 있어야 합니다. 사회에서는 일반 기관·상점·회사단체 모두 회계출납 방법이 있습니다. 현대 불교는 사회와 마찬가지로 재무의 수입과 지출이 있으니, 사찰의 재부도 제도화된 관리방법이 있어야 합니다.

인간 세상의 단체를 살펴보면 지나치게 부유하면 종종 쉽게 부패하고, 지나치게 빈곤하면 쉽게 쇠퇴에 빠집니다. 그러므로 생활이 유지될 정도일 때 소속된 단체가 흑자가 되도록 노력해야 합니다. 부족할 때에는 모두가 아끼고 절약하며 수입에 맞게 지출할 줄 알아야 합니다. 마찬가지로 불문의 재무담당 인사도 재원을 늘리고 지출을 줄여야 합니다. 재원이 어디에 있는지에 대해, 토지 임대한 이윤에 의지하든지 혹은 판매에 의지해 깨끗한 재물을 늘리든지, 지출한 항목과 금액이 얼마인지에 대해서는 분명하게 알아야 합니다.

지출 얘기가 나왔으니 말하자면, 경제는 민생이 삶을 이어가는 데 꼭 필요하듯이, 사찰 안에서도 꼭 필요한 일부 지출비용이 있습니다.

1) 수도·전기 수리비

사찰 내에서도 수도·전기 비용의 지출은 대개 지진·태풍 혹은 장기간 방치로 인한 수도 전기 문제에 수선 충당하는 예산입니다.

2) 인사 비용

현대 사찰은 시대적 발전에 순응하기 위해 수많은 홍법 사업에 전문 인사를 참여시킬 필요가 있으니 인사 비용의 지출은 피할 수 없습니다.

3) 도서·문구

필요한 문서와 불학연구 서적은 사찰을 위해 없어서는 안 됩니다.

4) 매일 음식

사찰은 평소 머무는 승가 대중의 음식을 돌봐주는 것 외에, 신도에 대해서도 문을 활짝 열고 있으니 당연히 지출비용이 필요합니다.

5) 인연 접대

사찰이 내방한 신도·귀빈을 접대하면서 대부분 불교기념품을 인연 맺음으로 증정하니 구매 지출비용이 필요합니다.

6) 여행·참학

자고이래로 출가자는 대부분 행각이나 참학을 합니다. 천하의 선지식을 두루 찾아다니며 주제를 제시하고 미혹과 깨달음을 밝혀내길 희망합니다. 이 점을 고려하여 사찰도 그들의 도업을 성취케 하도록 얼마간 찬조를 해줍니다.

7) 의약 치료

사람이 오곡을 먹으면 병이 나는 것 또한 피할 수 없습니다. 병이 있으면 치료를 받아야 하니, 이것도 지출항목 중 하나입니다.

8) 장례 처리

불교도가 왕생하실 때마다 사찰도 그분을 위해 장례의식을 거행합니다. 화려하지 않고 간단하면서도 장엄함을 위주로 해도, 꽃과 과일·공양 음식·향과 초 등은 반드시 준비해야 할 물품입니다.

9) 긴급구제

오랜 세월 동안 불교사찰은 널리 보시하고 고난을 구제해 왔습니다. 자선사업의 업적은 실제 자선기구에 밀리지 않습니다. 당연히 지출항목에서 지불해야 합니다.

10) 잡비

예컨대 승려의 옷과 신발·생활용품·교통비·각 항목의 홍법 지출 등입니다.

그러나 세속 사회와 다른 점은 불교는 일단 돈이 생기면 그것을 시방에 사용하고 널리 선연을 맺습니다. 돈이 있으면 잘 활용해야 합니다. 돈이 많아지면 다툼이 생기게 되어 번거로움이 더 늘어날 것입니다. 불광산은 개산 이래 경제 방면에서 줄곧 하루하루 괴롭지 않은 날이 없는 상황에서 늘 내년의 예산을 올해에 다 갖다가 사용하였습니다. 그래서 항상 불광산은 돈이 많다고 잘못 생각하는 사람이 있습니다. 사실 불광산은 돈이 많은 것이 아니라 돈을 잘 활용하고 홍법 사업에 어떻게 사용할지를 아는 겁니다.

불교의 경제적 근원을 얘기하자면, 원시불교 때는 승단은 모으고 저축하는 것을 중시하지 않고 일체의 의식衣食 용품을 '공양제도'에서 세웠으며, 출가인은 공空을 영광으로 여겼습니다. 그러나 이것은 당시에도 약간의 분쟁을 유발시킨 적이 있습니다. 부루나富樓那는 오늘 다 먹지 못한 양식은 내일 사회에 난리가 나거나 기황이 들거나 예상치 못한 일을 대비하기 위해 약간 저장할 수 있다고 주장합니다. 그러나 이 주장은 가섭 존자에 의해 거부당합니다. 그래서 나중에 부루나는 결연히 나가기로 하며 말합니다.

"그대들은 부처님께서 말씀하시는 대로 수행하세요. 나는 부처님이 말씀하시는 대로 실천할 테니!"

이것이 바로 재무문제로 인해 교단이 분열된 시초라 말할 수 있습니다.

불교가 중국에 전해진 후, 사찰의 경제는 모두 황실에서 하사한 전답에 의존했습니다. 한번에 수백 수천 무畝, 심지어 수만 무까지도 하사받았습니다. 총림은 이와 같은 전답을 소유한 뒤 순식간에 대지주가 되었고, 점차 가만히 앉아서 누리기만 하고 노동을 하려 들지 않아 불교의 발전을 저해하였습니다.

그러나 왕조가 바뀌고 중국 선문禪門은 농선農禪 생활을 선도하였습니다. 사찰에 전답이 생기면 타인에게 경작하라고 빌려주지 않고 자신들이 나무 심고, 차를 심고, 채소를 심어 자급자족하였고, 백장 선사께서 제창한 "하루라도 일하지 않으면 하루를 먹지 말라(一日不作 一日不食)"는 풍조가 뿌리내리니, 사찰은 그제야 다시 사회를 교화하는 모습을 수립합니다.

근대에 와서 태허 대사께서도 농선을 제창하신 적이 있지만, 사회가 빠르게 변화하며 이미 농업에서 공업으로 바뀌자, 다시 한발 더 나아가 '공선합일工禪合一'을 제시하셨습니다. 그러나 '공선'의 내용이 무엇이고, 어떻게 실천하는지에 대해 태허 대사께서 특별한 지시가 없으시고 먼저 그 구호 한마디만 외치셨습니다.

현대에 이르러 일반 불교사찰의 경제적 출처는 또 어떠한지를 다음 열 가지로 간략히 소개합니다.

1. 법회 보시

사찰이 줄곧 향불에 의지해 경제생활을 유지해 나간다는 것은 이견이 없는 원칙입니다. 그러므로 사찰은 불보살의 영감이 살아있는 것 외에, 전각도 반드시 청정하고 장엄함을 유지하고, 머무는 승려 역시 도덕·학문을 갖추어야 향불이 끊이지 않고 융성할 수 있습니다. 예컨대 현재 저장성의 보타산普陀山은 관세음보살 한 분의 역량에만 기대서는 안 되고, 모두가 와서 참배하고 보시를 더 해주길 원한다면 출가 승려 또한 신도 대중의 교화를 책임져야 합니다.

그 많은 신도가 보타산에 와 보시금을 내면 사찰도 마땅히 그것을 교단에 공양하여 시방에 나눠주어야지, 보타산 혼자서 소유하기만 해서는 안 됩니다. 그래서 과거 중국불교회 회장이신 태허 대사께서는 사대명산四大名山을 네 개의 특별한 중점으로 삼으시고 중국불교회 직할로 두신 적이 있는데, 그것은 소수의 사람이 틀어쥐어서는 안 된다는 의미입니다.

2. 경참불사

불교는 종교이니 당연히 경참불사經懺佛事와 떼려야 뗄 수 없습니다. 이치대로라면 불교 신앙을 가진 일반인은 관혼상제가 있으면 모두 불교의 의례에 따르기를 희망합니다. 그러나 현재의 불교는 신도의 요구가 있을 때 죽은 이를 제도하는 것(천도)만 특별히 흥성하고 있으니, 결국 불교는 죽음을 제도할 뿐, 태어남은 구제하지 않는다는 비난을 받아 왔습니다.

물론 공덕불사功德佛事는 당연히 중요합니다. 아주 장엄하고 분별 있게 할 수 있다면 오늘 그리고 이후에도 불교 승려가 생계를 유지하는 경제활동으로서의 명맥을 이어갈 겁니다. 다만 지나치게 직업화된, 이른바 '여래를 팔아서' 하는 불사는 검토해 볼 필요가 있습니다. 심지어 한 사람이 왕생하면, 그 곁에서 염불하는 불사부터 입관·발인·칠칠 49재·백일·기제사 불사까지 공덕 항목이 끝이 없으니 지나치게 번다합니다. 또 출가자가 시주 한 사람을 위해 일할 수밖에 없으며, 더 많은 일을 할 수 없게 만듭니다. 공덕불사라고 말하지만 사실상 여의치 않은 상황에서도 체면을 고려하여 무리하게 해나가는 것뿐입니다.

어쨌든 경참불사는 해도 되지만 신도가 자신의 역량에 따라 실천해야지, 죽은 이가 죽지도 못하게 해서는 안 됩니다. 특히 일생에서 사람이 죽어야만 화상이 염불해 주는 것은 아닙니다. 인간의 생로병사에 불교가 모두 지도해 줄 수 있습니다. 한 사람의 출생·한 달·1년·작명·입학·성년·혼인에서부터 이사와 준공식까지 축원 의식을 간단하게 해주는 것이 가장 좋습니다. 그래야 불법과 사회 가정이 탄탄하게 하나로 연결됩니다.

불교는 즐겁고 행복한 종교이며, 신앙은 광명과 착하고 아름다움을 가져온다. (周云 촬영)

3. 사사四事공양

불교 초기의 승단은 대부분 의복·음식·침구·의약 등 4가지 사물이 주로 공양되었고, 승단의 중요한 경제 근원이었습니다. 신도가 원해서 공양하는 것은 좋은 일로 출가자의 자비·수행·도덕이 신도의 존경을 얻음을 표시합니다. 다만 일부 신도는 '가르침'에 따라 공양하지 않고 그 출가자가 자기에게 잘해 준다는 이유만으로 스님의 도력이 어떠한지 가리지 않고 온 마음으로 공양을 합니다. 이것은 간접적으로 일부 승가 대중의 나태함과 연줄을 타고 오르려는 성격을 길러주고, 심지어 사찰이 어느 시주의 개인사찰이 되어 중생에게 봉사하는 기능을 발휘하지 못할 수도 있습니다.

그래서 신도가 발심하여 승가에 공양하는 것에 대해 저는 항상 "승가 공양은 하루만 공양하는 것이 아니라 한해 전체를 공양해야 하고, 한 사람 공양에만 그치는 것이 아니라 시방에 공양하는 것이며, 현재에만 공양하는 것이 아니라 미래에 공양하는 것이고, 왁자지껄하자고 공양하는 것이 아니라 수양하는 데 공양하는 것이다"라고 얘기합니다. 이 점을 신도 대중께서 십분 유념하시길 바랍니다.

출가 대중은 신도의 공양을 받으면서 자신이 감히 받아도 될지를 반성해 보고, 특히 받은 공양은 사찰에 돌려주어 홍법이생에 쓰이도록 해야 합니다.

4. 보시로 생계유지

보시는 아주 아름다운 이름입니다. 인간 세상에서 나는 당신에게

불광산은 해마다 운거루에서 공승법회를 거행하며 승가와 신도가 운집한다.
(慧延 스님 촬영)

인연 하나 주고, 당신도 내게 인연 하나 주며, 이렇게 인연이 오가
는 가운데 서로를 성취하니 참으로 아름다운 일입니다. 다만 시주
로 선연을 맺어야지, 악연을 맺어서는 안 됩니다. 때로는 일부 사리
에 밝지 않은 젊은 승가 대중은 신도에게 강압적으로 요구하고, 억
지로 얼마의 공덕을 내놓으라 하니 이는 정말 보시의 흠입니다. 또
어느 출가승은 자신이 여는 법회 장소 입구나 행사 장소에서 아예
기다리다가 오가는 사람들에게 시주를 받습니다. 공적 사업을 위
해서 여러 사람의 힘이 필요하다면 당연히 모두 기꺼운 마음으로
기부를 할 것입니다. 개인적인 생활을 해나가기 위해서라면 왜 보
시를 받아 생계를 유지합니까? 어떤 사람은 '부처님에게 기대어 생
을 영위한다'고 말하는 걸 당연시하는데, 이것은 천부당만부당합
니다.

　사실 시주받는 시간에 참선 염불하고 홍법이생 등에 노력한다

성운 대사는 일생 함부로 외부 탁발하지 않았지만, 학교 설립을 위해 '백만인홍학운동'을 일으켜 전국에서 행각하며 탁발하여 건학의 경비를 모금했다. (陳碧雲 촬영)

면, 도력이 생긴 후 보시하라고 할 필요가 없습니다. 신도가 먼저 찾아와 호법하고 공양할 것이니, 그것이 덕망을 더 쌓는 것 아니겠습니까?

5. 임대료를 받다

과거의 사찰은 매우 컸지만, 후세의 제자들은 참선당·염불당·탑원塔院 혹은 대학으로 이용할 줄도 몰랐고, 사업을 일으켜야 하는 것도 몰랐으며, 전각을 사용할 줄 모르니 대여하거나 팔아버리고, 심지어 다른 사람이 관을 놓아두는 곳으로 제공하기도 했습니다. 별의별 명목으로다가 불교를 쇠퇴시키는 화근을 심었습니다.

과거에는 하나의 사찰이 1, 2개 도로를 낀 토지를 소유했지만, 현재 이와 같은 현상은 이미 사라져 가고 점차 '도시 불교'의 형태가 형성되었습니다. 이러한 현상 역시 나쁜 것은 아닙니다. 불교가 자력갱생하고, 부동산에 기대어 생활을 영위하지 않게 해주며, 출가자가 부잣집 자제의 타성에 젖는 습관을 기르지 않게 해주니, 불교에 대해 이롭기도 합니다.

재부는 자신의 노력·노고·지혜로 얻어야 하며, 완전히 스스로에게 의지하지 않고 자기 생존 능력을 포기한다면 개인적 비애일 뿐만 아니라 단체의 실패이기도 합니다.

6. 서화 예술

과거 일부 청렴한 출가자는 신도에게 보시 받아 생활을 유지하는 것이 내키지 않았으며, 힘들이지 않고 얻어 쓰는 날들을 보내길 원치 않았습니다. 그래서 스스로 서예, 그림 방면에서 업적을 이뤄 글과 그림을 팔아 그 돈으로 자신의 생활과 수행에 필요한 것들을 충당했습니다. 예컨대 제가 초산 정혜사定慧寺에 있을 때 절 앞에 수십 개 암자의 스님들이 모두 서화 예술로 사찰에 상주하는 비용으로 삼는 걸 봤습니다. 심지어 과거에도 서화 방면에서 매우 높은 성취를 이루신 출가자가 적지 않습니다. 예컨대 민국 초기 홍일弘一 대사의 서예와 청나라 네 분의 화승畵僧인 팔대선인八大山人·석도石濤·석계石谿·홍인弘仁의 그림 작품 등이 있습니다.

　제가 특기는 없지만, 지금 공익신탁교육기금을 운영할 수 있는 것은 '일필자'가 사람들의 환호를 받는 덕분입니다. 선한 신도님께서 저의 글을 받은 후에 공익기금에 쓰라고 기부해 주신 덕분에 우리의 홍법 사업은 더 많은 조력을 얻었습니다.

7. 불교용품 유통

사찰 내에는 일반적으로 불교용품 판매처를 설치하여 불자 또는 사회 인사가 각종 불교 서적·불상·불교용품 및 불교영화·불교음악 등을 얻기 쉽게 함으로써 불교의 문물유통을 선도하고 불교문화를 널리 알리고 있습니다. 그러나 불교는 일반사회에서 판매하는 것과는 다르며 영리를 목적으로 하지도 않습니다. 우리가 모아야 하는 것은 불법이요, 인연입니다. 그러므로 불교적이지 않은 것은 짓지 말아야 하며, 불교와 무관한 기념품은 팔지 말아야 합니다.

8. 채식 음식

타이완은 채식 식당이 무척 많습니다. 모두 일관도(一貫道: 불교와 유교가 융합된 도교의 일파) 신도들이 연 것이며, 채식하는 사람들에게 커다란 편의를 주었습니다. 불교 역시 어떻게 채식 음식을 경영할 것이며, 채식주의자에게 편리를 줄 것인지를 생각해 봐야 합니다. 만일 사찰 자체에서 감당하지 못하면 신도에게 요청하여 경영을 맡길 수 있고, 사찰과 교단에서는 자금을 모으는 것을 도와줄 수 있습니다.

그러나 불교의 채식은 지금까지도 표준적인 요리법이 없습니다. 채소 하나만 가지고도 집집마다 요리법이 모두 다르지만, 양식인 햄버거·피자는 세계 어느 나라든 표준양식이 모두 동일합니다. 타이완의 사찰은 공양하려는 마음(供養心)이 커서 많이 먹는 걸 두려워하지 않지만, 단지 채식을 하는 것 외에 좌담회를 더 개최해 불도를 배우는 길로 인도한다면 더욱 이상적일 것입니다.

9. 홍법 사업

사찰은 수행과 전도를 하는 곳일 뿐만 아니라 사회의 문화·교육·예술 등과 결합할 수도 있습니다. 예컨대 라디오·TV 방송국 설립,

신문 발행, 출판사 설립, 각 학교와 미술관을 설립하는 등 각종 사업으로 불법을 널리 알리는 것도 깨끗한 재물 수입을 다소 늘릴 수 있습니다.

10. 관광 및 성지순례

지금은 사찰 대부분이 신도와 여행객을 접대하는 응접실·조산회관 등을 마련하여 사찰을 찾는 분들이 관광과 참배를 하는 데 그치지 않고, 음식과 숙소까지 제공하고 있습니다. 이것 역시 사찰에 깨끗한 재물이 약간 쌓이게 하는 근원이 됩니다. 숙식 외에 불법을 통한 격려와 문화 교육적으로 이끈다면 앞으로 사찰은 마음을 정화하는 곳이 될 것이 분명합니다.

　불교에서 주장하는 재부의 획득은 선을 닦아 복을 늘리고 널리 선연을 맺음으로써 오는 것이며, 모든 얻은 것에는 모두 그 인연과 과보의 관계가 있습니다. 그래서 불광산 개산 후 제가 최우선으로 확립한 것이 깨끗한 재물의 불교식 처리 방법입니다. 특히 '지혜로 금전을 대체한다', '권력을 가진 자는 돈 관리 안 하고 돈 관리하는 자는 권력이 없다', '불법적인 탁발을 하지 않는다', '신도와 공금을 왕래하지 않는다', '사찰에 돌리고 이익은 균등히 나눈다' 등 재물 처리의 관념을 항상 부르짖습니다. 불교의 금전은 시방에서 와 시방으로 가고, 대중이 공유하는 것입니다. 사찰은 깨끗한 재물(淨財)을 잘 사용할 줄 알아야 할 뿐만 아니라, 그 재물의 처리에 관해서도 철저한 관념이 있어야 사찰이 영원히 발전할 수 있다고 생각합니다.

요컨대 저는 일생 사회의 발전에 뒤처지지 않는 불교를 위해서 사상에서 항상 새롭게 하고, 실천에서 끊임없이 조정해 오고 있습니다. 저는 불교가 반드시 개혁되어야 함을 알지만, 열정 하나만 가지고 혁신해 나가자는 건 아닙니다. 제가 제창하는 '조용한 혁명'은 전진도 있고 후퇴도 있습니다. 실천할 때도 있고 멈출 때도 있습니다. 즉시 효과가 나타나지는 않지만, 인내심을 갖고 실천해 나가면 천천히 모든 것을 이겨낼 수 있다고 봅니다.

불타기념관은 '춘절 평안등 법회'에서 불꽃을 터뜨리
는데, 해마다 수십만 명이 참관하러 온다. 2015년

창의성을 발휘하되 지도자가 되지는 않겠다
—— 불교에 무엇을 창조하였나?

불교를 위해 저는 어떤 것도 마다치 않고 하려고
했습니다. 저는 불교를 위해 창의성을 발휘하되,
전문적 지도자가 되지는 않을 겁니다. 불교를 위해
"색신은 사찰에 맡기고, 생명은 용천에 맡긴다"는
생각으로 해야만 합니다. 저는 불교를 위해 발심하
고 불교를 인간세계와 사회로 나아가도록 노력하
겠습니다. 문득 수천수만의 군중이 저를 향해 손
짓하는 모습을 보는 듯합니다. 반드시 홍법이생을
해야 하고 불교를 위해 새로운 국면을 열어나가야
합니다.

저는 어려서부터 정식교육을 받은 적이 없고 심지어 학교도 본 적이 없습니다. 12살에 출가하기 전 서당에서 몇 번 수업을 받았다 쉬었다 한 것이 전부입니다. 다 합해 봐야 시간은 12개월을 넘지 않습니다. 서당에서 공부하려면 매일 동전 4개를 내야 하는데, 그 동전이면 샤오빙(중국식 밀전병) 2개를 살 수 있었고, 늘 돈을 아끼고자 수업에 가지 않았습니다.

출가 후 10년 가까이 보수적인 사찰에서 생활하였는데, 가끔 선생님이 오셔서 우리에게 수업을 해주셨습니다. 그러나 횟수도 많지 않았고 대부분은 노동 봉사로 보냈습니다. 그러나 저는 다행히 반드시 다시 일어나야 하는 신시대에 태어났으니, 새로운 생각과 새로운 관념을 가져야 하고, 다시 세간의 가치를 새롭게 맞춰야 한다는 걸 알고 있었습니다.

기본적으로 저의 이러한 사상·이념은 누군가가 저에게 요구한 것도, 저에게 강요한 것도 아닙니다. 생존해 나가려면 이 신시대에 반드시 적응해야 한다는 생각이 자연스럽게 들었습니다. 다만 전통의 총림에서는 혁신의 기회가 전혀 없고, 제가 겪은 판에 박힌 사찰 10년 생활을 돌아보니, 매일 열을 지어 예불·오래 꿇어앉기·장작 패기·물긷기 등이었습니다. 훈육 스님은 우리에게 신문을 못 보게 했고, 만년필 글씨를 쓰지 못하게 했으며, 불경·불서는 봐도 알지 못하는데 불학 이외의 서적은 못 보게 했습니다. 이렇게 길고 긴 10년이 흘렀고 청소년 시기도 그렇게 지나갔습니다.

17, 8세가 되자 저는 서하율학원에 들어갔습니다. 다행히도 선생님께서 저에게 도서관 관리원을 맡기면서 도서관리 책임을 맡았습니다. 도서관에는 서하 향촌사범대학 도서관의 책들이 소장되어 있었습니다. 항일전쟁 시기여서 사범대학이 해산하고 학교의 도서는 원하는 사람이 없어 책을 사찰로 옮겨왔습니다. 그러나 책을 빌려보는 사람이 없었습니다. 저는 이 기회와 인연을 이용해 적지 않은 서적을 읽었습니다. 이때 저는 마치 막 알을 깨고 나온 듯 인간 세상에 이런 보물이 있었구나 하고 생각했습니다.

후에 저는 태허 대사라는 분이 계심을 알았고, 동급생들은 그가 '신불교'의 지도자라 말했습니다. 저는 태허 대사를 저의 신불교의 지도자로 삼겠다고 생각했습니다. 무엇을 신불교라 하는지는 잘 몰랐지만, 이 시대에는 개혁과 혁신이 필요하고 불교는 상황에 따라 임기응변해야지, 단지 교리에만 얽매여서는 안 된다는 것은 알았습니다.

19, 20세쯤에는 초산불학원에서 공부하고 있으면서 후방에서 승리하여 귀경하시는 태허 대사를 뵈었습니다. 당시엔 마치 부처님을 뵙는 것과 같아 저 자신도 모르게 앞으로 다가가 합장하고 정례를 올렸습니다. 대사께서는 미소 띤 채 저를 보시며 '좋아, 좋아'라고 몇 마디 하시고는 지나가셨습니다. 찰나의 순간이긴 했지만, 감동에 겨워 저는 그 자리에서 한평생 잘해 나가리라 발원하였습니다. 태허 대사의 제자이신 지봉芝峰·진공塵空·대성對醒 등 스님, 설

검원薛劍園·우우虞愚 교수 등이 모두 저의 스승이 되셨고, 그분들께 짧은 기간 강의를 들은 적이 있습니다. 저는 점차 신불교의 방향과 신불교의 목표를 알게 되었습니다.

이때 초산불학원에서 학습하던 저의 생활에 변화가 생겼고, 결연히 학업을 포기하고 스님께 조정인 대각사로 돌아가겠다고 청을 드렸습니다. 불가사의하게도 어떤 인연과 복이 있어서인지는 몰라도, 은사스님의 벗께서 제가 난징에서 돌아온다는 것과 불학원을 다닌 것을 아시고는 현지 국민소학교의 교장을 맡기셨습니다. 그 사이 『대공보大公報』·『신보申報』는 새로운 사상에 눈뜨고 더 큰 세상을 열어 준 도서가 되었습니다. 학교는 소학교여도 서적 구매 예산도 일부 있어서 저는 많은 신간 도서를 사서 읽었습니다. 호적胡適의 『호적문존胡適文存』, 양계초의 『음빙실전집飲冰室全集』과 노신(鲁迅, 루쉰)·모순(茅盾, 마오둔)·로사(老舍, 라오서)·파김(巴金, 바진)의 작품은 저로 하여금 책의 바다를 헤엄치게 했고, 사상으로는 구름 속을 날게 하였습니다. 물질적 곤궁함을 잊고 정신적 식량으로 꽉 채웠으니, 더욱 귀중함을 느낍니다.

22세 되던 그해 서방회전(徐蚌會戰: 일명 화해전투淮海战役. 2차 국공합장 중의 3대 전투 중 하나. 1948~1949)에서 국민당은 곳곳에서 패배하였고, 저는 난징과 이싱에서 이미 전쟁의 참혹함과 생명이 위협받는 것을 보았습니다. 그래서 이듬해 설날 상하이를 거쳐 타이완으로 건너왔고, 그때가 1949년 초봄이었습니다. 타이완에 막 도착했을 때 저는 몸에 걸친 옷 한 벌 외에 신분증 하나와 은사스님께서 주신 십여 개의 은화(민국 초년에 발행된 원세개袁世凱가 그려진 1원짜리 은화)가 전부였습니다. 이렇게 저는 타이완에서의 생활을 펼쳐 나갔습니다.

제일 처음 중리(中壢)와 신주(新竹)에서 2년을 보내면서 적지 않은 문사철文史哲의 서적을 읽었고, 동시에 불학 방면에서도 약간 깨달은 바가 있었습니다. 이 기간에 저는 단편 몇 편을 썼고, 「위대하신 부처님」·「소리 없는 노래」·「성운」 등과 같은 새로운 시 몇 편을 발표하였습니다. 몇 권 읽었던 책의 경험을 토대로 하여 저는 가르치고 잡지를 편집하는 생활을 시작했습니다.

1953년 음력 정월 저는 이란에 도착했습니다. 과거 중국에 있을 때 장차 불교를 위해 길거리에 벽보를 붙여 선전하고 불교의 전단지를 나눠주며, 거리에서 강연을 하고, 불교가 군중에게 다가가게 하겠다는 등 색다른 방법으로 홍법하는 생각을 해본 적이 있습니다.

그러나 이란은 장소가 협소하고 낡았으며, 저 자신의 경제여건은 제로에 가까웠습니다. 그러나 새로운 사상의 불꽃은 바로 그곳에서 저를 다그치며 불교의 새 불씨를 지폈습니다. 그래서 불교합창단을 설립하고 청년단·학생회·아동반을 조직하였으며, 문예반·홍법대를 창설하였습니다.

불교를 위해 저는 어떤 것도 마다치 않고 하려고 했습니다. 저는 불교를 위해 창의성을 발휘하되, 전문적 지도자가 되지는 않을 겁니다. 불교를 위해 "색신은 사찰에 바치고, 생명은 용천에 맡긴다"는 생각으로 해야만 합니다. 저는 불교를 위해 발심하고 불교를 인간세계와 사회로 나아가도록 노력하겠습니다. 문득 수천수만의 군중이 저를 향해 손짓하는 모습을 보는 듯합니다. 반드시 홍법이생을 해야 하고 불교를 위해 새로운 국면을 열어나가야 합니다. 저에게 그럴 만한 자격이 있다고는 감히 말할 수 없지만, 오로지 믿는 것은 '나에게는 마음이 있고, 힘이 있다'라는 것입니다. 저는 불교를 위해서라는 마음을 가지면 가질수록 창의적인 것이 끊임없이 마음의 바다에서 용솟음칩니다.

　이 많은 혁신으로 당시 불교계의 비난을 겪을 대로 겪었고, 저를 홍수나 맹수처럼 엄청난 재액으로 보기까지 했지만, 저는 다른 생각을 할 틈이 없었습니다. 일심으로 불교를 위해 자신의 조그만 기력이라도 다할 것이고, 불교가 당대에 적응하도록 해야 한다는 생

성운 대사는 이란청년합창단을 이끌고 방송국에서 녹음하였으며, 법음을 널리 퍼뜨리자며 불법을 포교했다. 1954.10.17

각만 했습니다. 그리하여 점차 개혁과 혁신을 해냈습니다. 오늘날까지 불교합창단·음반 녹음제작·CD·TV 홍법·가정법회·소재담선(素齋談禪: 사찰음식을 나누며 불법을 얘기하는 자리)이 각 사찰에서 널리 퍼지고 있지 않습니까? 이제 몇 가지를 여기에 기록하려 합니다.

음악

저는 음치이지만 음악은 국경이 없는 언어이자, 불법을 널리 알리는 가장 효과적인 도구임을 압니다. 처음 이란에 도착해 제가 합창단을 조직하자 수많은 젊은이들이 받아들이고 우르르 몰려오지 않았습니까? 불경의 십이부경 가운데 산문체로 쓰인 「장행長行」은 두루 유통되고 있으며, 시가인 「게송偈頌」 역시 매우 중요합니다. 제불여래께서는 모두 시방 신도들의 찬송을 받으시지만, 수천수만의 중생 역시 은은하게 들리는 노랫소리를 듣기 희망합니다.

음악으로 홍법하기 위해 부득이 작사 연습에 착수했고, 작곡 전문가를 초빙했습니다. 초기에는 「서방西方」·「홍법자의 노래」·「종소리」·「어서 부처님 곁에 모이자」·「보리수」·「불교청년의 노랫소리」 등 부르기 쉬운 곡조의 노래를 많이 제작했습니다. 우리는 사찰의 마당·사회의 강당·국가의 전당에서 소리 높여 노래 불렀고, 군대와 학교·공장·교도소 안에서도 노래를 불러 커다란 효과를 보았습니다.

반응이 뜨거운 것을 보고 합창단의 영향을 확대하고자 염불 대중수행 집회에서 전통적인 순서 중 제일 마지막의 「회향게」를 노래로 부르거나 「기원문」으로 대신하게 하니, 모두들 감동하였습니다. 사람을 초빙해 범패 찬게讚偈의 음률을 간단한 악보로 만들었습니다. 악보가 생기니 모두 원래 불교의 찬게가 이렇게 부르기 쉽다는 것을 느꼈고, 더는 구전으로 하지 않아도 되고, 박자를 맞출 수 있게 되니 배우기가 더욱 쉬웠습니다.

물론 보수 인사들의 반대는 굳이 말을 안 해도 알 수 있습니다. 이루 말할 수 없는 어려움 아래 저는 신도가 기부한 깨끗한 재물을 녹음테이프 제작에 썼고, 심지어 음반까지 제작하여 노래의 영향력 범위를 넓혔습니다. 노랫소리가 가장 많은 곳이 방송국 아니겠습니까? 그래서 다시 더 많은 사람이 불교 노래를 들을 수 있도록 방송국 방영을 추진했습니다. 당시 중국광보공사中國廣報公司·빈본광보民本廣報 방송국에서 프로그램을 제작한 적이 있습니다.

이란의 장년층이나 노인들은 반대도 칭찬도 없었습니다. 젊은이들만이 와서 노래를 불렀습니다. 저는 이것이 젊은이들이 노래를 부르는 것이고, 젊은이들의 노래에 속하니, 의견이 서로 다르다고 해서 낙담할 필요 없이 젊은이들을 칭찬하고 더 격려해 줘야 한다고 생각했습니다.

불교 노래 낭랑하고 우렁차며, 부처님의 법음은 미몽에서 우리를 일깨우시네.

1953년 「홍법자의 노래」 등 많은 불교 노래가 방송을 타고 불리기 시작한 뒤, 삽시간에 확 퍼져 따라 부르는 사람이 많았습니다. 심오心悟·자운煮雲·광자廣慈 등 많은 스님과 이병남 거사 등도 작사에 참여하고, 사람들을 초빙해 작곡을 부탁하였습니다. 나중에 타이완대학의 여려리呂麗莉 교수·타이베이 공업전문대의 오거철吳居徹 교수·이중화李中和·소읍음蕭泣音 부부, 또한 많은 신인이 다 함께 참여하여 노래로 불법을 널리 알렸습니다.

　불교 노래 외에 저는 또 생각했습니다. 전통불교의 범패 찬송게에는 6구句 찬게, 8구 찬게 등이 있는데 노래곡조가 매우 길어 마치 경극처럼 심오하고 배우기 쉽지 않았습니다. 그래서 따라 부르는 사람이 무척 적었습니다. 그러나 2천여 년이나 전승되어 온 범패의 장엄함과 신성함은 대신할 수가 없습니다. 과거에는 불전 앞에서만 승가들이 아침저녁으로 예불하면서 부처님에게 들려주려고 노래하였는데, 왜 우리는 모든 불자에게 들려주어 대중의 생활 안에 부처님과 승가를 존경하고 앙모하는 범패음악의 법희를 더하게 하면 안 됩니까?

　1980년부터 이란 합창단 출신의 자혜 스님·자용 스님은 범패의 노랫소리를 국가전당으로 가져왔고, 세계 순회공연까지 하였습니다. 미국 LA 뮤직센터(Los Angeles Music Center)·코닥극장(Kodak Theater)·영국 런던 로열극장(London Royal Theater)·독일 베를린 필하모닉(Berliner Philharmoniker)·뉴욕 링컨센터(New York Lincoln Center)·호주 시드니 오페라하우스(Sydney Opera House)·캐나다 밴쿠버 엘리자베스극장(Queen Elizabeth Theater) 등 파란 눈에 우뚝 솟은 코를 가진 많은 서양 인사들이 입장권을 사서 집중해서 듣는

불광산 범패찬송단은 불교계에서는 처음으로 세계 으뜸인 뉴욕 링컨센터에서 공연하였다. 2001.10.19

것을 보았습니다. 공연이 끝난 뒤에 청중은 약속이라도 한 듯이 기립하여 몇 분간 열렬히 손뼉을 쳤고 앙코르 소리가 귀에서 끊이지 않았습니다.

드디어 '불교의 노래가 삼천세계 안에 전해지고, 불법은 만억 나라 가운데로 퍼지다'라는 이상과 목표를 진정으로 실현했습니다.

음악 포교의 범위는 점차 전 세계 불광산의 분별원으로 발전되었습니다. 미국 LA 서래사에 '불광청소년교향악단'을 설립하였고, 뉴저지주에도 불광청소년관현악단이 설립되었으며, 타이베이의 영부 스님과 각원 스님께서 전적으로 맡고 계신 '인간음연범락단人間音緣梵樂團' 등이 있습니다. 자이(嘉義)의 남화대학 개교 초기 '아악단雅樂團'을 만들며 저는 성공할 것임을 낙관하였습니다. 학교에 더 많은 격려를 당부하였고, 10여 년간 발전을 거듭하여 현재는 이미 세계의 중국음악 중 유일한 중국궁정악단이 되었습니다.

2003년 불광산문예기금회의 자혜 스님은 저의 글 중에서 노랫말로 쓰기 적합한 문장을 발췌하여 가사집으로 편집, 전 세계에 편곡을 모집하였는데 5, 6년 동안 이어지고 있으며, 타이베이 국부기념관에서는 '인간음연' 불교가곡발표회를 일주일간 거행하였습니다. 입선한 노래는 가사에 중국어·영어·일본어 등 각국의 적합한 언어로 불렸는데, 마치 전 세계 각지의 불광합창단이 한 곡씩을 뽑아 부르는 것 같았습니다. 그래서 매년 4월 8일 부처님 탄신일에 불타기념관에 전 세계 각국에서 오신 불광인은 만인이 함께 부처님을 찬탄하고, 이를 많은 사람에게 전파하고 있습니다.

2010년 작곡가 유가창劉家昌 선생이 타이베이 아레나에서 3만 명이 모이는 음악회를 개최했는데, 현장에서 공연한 노래는 그가

2003년 타이베이 국부기념관에서 거행된 '인간음연'에 참석한 성운 대사는 50년 전의 불교함창단원들과 '불교청년의 노랫소리'를 합창하셨다. 좌측부터 성운 대사, 자혜, 자용, 의공, 영부 스님.

작곡하고 제가 작사한 「운호지가雲湖之歌」였습니다. 들자니 좋은 평을 많이 들었다고 합니다. 현대식 무대 위 공연에서도 불교 노래로 환영받을 수 있음을 알 수 있었습니다. 특히 현대의 관혼상제 의식에서 불교음악이 낭송됨으로 장엄해지고 사회 기풍도 개선되었습니다. 더 중요한 것은 인심이 정화되고 사회도덕도 자연스럽게 따라 올라갔다는 것입니다.

운호지가雲湖之歌 .

아동반

불교합창단이 노래로 전교하기 시작하면서 가끔 제가 애초 어떻게 해서 출가하겠다고 마음을 먹었는가를 생각할 때가 있었습니다. 당시는 어려서 무엇이 요생탈사了生脫死이고, 번뇌를 끊어낸다는 것이 무엇인지 전혀 몰랐습니다. 지금 생각해 보면 4, 5세부터 외할머니를 따라 선당善堂에서 예불하고, 법회에 참가했습니다. 가족들에게 듣기로는 제가 태어나고 한 달 뒤, 관세음보살의 양아들이 되기로 했다고 합니다. 그러므로 성장하는 동안 관세음보살 옆의 선재동자는 더욱 친근하게 느껴졌고, 우리 아동 역시 부처님과 함께할 수 있다고 생각했습니다.

어렸을 때 접했던 이 소소한 선연이 일생의 감로수가 되었습니다. 후에 아이들을 보면서 그들에게 복덕 인연을 주고, 그들을 위한 일을 해야겠다는 생각이 들어, 불교와 아동과의 관계를 연결 짓기 시작했습니다. 그래서 1950년부터 자애유치원을 여는 것 외에도, 매년 이란 뇌음사는 칠일 정진법회를 열고, 쓸만한 방들이 많이 있지 않았지만, 그래도 섬돌 앞 공터를 이용하여 아동들을 모아 집회를 가지며 '주말학교'라 불렀습니다. 어린 친구들에게 어려서부터 이야기들을 들려줌으로써 선량한 인격을 배양하게 했습니다.

제일 처음에는 겨우 2, 30명 정도의 아이밖에 없었지만 짧은 시간 홍보를 통해 한순간 아이가 늘어나면서 아동반이 설립되었습니다. 저 혼자 바빠서 손을 쓰지 못하면 다행히 청년단의 청년들이 아동반의 선생님을 맡았습니다. 임 선생님이라고 계신데, 아동반에서 50여 년 동안 가르치시는 것을 멈춘 적이 없습니다. 그가 바로 신도 임청지林淸志의 누나 임미월林美月입니다.

이 아이들과의 순수했던 대화가 아직도 눈에 선합니다.

"어린이 여러분, 나의 집은 모두 불교를 믿습니다. 여러분 집에서는 어떤 종교를 믿나요?"

아이들이 큰소리로 대답합니다.

"불교요."

"불교의 교주는 석가모니 부처님입니다. 불교의 교주 이름이 무엇인지 아나요?"

그들은 자신 있게 말합니다.

"석 - 가 - 모 - 니 - 부처님이요."

"어린 친구들, 오늘 불교를 믿었으면 앞으로도 불교를 믿어야 하고, 불교 신앙을 바꾸지 말아야 하고 영원히 불교를 믿어야 해요. 여러분은 영원히 불교를 믿을 수 있나요?"

어린이들은 저마다 자신 있게 대답합니다.

"영원히 불교를 믿을 거예요."

그때 그 아이들을 보며 한 사람당 하나씩 사탕을 나눠주고 싶다는 생각을 했습니다. 다만 주머니 사정이 여의치 않아 사탕조차도 사기 힘들었으니, 한 사람당 빵 하나씩은 꿈도 못 꿀 일이었습니다. 물질은 빈약해도 보리의 씨앗이 성장하는 데는 전혀 영향이 없었고, 지금까지 아동반의 많은 어린 친구들이 이미 대학교의 교수를

성운 대사는 불교계 첫 유치원인 '자애유치원'을 설립했다. 1956.7

성운 대사는 '아동은 장차 국가의 희망이니 보호해야 한다'고 말씀하신다. 사진은 불타기념관에서 야외 학습하는 어린이와 악수하고 있는 성운 대사. 2012.6.30

지내시거나 고등학교 교사에서 퇴직하신 분들도 계십니다. 예를 들어 불광대학교에서 자원봉사를 전문적으로 맡고 있는 장조張肇, 평생 교도소 포교를 하고 계시는 이란 대학교 강사 임청지, 전 교육부 훈육위원회 상무위원 정석암鄭石岩 교수 등은 모두 당시 아동반의 어린이들이었습니다.

이란의 아동반에서 시작해 지금까지 전 세계 각 분별원에도 아동반을 만들었습니다. 그밖에 국제불광회 자용 스님·각배 스님 등이 세계 각지에 '불광 보이스카우트'을 설립하고 세계 보이스카우트 조직에 회원 가입하였으며, 해마다 대표를 뽑아 세계 각지에 파견하며 아동들이 국제무대로 나가게 합니다.

예컨대 2004년 스페인에서 열린 제1회 세계 보이스카우트 종교회의에 참여하여 제2회 개최권을 얻었습니다. 2005년에는 태국에서 열린 아태지역 보이스카우트 대회에 참가하고, 2006년 불광산에서 제2회 세계 보이스카우트 종교회의를 개최하였습니다. 2009년 불광 보이스카우트는 일본 본서사本栖寺에서 여름 캠프와 가나가와 잼버리를 거행했습니다. 이밖에도 서래 보이스카우트의 많은 보이스카우트 대원은 이글 스카우트 등급까지 승급했습니다. 이글 스카우트 등급은 미국 보이스카우트의 최고 영예라고 합니다.

이외에 매년 국내외 각 분별원도 아동 여름캠프를 거행하고 있습니다. 그곳에 참여한 타이완의 어린이들은 불광산에 모여 다 같이 행사를 합니다. 몇 차례로 나누어 거행하는데 매회 수천 명씩 참석합니다. 「인간위시」는 2003년부터 어린이를 위해 일련의 '소소독경쾌락행小小讀經快樂行', '수퍼 독경왕', '어린이 장원을 찾아라' 등 어린이 교육프로그램을 제작 방송하여 경전이 생활에 흘러 들어가게 했습니다.

2004년부터 타이완에서 독경반을 널리 보급한 것 외에, 국제불광회는 홍콩국제경전문화협회, 후난중화문화대학, 말레이시아 말라카 문교기금회 등의 기관과 결합하여 수년간 홍콩·베이징·타이베이 등에서 '전 세계 중화문화 경전 낭독대회'를 개최하는데, 양안 세 곳·인도·태국·싱가포르·말레이시아 등 많은 나라의 아동이 매년 2천여 명 넘게 참가합니다.

불경에서는 경시해서는 안 되는 네 가지를 말하고 있습니다. 아동은 비록 작지만, 자라면 모두 국가의 동량지재입니다. 인간 세상의 모든 일은 우리의 생각 하나에서 이루어집니다. 저 자신의 어린 시절 좋은 인연이 생각나자, 지금의 아동에게 이 많은 선연을 널리 심고 불교의 묘목인 그들을 열심히 배양하여, 장차 여래의 가업을 맡을 누군가 계속해 불법혜명을 널리 발전시킴으로써 다음 세대의 인간에도 복을 짓게 하고 싶었습니다.

이동진료소와 이동도서

일찍이 청소년 시절부터 불교가 당대에 널리 알려지려면 대학 하나·신문사 하나·방송국 하나가 필요하고, 특히 의료원·양로원·보육원 등 자선사업에 참여해야만 한다고 생각했습니다. 당시 중국도 일부 사찰은 이미 앞장서서 진료 자선사업을 하고 있었습니다. 1961년 초 싱가포르를 방문하였는데, 그들의 무료진료 의료는 상당히 성공적으로 이루어지고 있었습니다. 당시 기독교가 타이완에서도 매우 융성하였고, 그들이 세운 학교와 병원에서 대중의 돈을 벌어들이고 있는데도 대중은 그들이 잘한다고 말합니다. 이로써 의료는 대중에게 필요한 것임을 알 수 있습니다. 그런데 불교는 사회에 필요한 사업을 하지 않는 이유가 뭘까요?

저는 가오슝에 불광산을 세우면서, 절을 건립하고 홍법하느라 바쁜 와중에도 사회를 위한 의료적 봉사를 해야 한다는 생각을 했습니다. 그래서 개산 초기에 작은 진료소를 설립해, 본산의 제자들과 근처 주민들에게 무료진찰을 하기 시작했습니다. 그러나 본산 부근의 치산(旗山)·류구이(六龜)·자셴(甲仙)·싼민(三民)·타오위안(桃源) 등 향과 진은 모두 산간지역으로 원주민이 대부분이었는데, 양질의 의료혜택을 받을 방법이 없으니 자연히 일을 못 하고 돈을 벌 수 없었습니다. 특히 산길이라 교통이 불편하여 아프지 않은 사람도 울퉁불퉁한 길을 따라 흔들리며 지나는 것이 쉽지 않을 텐데, 아픈 주민은 더 말해 무엇 하겠습니까?

이를 위해 저는 또 하나의 방법을 생각했습니다. 의료를 산간지역으로 보내자! 돈 있는 사람이 깨끗한 재물을 약간 내어 병으로 고통받는 사람에게 의료혜택을 받게 돕자는 것입니다. 그래서 우리는 여러 대의 소형차를 구매해 '운수의원雲水醫院'이라 이름 지었습니다. 가오슝 의과대학·장경長庚·영총榮總에서 큰 도움을 주셨습니다. 기꺼운 마음으로 봉사해 주신 많은 의원의 의사와 간호사 여러분 감사합니다. 매일 아침 운수의료차량은 의료진과 스님을 태우고 불광진료소를 출발하여 멀고 외진 곳을 찾아 주민을 진료했습니다. 의료차량의 진료에 있어 속도는 무척 효율적이었습니다. 차 한 대가 A 지역에서 B 지역까지, 한 마을에서 다른 마을까지 매일 백여 명을 위해 봉사할 수 있었습니다.

하지만 때로는 자선사업도 쉽지 않았습니다. 운수의원을 추진하는 데 있어 산간지역의 원주민 대부분이 기독교 신앙을 하고 있어 달가워하지 않는 목사는 차치하고라도, 현지의 행정체계에서도 곤란한 일에 많이 부딪혔습니다. 산간지역에는 주민을 위해 진료해 주는 위생소衛生所가 설치되어 있지만, 의료적 책임을 짊어지려 하지 않았습니다. 게다가 운수의료차가 도착하면 거의 문을 닫아버리기까지 했습니다. 그들은 우리가 의료법을 위반했다고 정부에 투고까지 했습니다. 그러나 운수차량의 의사는 모두 대형병원의 명의이고, 우리가 사용하는 약품 모두 유명 제조회사의 합법적인 약품이며, 자선을 펼치면서 비용도 받지 않는 우리를 정부에서도 정지시키기가 곤란했습니다.

이 일로 원래 좋은 일도 타인의 입장을 고려해야지, 트러스트(trust)의 관념을 가져서는 안 된다는 걸 깨달았습니다. 내가 하는 일이 좋아도 저들의 생존에 위협이 된다면 원만하다고 할 수 없습니다. 결국, 운수의료의 추진을 망설이다가 본산 아래에 설치한 뒤 '불광진료소'라고 명명했습니다. 본산과 본산을 찾아오는 대중, 그리고 다수(大樹) 지역의 주민들을 위한 비교적 작은 범위의 봉사를 했습니다. 전공의와 간호사 외에 기독교병원에서 수간호사를 맡았던 묘승妙僧 스님에게 책임을 넘겨주었습니다.

운수의원이 이루어지지 않자 저는 이동도서 차량으로 바꾸어 이름도 '운수서방雲水書坊'이라 지었습니다. 멀고 외진 곳의 어린이와 주민이 교과서 외의 책을 읽기 쉽지 않다는 생각이 들어, '내가 책을 살 테니, 당신은 책을 읽으시오'라는 제안을 하여 멀고 외진 곳에 책을 보냈습니다. 매일 고금의 명작 및 어린이들이 보고 싶어 하는 각종 책을 가득 담은 차량은 '갈매기 아저씨(海鷗叔叔: 이동도서 봉사자)'가 운전하며, 매일 시골 마을과 학교를 돌아다니면서 누구나 책을 빌려볼 수 있게 했습니다.

차량마다 봉사자가 함께 탑승하여 다정하면서도 생동감 있게 이야기를 해주거나 음악을 할 줄 아는 봉사자는 사람들을 위해 얼후를 연주하거나 하모니카를 불어 주기도 합니다. 지금도 50대의 이동도서 차량이 각지에서 널리 선연을 맺고 있는데, 큰 환영과 호응을 얻고 있습니다. 심지어 다수시의 과일 축제 때가 되면 맛있는 여주를 차량에 싣고 가 그 지역의 학생과 선생님에게 나눠주고 있습니다.

『인간복보』설립의 주된 목적은 모두가 신문을 읽도록 권장하고, 신문을 구독하기를 권하는 것입니다. 그러나 돈은 있지만 신문 볼

50대의 이동도서 차량은 차량마다 만 권의 책을 준비해서 매회 2천 권씩 싣고 출발해 전 지역을 순회한다. 2012.11.2

시간이 없다고 말하는 사람이 있습니다. 그래서 '내가 신문 구독해 줄 테니, 당신은 신문을 보시오'라는 제안을 하여 수많은 이들의 반향을 일으켰고, 지금까지 1~2만 부의 『인간복보』를 각 학교와 각 기관단체에 보내어 결연하고, 심지어 교도소에도 보내 수감자의 마음을 위로하고 있습니다.

30여 년 전, 타이베이 보문사는 보문의 문을 활짝 열어젖히는 운동을 추진했습니다. 채식주의자가 한끼 식사하려고 해도 먹기가 쉽지 않았던 때라, 보문사는 '내가 밥을 지을 테니, 당신은 먹기만 하십시오'라는 제안을 해 무료로 누구나 와서 식사할 수 있게 했는

성운 대사께서 '차 대신 죽'을
제창하셔서, 매일 무료로 팔보
죽을 공양하고 있으며, 현재는
'평안죽'이라 부른다. (향해문화
제공)

데, 반응이 뜨거웠습니다. 후에 쏭산(松山) 기차역 근처의 불광산
타이베이 도량은 오가는 사람이 많아 매일 무료로 '평안죽平安粥'
을 나눠주면서 '차 대신에 죽'을 제창하였습니다. 당신이 오시면 차
대신 죽 한 그릇 보시하겠습니다. 누군가는 갈증이 해소되고, 누군
가에게는 배를 채울 수 있으니 채식주의자에게는 편리함을 베푸는
선한 행동입니다.

　이른바 "물 한 방울의 은혜를 샘물로 갚는다(滴水之恩. 湧泉以報)"
하였습니다. '적수방滴水坊'을 설립한 이유가 바로 불법에서 강조하
는 '네 가지 은혜에 보답한다'는 사상을 실천하기 위해서입니다. 그
중 부모의 은혜에 보답하고, 국가의 은혜에 보답하고, 스승의 은혜
에 보답하는 것은 쉽게 이해가 갑니다. 하지만 '중생의 은혜에 보
답'함이란 무엇입니까? 어떻게 수많은 중생의 은혜에 보답합니까?

　무수한 중생 중에서 사농공상이 각기 다른 일에 종사하고 있고,
그들이 있으므로 저도 이 세간에서 생존해 나갈 수 있습니다. 사농
공상 가운데 그들도 가끔 필요한 것이 있어야 저도 그들과 인연을
맺을 수 있습니다. 그러나 저의 이 이념은 실행하기가 쉽지 않습니

다. 어디서든 죽 한 그릇이든 밥 한 그릇이든 구매비용이 들고, 차 한 잔이든 물 한 잔이든 금전적 지불이 빠질 수 없기 때문입니다. 그래서 각지의 적수방은 인건비와 물자의 원금을 위해 비용을 받는 걸 숙고해야 했습니다.

　말은 이러해도 저는 절대 낙담하지 않았습니다. 현재 불광산 불타기념관 안에 '장수림樟樹林 적수방'을 설립했는데, 당신이 면 한 그릇을 먹든 밥 한 그릇을 먹든, 당신이 돈을 지불하든 안 하든 신경 쓰지 않습니다. 불광산 '단신루檀信樓'도 마찬가지로 당신이 오기만 하면 평안죽 한 그릇을 대접합니다. 돈이 있으면 공덕함에 조금 보시하시고, 만일 사정이 여의치 않으면 먹고 난 뒤 아무 일 없다는 듯 당당하게 가도 됩니다. 마음에 담아두지 않아도 됩니다. 또 불광산 각 객당客堂에는 불광차, 용정龙亭·불광대로(佛光大道) 정자 쉼터에는 모두 차를 마련해 두었으니, 걷다가 힘들거나 목이 마르면 앉아서 불광차로 목도 축이고 다리도 쉬면서 풍경도 잠시 감상하면 됩니다. 이것도 모두 선한 신도 대중의 아름다운 뜻이 모아져 환희로운 공양으로 삼고 있는 것입니다.

　불광산의 조산회관朝山會館·운거루雲居樓의 대중공양하는 장소에는 매일 수백·수천 명이 동시에 식사합니다. 당신

성운 대사의 친필 서예, '滴水之恩, 湧泉以報'.

이 장기간 묵고 있건 지나가는 여행객이건 목판 소리가 한 번 울리면 앉아서 식사합니다. 식사 후에 당신이 떠나면 당신이 어디로 가는지 저도 모릅니다. 당신이 다른 사람과 인연을 맺고 싶고 보답하고 싶다면, 많은 전각이 있으니 들어가셔서 원하는 만큼 보시하면 됩니다.

'결연·보시·보은'은 적수방을 설립한 종지입니다. 내가 가진 것이 있으면 보은할 수 있지만, 내가 가진 것이 없고 궁하면 타인이 주는 것을 받을 생각뿐이니 보은할 방법이 어디 있겠습니까? 사실 반드시 부자여야 보은할 수 있는 것은 아닙니다. 좋은 말 한마디 해주고, 작은 봉사하고, 목인사 한번 하고, 미소 한번 띠고, 합장 한번 해주는 것 모두 보은입니다. 우리가 먹고 입고 쓰는 것 모두 사회 대중의 지지에서 왔음을 생각하고, 물 한 방울의 은혜도 샘물로 갚을 수 있다면 이 얼마나 아름다운 일이겠습니까?

"부자의 술 한 잔은 가난한 이의 일 년 치 식량이다"라는 말이 있습니다. 돈 있는 사람은 돈을 헤프게 쓰며 낭비하지만, 빈곤한 사람은 죽 한 그릇, 밥 한 그릇도 배불리 먹기 어렵습니다. 고향에서의 어린 시절 생활을 떠올려 보면, 모두가 밥 한 그릇도 구하기 어려웠던 힘든 날들을 보냈습니다. 지금 우리는 배부른 사람이 배고픈 사람의 굶주림을 이해해야 합니다. 내가 이 많은 걸 누릴 수 있는 것도 시방에서 이루어져 온 것입니다. 그래서 과거 총림에서 쓰는 언어에는 항상 '시방물十方物'·'시방중생十方衆生'·'시방대중물十方大衆物'이라고 하여 시방에서 성취되어 온 것에 대해 감사의 마음을 표시했습니다.

그러므로 우리도 마땅히 공양하는 마음이 있어야 합니다. 누구나 불교를 위해 옷·차·죽·책·신문·의료를 보시할 수 있습니다. 보시는 길게 흘러가는 가는 물줄기이고, 끊임없이 흘러나오는 살아있는 물의 원천입니다. 맛좋은 샘에서 흘러나온 물이 한 방울씩 사람들에게 떨어지면 장차 사회의 빈부는 평준화되고, 보시한 자는 복을 받고, 보시 받은 자는 환희로워 피차 다 이로울 수 있습니다.

평안등

저는 쑤저우 북쪽 가난한 마을에서 태어나 자랐는데, 고향에서 2리 떨어진 곳에 토지사당이 있었던 기억이 납니다. 설날이 되면 모두 등을 달곤 했습니다. 등이 없어 세상이 칠흑처럼 어두웠던 시대에 등을 걸 수 있다는 것만으로도 이미 대단한 등 축제와 같았습니다. 밤이 되면 고향 사람들은 '등 달았으니 등 보러 가자!'며 노인과 아이를 부축해 나왔으며, 무척 즐거웠습니다. 지금 생각해 보면 단순히 등 몇 개 단 것뿐인데, 모든 사람에게 환희와 희망을 가져다주었던 것입니다.

그래서 설날 연휴에 대중에게 불광산에 와서 예불하는 것 외에도 평안등平安燈을 설계하여 대중이 감상하도록 하며 누구나 등을 달고 복을 빌게 합니다.

불교에서 '등'은 광명을 나타냅니다. 대중에게는 마음의 등을 밝히라고 자주 얘기합니다. 대중이 등 하나를 밝혀 부처님 전에 올리

불광산 평안등 법회. (鄭調億 촬영)

면 자신의 마음에도 등을 밝히는 것과 같다는 생각을 했습니다. 안
타깝게도 처음 머물렀던 사찰은 등을 공양해도 놓을 장소조차 없
었고, 등을 밝혀도 어디다 올려야 할지 몰랐습니다.

불광산을 창건한 뒤 우리는 평안등을 밝히기를 권장했습니다.
누구나 부처님 앞에 마음의 등 하나 밝히고, 회랑으로 나가서 붉은
등을 걸 수 있습니다. 등 하나의 아름다움이 신도와 부처님이 광명
안에서 교류하게 합니다.

불광산의 상등법회上燈法會에서 저는 신도 대중에게 말했습니다.

"오늘 전 세계에 여러분이 광명을 주었고, 세간에 따스함을 주었
으며, 어둠을 몰아냈습니다. 여러분의 이 등 하나에서 부처님은 공
양하는 여러분의 마음을 보실 겁니다. 세계 각지에서 오신 여행객
들도 여러분의 광명을 보았고, 여러분의 공덕을 느꼈습니다. 선종

에서 말하는 '천 년간 어둠이 깔린 방안에 등 하나 놓으니 곧 밝아졌다'라는 말처럼 말입니다."

마음의 등을 밝히면 사람의 일생도 밝게 빛나기 시작합니다.

초기에는 대외적으로 '등을 밝히자'를 전파할 생각이 없었습니다만, 수십 년 동안 남북의 크고 작은 사찰은 대부분 평안등·불조등佛祖燈의 행사를 시행하고 있었습니다. 신이든 부처든 사람이든 광명을 원하고, 누구나 마음의 등을 밝히길 원한다는 것을 알 수 있습니다.

4, 50년 동안 불광산은 평안등 축제에서 화예등花藝燈 전시회, 화목기석등花木奇石燈 전시회까지 점차 타이완 전체에 영향을 주게

불광산은 2002년 대만에서 처음으로 전자동 공중궤도 등 축제 '천마행공天馬行空'을 설계하여 불법을 민간예술과 결합시켰고, 매일 수만 명의 민중이 관람코자 찾는다. 2002.1.2.~3.13

불광산 주지 심보 화상이 대중을 이끌고 봄을 여는 첫 번째 향을 사르고
있다. 2019.2.5 (劉昀昀 촬영)

'불광산 2019년 평안등 법회' 불이문 루미나리에 경관. 2019.2.5 (莊
美昭 촬영)

불광산 대자육유원의 삼호 카니발의 꽃차. 2019.2.4 (梁淸秩 촬영)

불타기념관 성불대도 양측에 단채
으로 만든 8,888개의 형형색색 등
이 걸려 있다. 2019.2.5 (楊瑞寶 촬

불타기념관 불꽃놀이. (蔡榮豊 촬영)

2019년 테마 등 '圓滿如意, 諸事吉祥(가족이 원만하고 좋은 일 있으며, 모든 일이 길상하기를 축원)'은 『서유기』에서 따왔다. (莊美昭 촬영)

대수향 홍전리 지역주민이 「부처님의 빛 온 누리에 비추는 기도법회 및 제등대회」에 참가했다. 2019.2.18 (陳淑婷 촬영)

불광산 장경루 2019년 신춘 일필자 법좌회. (李宸禎 제공)

불광산 춘절 등축제의 테마 등 '금계보희金鷄報喜'는 높이 8미터로, 화예전시회 전체를 둘러볼 수 있는 가장 높은 곳에 위치해, 7가지 언어로 모두에게 아미타불을 인사한다. 2005.2.9.~3.9

되었습니다. 현재 타이완 전역에서 매년 각 현과 시 지자체가 돌아가며 등 축제를 개최하는데 매번 수십만, 심지어 수백만 명 이상이 찾아와 관람합니다. 2005년 당시엔 타이베이시장에 재임하고 있던 마영구馬英九 선생이 불광산에 7가지 언어를 말할 줄 아는 '계년춘효鷄年春曉' 테마등인 '대공계大公鷄'를 빌려 타이베이 등 축제까지 출장 나가 대중과 함께 정월 보름을 보내기도 했습니다. 무척 좋은 평가를 받았다고 들었습니다. 2011년 설날 우리의 '삼호사미三好沙彌'는 가오슝시 등 축제에 참가하여 적지 않은 대중과 기념사진을 찍었습니다.

등은 광명을 상징하는데, 인간에게 광명이 있어야 비로소 진실·선함·아름다움(眞善美)이 있습니다. 모든 사람은 마음의 등을 밝혀야 마음의 등이 밝아지면서 부처님의 빛이 두루 비추고 사회 공익의 표창으로까지 이어지니, 이것이 우리가 사회를 위해 등을 밝히는 것 아니겠습니까?

불광기원문

앞에서 말한 '등을 밝히다'는 부처님의 광명을 빌려 자신의 마음에 등을 밝히는 것입니다. 부처님과 마음이 닿는 가장 직접적인 것은 '기원문'입니다. 훌륭한 불법 교의가 일상생활과 결합하고, 사람 마음 깊이 들어가 생활의 일부분이 되게 하려고 대중을 위한 기원문을 썼습니다. 누구나, 언제, 어디서나 기원과 축복을 할 수 있고, 사회의 각 업종에 관심을 가질 수 있으니 저와 중생은 하나라는 느낌을 받았습니다.

부처님의 제자인 우리는 모두 부처님과 마음속 심사를 털어놓기를 바랍니다. 마치 친한 친구와 서신과 전화를 서로 주고받으면서 우정과 관심을 표시하는 것처럼 말입니다. 제 신앙의 교주이신 부처님과 어떻게 마음을 이어야 할까요? 저는 예불하고, 염불하고, 찬탄하고, 우러러 바라봅니다. 그러나 수많은 찬미와 예불 중에도 부처님께서 우리 마음의 소리를 들어주셨으면 하는 수많은 바람이 있습니다.

과거에 신도들은 대부분 부처님을 향해 '평안을 주십시오, 행복을 주십시오, 몸이 건강하게 해주십시오, 사업이 순조롭게 해주십시오'라면서 대부분 부처님께 요구를 합니다. 사회에 관한 관심이나 타인에 관한 관심은 매우 적습니다. 불교의 수많은 찬게 가운데는 '두 손 모아 세계의 평화를 위해 기원하오니 하늘땅처럼 영원하게 해주십시오', 또는 '국민의 건강과 행복을 기원하며 복과 장수를 두 손 모아 비옵니다' 등이 있습니다. 그러나 이것은 다만 대중이 입으로 읊조리는 것이지, 개인의 실천이 아닙니다. 스스로 부처님께 드렸던 기원을 되돌아보니, 신앙 안에서 한 걸음씩 천천히 더 높아졌습니다.

20세 즈음 저는 일반인과 마찬가지로 부처님의 가피를 간절하게 기원하였으며, 자비와 지혜·용기·역량을 내려달라고 기도하면서도 속으로 이것이 당연하다고 여겼습니다. 30세가 되자 갑자기 자신이 너무 이기적이란 생각이 들었습니다. 매일 보살님께 요구하는 것이 모두 자신을 위한 지혜와 평안이었던 것입니다. 저는 스승님과 부모님, 친구를 위해 기원해야 한다고 생각하며 그들이 행복하고 평안하기를 바랐습니다. 저는 더 이상 자신을 위해 요구하지 않고 가족과 친구, 인연 있는 사람들을 위해 기원했으니 조금 발전한 듯했습니다.

40세가 되자 어느 날 자신을 돌아보고 이것도 옳지 않다 느꼈습니다. 자신의 부모·형제와 신도 대중만을 위해서라면 이것도 너무 협소한 것 같으니 더 넓혀야겠다고 생각했습니다. 부처님께 이번에는 세계에는 평화를, 국가에는 부강함을, 사회에는 안락함을, 중생에게는 제도의 인연을 가져다주시길 기원하였습니다. 기원을 마칠 때마다 마음이 기쁘고, 수행이 한층 더 높아진 듯했습니다.

50세가 되니 여전히 원만하지 못한 듯했습니다.

'어떻게 타인의 행복과 평안 등 모든 걸 부처님께 도와달라고 요구할 수 있는가? 그러면 나 자신은 무엇을 했는가? 나도 부처님을 배워 세계의 중생을 위해 봉사하고 그들을 위해 번뇌와 근심과 슬픔을 없애주고, 그들을 위해 평안과 행복을 가져오게 할 수는 없을까?'

그래서 60세 때는 중생의 고통을 대신 받고, 행하기 어려운 것도 행하시는 제불보살을 본받아야겠다고 생각했습니다.

저는 부처님께 고백했습니다.

"자비롭고 위대하신 부처님, 제게 천하 중생의 고난을 대신 짊어지고, 중생을 안락하게 돕고, 부처님의 대자대비를 실천하고, 부처님의 시교이희(示教利喜: 설법의 네 가지. 시示는 법을 보여 줌, 교教는

성운 대사가 염송하고 쓰신 일백 편의 '불광기원문'. (黃美華 師姑 제공)

법을 가르쳐 줌, 이利는 이롭게 함, 희喜는 기쁘게 함)를 배우게 해주십시오."

이때 저는 기원하는 것도 발전하였다고 느꼈고, 그래서 백 편의 기원문을 발심하여 쓰고 '불광기원문'이라 제목을 붙였습니다. 마음을 내는 것과 원을 세움은 구호가 아니라, 일종의 수행과 실천입니다. 여러분이 기원문을 낭독하면서 자신의 신심을 높이고 자비와 도덕이 증진되고, 제불보살과 교류하여 사회 대중이 필요한 것을 느낄 수 있기를 바랍니다.

저는 『불광기원문』(한국에서는 『부처님 광명 기원문』으로 출판됨)을 쓰는 동안 세상의 모든 부모님을 생각하며 이 기원문을 썼습니다.

자비롭고 위대하신 부처님!
제가 울음을 터트리며 세상에 태어난 순간부터 돌이켜보니
부모님은 저를 낳아 길러주셨고,
가족은 저를 가르치고 성장케 하셨는데,
저는 그들에게 받기만 하고
보답한 적 별로 없습니다.……
만일 제가 영광을 누린다면
그들과 함께 나누길 바랍니다.
만일 제가 풍족함을 누린다면
그들도 부족하지 않길 바랍니다.……

환경미화원의 고생을 생각하며 그들을 위한 기원문을 썼습니다.

자비롭고 위대하신 부처님!

우리가 가장 감사해야 될 분은 환경미화원입니다.

그들은 매일 태양보다도 먼저 일어나고

그들은 매일 자명종보다도 더 정확합니다.

그들의 일은 더럽고 어지러운 것들과 싸우는 것이고

그들의 임무는 사람들에게 깨끗함을 보여주는 것입니다.

……저들을 가피해 주시어

그들이 거리를 청소할 때

번뇌라는 자신의 먼지도 함께 쓸어버리게 해주시옵소서.

그들이 가로수 정비할 때

자신의 마음에 보리 심게 해주시옵소서.

그들이 쓰레기 처리할 때

겹겹이 쌓인 자신의 재앙도 없애게 해주시옵소서.……

심지어 곧 출산할 임신부의 심정은 또 어떠할까 생각하며 그들을 대신해 부처님께 토로했습니다.

자비롭고 위대하신 부처님!

곧 어머니가 될 임신부들은

일희일비하는 민감한 심리상태이고,

딸인지 아들인지 신경을 많이 쓰기 때문입니다.

기원하오니 저들에게 두려워하지 않는 용기를 주십시오.

기원하오니 저들에게 무서워하지 않는 믿음을 주십시오.

이렇게 기독교나 천주교 신자가 하느님께 기도하고 고해하는 것과 비슷하지만, 우리가 하는 기원은 은혜의 감사에만 그치지 말고, 부처님의 자비를 본받아 천하의 창생을 보살펴야 합니다.

일찍부터 불교사찰에서는 문소文疏·표장表章이 있어 신도를 대신해 부처님을 향해 선독宣讀합니다. 어느 누가 향과 꽃을 얼마 공양하고, 경전과 진언을 얼마 읽었는지 여기에서 진심으로 아뢰니, 깊이 살피시어 부처님께서 아시기를 바라는 것입니다.

그러나 이러한 회향은 다소 공리功利적입니다. 불교는 무상·무아를 중시합니다. 만일 대중과 사회와 국가와 세계를 위해 대자대비大慈大悲·대지대원大智大願의 기원을 한다면 대중이 감화를 받아 누구나 타인을 위해 기원하고, 자신을 위해서만 기원하지 않는다면 세계평화는 반드시 올 것입니다.

寶藏館　　總館　　佛陀紀念館展覽館　　高雄館

宜蘭館　　美國西來館　　墨爾本館　　紐西蘭二館

미술관

미술관 얘기를 하자면, 저는 평생 출가하여 행각승을 하며 세계를
두루 다녀봤다고 말할 수 있습니다. 건축 방면에서 그리스 아테네
의 신전, 이탈리아의 콜로세움과 피사의 사탑, 인도의 타지마할, 캄
보디아 앙코르와트, 미얀마 양곤의 쉐다곤(Shwedagon), 이집트 카
이로의 피라미드를 참관한 적이 있습니다. 자연경관 중에는 캐나
다 나이아가라 폭포의 장관을 본 적 있고, 브라질 아마존 강의 대자
연 풍경을 감상하였으며, 미국 그랜드 캐니언의 뛰어난 솜씨를 직
접 가르침 받은 적도 있습니다.

　인도 아잔타 석굴, 둔황의 회화, 운강 석굴과 용문 석굴의 불상,
대족보정大足寶頂의 석각과 같은 세계 각지의 불교예술은 웅대한
강산과 장엄한 건축이 제불보살의 자태를 돋보이게 하였으며, 자
비롭고 아름다운 형상이 저의 마음에 깊이 각인되었습니다.

불광연 미술관 전 세계 별관 사진 모음.

세상의 아름다움은 반드시 널리 알려야 하고, 대중 역시 일상생활에서 미학적인 소양을 가져야 합니다.

그래서 저는 사찰을 건립할 기회가 생기면 불교의 아름다운 예술을 드높이길 희망하였습니다. 굳이 말로만 소개하지 않아도 두 눈으로 감상할 수 있고, 듣기 좋은 음성으로 방문객들이 불법의 자비로운 섭수를 느끼게 할 수 있습니다. 그래서 불광산 개산 초기 아름다움과 환희가 인간에 두루 퍼지기를 희망하며 정토동굴과 불교문물진열관을 건설하였습니다. 수십 년간 힘들게 수집한 문물을 위해 들인 마음은 말로 다하기 어렵습니다.

1971년쯤, 단체를 따라 일본으로 건너가 종교교류를 진행하는데, 수중에 겨우 점심 한끼 공양할 1천 엔이 남아 있었습니다. 마침 중국문물 '목각여의木刻如意'가 일본에서 떠도는 걸 보게 되어, 배고픔도 참고 그것을 사서 타이완으로 가져왔습니다. 후에 여러 차례 해외를 나가서도 또 해외에 흩어져 있는 석각불상을 보게 되었고, 차마 지나칠 수 없어 돈을 조금 아껴 이 불상들을 모셔오기로 했습니다. 항공 탁송화물의 제한이 있던 때라 저는 불상을 휴대하고 비행기를 탔고 줄곧 다리 위에 올려놓고 있었습니다. 몇 시간 뒤 항공기가 공항에 착륙했고, 두 다리를 움직일 수가 없어 한동안 내리지 못한 적도 있습니다. 심지어 어느 도반은 제가 봇짐장수를 한다고 하기도 했습니다. 불교의 중요한 문물을 수집하는 것임을 잘 알기에 굳이 해명하지 않았습니다.

저는 재미교포 화가인 이자건李自健 선생을 초청하여 1년간 '인성과 사랑' 회화 시리즈 작품에 매진할 수 있게 하였습니다. 미학

전문가 고이태高爾泰 선생에게 백 점의 '선화선화禪話禪畵'를 요청하였으며, 둔황 회화의 유명 작가 하산何山 선생께서 '둔황회화전'을 개최하였는데 그의 명화 백 점을 수집했습니다. 중국의 일급화가인 사국량史國良 선생은 저와 회화교류를 하다가 결국 저를 따라 출가하여 제자가 되었으니 법명은 혜선慧禪입니다. 그밖에 하대전賀大田의 '고택 시리즈'는 모든 작품이 5,000달러인데, 저도 50만 달러를 들여 백 점을 구매했습니다. 홍콩 아충阿虫의 만화, 타이완의 많은 유명작가께서 불광산 바자회에 기증한 회화는 예술품을 팔고 나면 다시 가져올 수 없기에 아쉬워 내보내지 못하고 있습니다. 제가 좀 더 아껴서 장차 미래에 그걸 전해줘야겠습니다.

그중에 아쉬움이 큰 것은 장대천張大千 선생이 제게 보내주신 '연꽃(荷花)'이라는 제목의 대형 그림입니다. 애초 불광대학 건립기금을 마련하기 위해 부득이 바자회에 출품해 원동기업 서유상徐有庠 선생에게 낙찰되었습니다. 그림 위에 장대천 선생께서 제게 보낸다는 제첨이 쓰여 있긴 하지만, 지금 다른 사람이 소장하고 있으니 저는 탄식할 뿐입니다.

전부터 저는 불교와 문화·교육·예술을 결합하길 희망했습니다. 그래서 전 세계에 23개의 미술관을 건립했습니다. 과거 둔황·용문·운강 석굴에 비할 바는 못 되지만, 현대적 입장에서 불교계도 아름다움의 세계를 건설해야 하니, 대중이 불광산에 오시는 걸 환영합니다. 우리는 오로지 하드웨어적인 건설만을 중시하지 않으며, 많은 소프트웨어적 시설도 필요합니다. 예컨대 불상 조각과 회화를 소장하는 것 모두 인간의 지극한 보물입니다. 후대의 자손이

중국화 화백 장대천 선생이 불광산을 방문, '一花一世界' 연꽃 수묵화를 기증
하셨다. 1978.3.14

이런 역사문물을 세심하게 보호한다면 이러한 미의 가치와 아름다
움의 감상은 모두 돈으로도 비교할 수 없습니다.

대중에게 정신적인 공간을 제공하기 위해, 사찰 안에 전시공간
을 갖추는 걸 선도해 나갔습니다. 타이베이 도량·난양 별원·난빙
(南屛) 별원·난타이(南台) 별원 등에 부설한 미술관은 제가 심혈을
기울여 수집한 것이라고는 감히 말하지는 못하지만, 저의 정성으
로 위로는 시방 제불께 공양하고, 아래로는 대중과 두루 선연을 맺
고자 함입니다. 그밖에 LA 서래사·시드니 남천사·브리즈번 중천
사·말레이시아 동천사 등과 같은 해외 사찰은 미술의 이름으로 인
심을 미화하고, 사회를 미화하고, 세계를 미화하여 아름다움이 온
세상에 가득 차기를 희망합니다.

불광산에는 지형적으로 산이라는 것에 그치지 않고, 다양한 기

능의 전당·교실·회의실·그리고 삼관일굴(三館一窟: 전람관·진열관·종사관·정토동굴)을 갖추고 있습니다. 불타기념관에는 8개의 전람실, 48개의 지하궁, 56개의 천궁이 있습니다. 저는 평생 교육이란 걸 받아본 적이 없고, 진정한 창의력이란 더 얘기할 것도 없습니다. 저는 그저 불법의 심향心香을 공양하고 시방에 두루 나누며 시간과 공간, 인아를 초월하는 불교예술의 아름다움으로서 불법의 '인아일여人我一如'를 평등하게 풀어놓겠다고 생각했습니다. 그것이 곧 우리 마음이 무한히 뻗어 나가는 것이라 생각합니다.

원유회園遊會

정신적 식량은 얘기하였으니, 민생과 가장 밀접한 먹는 문제에 관하여 얘기해 보겠습니다.

처음 타이완 각지를 행각하면서 사찰에서 법회가 끝나면 모두 함께 밥을 먹는 것을 보았습니다. 오늘 어느 절에서 60상, 100상을 차렸다 하면 법회에 참석한 사람이 얼마인지 알 수 있습니다. 그러나 저는 그 많은 상을 펼칠 큰 장소도 없고, 상을 차릴 비용도 없었습니다. 그저 '소소한 보시, 사소한 공양'을 제창하며 법회를 거행하고 신도의 깨끗한 재물이 가늘고 오래가게 할 수밖에 없었습니다.

면밀하게 계산하여, 저는 원유회의 방식을 설계하여 문제를 해결했습니다. 불광산 개산 4, 5년 동안은 대부분 식당에서 식사했습니다. 천 명이 넘으면 그래도 식당에서 식사할 수 있었지만, 만 명

채식을 제창하고 자비와 보호의식을 기르기 위해 불광산에서 거행된 채식 원유회에는 100미터에 달하는 스시를 제작해 시식하게 했다. 1987.12

이 넘으면 원유회의 방식으로 공양을 했습니다. 일본인이 도시락을 먹자고 제기한 것처럼, 이것은 한 민족의 발전에 매우 중요합니다. 먹는 데에 지나치게 많은 시간이 들 필요가 없이, 도시락 하나는 간단하고 신속하고 쉽게 식사문제를 해결할 수 있습니다.

불광산은 1967년 개산하고, 1968년 불학원 건물 낙성식을 하였습니다. 원래 500명이 참석할 것으로 예상했지만 예상은 빗나가 한꺼번에 5만명이 몰렸습니다. 일순간 식사가 가장 시급히 해결해야 할 문제가 되었고, 군중이 흩어져서 곳곳에서 식사할 수밖에 없었습니다.

같은 상황이 1992년 호주 남천사가 정초의식을 거행할 때도 있었습니다. 원래 300명을 예상했지만, 의식을 시작하자마자 신도가 이미 5천 명을 넘었습니다.

후에 가장 좋은 해결 방법은 역시 원유회라고 생각했습니다. 백개의 천막을 치고 천막마다 200인 분을 준비하면 2만 명에게 음식을 제공할 수 있습니다. 5만 명이 온다고 해도 조금만 참고 견디면 얼마든지 대처할 수 있습니다. 불광산에서 시험해 보았고, 성공적으로 대중 모두 즐겁게 식사했습니다. 원유회에서는 모두가 한 공원 안에 모여 한편으로는 풍경을 감상하고, 한편으로는 자유롭게 먹고 마시며 서로 왕래하고 교류할 수 있습니다.

이것은 불교가 과거 제창했던 무차대회와 비슷합니다. 평소 수천수만 명 넘게 모이면 주방의 인원은 바빠서 정신이 없습니다. 그러나 부스를 하나 설치하고 천 개의 빵을 제공할 수도 있고, 간이부스에서 녹두묵을 제공하면 끓이고 삶지 않아도 됩니다. 그래서 불광산은 각종 행사 거행 시에 식사할 장소가 부족하여 원유회를 창안해 무척 요긴하게 쓰고 있습니다.

1996년 남화대학 개교식이 바로 원유회의 방식으로 참석자들이 식사하는 문제를 해결했습니다. 당시 부총통의 부인인 연방우連方瑀 여사까지도 참가했는데, 원유회의 모든 부스를 돌며 모두와 즐거움을 나눴던 거로 기억합니다. 불광대학 10주년(2011년) 경축 원유회에서는 마영구 총통까지 와서 쌀국수를 볶고 학생들과 시합도 하면서 매우 즐거웠습니다.

또 2009년 국가제정 부처님 오신날을 기념하여 국제불광회가 처음 총통부 앞의 카이다거란로(凱達格蘭路)에서 관불의식을 거행하였습니다. 10만 명 이상이나 모였으니 어떻게 식사해야 할까요? 우리는 4가지 색의 '불탄찬佛誕餐' 도시락을 설계했습니다. 시금치·강황·붉은 쌀인 홍국·백미의 4가지 색을 조화롭게 배합해 안에 서로 다른 속을 곁들였습니다. 간단하고 편리하며 환경보호에 영양까지 들어 있었으며, 제조업자에게 주문 제작하여 양측이 서로

이로움을 얻으며 식사문제를 가볍게 해결하였습니다. 그 외에 경축 떡·경축 전병을 곁들여 10만 대중과 함께 부처님 오신날을 경축하였고, 이를 8년간 지속하였으니 이것은 불광 역사상 기념할 만한 한 페이지입니다.

불교에서는 집회 때에 모두 '나무해회운래집보살南無海會雲來集菩薩'을 부르는데, 원유회에 사람이 오고 가는 것이 정말 구름이 뒤덮는 듯 운집했습니다. 불교에서는 또한 '선열을 음식으로 삼는다'라고 제창하는데, 원유회 때 대중이 환희하는 것이 모두 부처님의 뜻에 부합되는 것 아니겠습니까?

불광산의 불타기념관이 낙성될 때 모두들 제게 "식당은 어디에 있습니까?" 하고 물었습니다. 식당은 있지만, 식당이 반드시 밥만 먹으라는 장소는 아닙니다. 이곳 식당은 공간이 넓으므로 집회를 열 수 있고, 친목 모임을 할 수 있고, 또 강좌도 열 수 있습니다. 식사는 회랑에서도 가능하고, 나무 밑에서도 가능하며, 산 옆에서도

불타기념관 낙성식. 2011.12.25

가능하고, 잔디밭에서도 가능합니다. 간단한 음식과 도시락 하나면 가족·친구·급우들과 함께 장소 하나를 골라 앉아 즐길 수 있습니다. 그래서 불타기념관 낙성 초대장 안에 특별히 문구를 넣으라고 담당자에게 일렀습니다.

"인원이 많아 연회 자리를 준비하기 어려워 간단한 음식을 제공하오니, 많은 양해 부탁드리겠습니다."

중국인은 먹는 것을 중시하는 민족이지만, 때로는 먹는 데에 지나치게 낭비하기도 합니다. 식탁 한가득 차려진 음식은 삼분의 일도 먹기 전에 그만 먹고, 남은 삼분의 이는 모두 낭비합니다. 만일 사회 각지의 집회에서 도시락을 사용하고 원유회의 방식으로 간편식을 권장할 수 있다면, 국민의 생활·재력·체력·지력은 반드시 높아질 것입니다. 먹는 데도 수많은 지혜를 포함하고 있습니다. 서로 의견을 교환하면 체력·재력·원력願力이 반드시 높아질 텐데, 왜 하려고 하지 않습니까?

결론

인류는 생존하고 발전하기 위해 언제나 '궁하면 변하고, 변하면 통한다'라고 했습니다. 불교는 규칙을 중시하고 의례를 중시하지만, 법은 정해진 법이 없다는 법무정법法無定法을 설명하였고, 하나의 법이 일체의 법이요, 일체의 법이 하나의 법이라고도 했습니다. 법法, 진리의 법은 바꿀 수 없지만, 세간의 일하는 방식은 정해져 있지 않습니다.

저는 인간불교를 제창하고 불교를 위해 민주를 제창했습니다. 제자들의 부모님을 보살피기 위해 불광친족회를 개최하였습니다. 젊은 여성에게 단기 수행의 기회를 제공하고자 승만서원을 창립하였으며, 심지어 도시불학원·금강·부녀법좌회·주말대중법회·보은법회·가정법회 등도 설립하였습니다. 사부대중의 평등을 고취하기 위해 불타기념관에 십팔나한을 설치하였고, 그 가운데 세 분의 여성 나한을 모신 것은 여성이 이 세간에서 오랜 세월 지혜와 자비의 풍모를 가졌음을 모두에게 보여주기 위해서입니다. 일체 인간에게 평화와 공평, 정의가 존재하도록 저의 약소한 공양을 표시했을 뿐입니다.

그밖에 2009년 '삼호체육협회'를 설립하고 이미 농구팀·야구팀·축구팀을 조직하여 매년 불광배 경기를 개최하여 세계 각국의

성운 대사는 '삼호체육협회'가 주최한 '제6회 불광배 국제대학농구 초청리그'에 참석해 선수들에게 경기를 통해 친구가 되고 국제적 우의를 맺으라고 격려하셨다. 앞줄 좌측부터 永光·慈容·慈惠·성운 대사·慧屏·心保和尚·依來 스님 및 오대주에서 오신 불광산 공덕주가 함께 출석했다. 2016.8.16 (陳碧雲 촬영)

운동 팀을 시합에 초청합니다. 타이완의 가능성을 높이는 것 말고도 우수한 운동선수를 길러내고 좋은 일 하고, 좋은 말 하고, 좋은 마음 갖자는 삼호를 실천하여 경기장에서 적극적으로 노력하는 운동선수의 정신을 표출하며, 국경을 초월한 불교의 평화와 우애의 정신을 충분히 드러내며 삼호운동을 전 세계로 확산시키고 있습니다.

또한 '세계 신명神明 친목회'의 개최는 불타기념관을 낙성하여 크고 넓은 공간이 생겼기 때문에, 매년 12월 25일 예수님의 탄신을

'세계 신명 친목회'에 참여한 양안의 궁묘宮廟 대표. 2013.12.25 (莊美昭 촬영)

성운 대사께서 세계 신명 친목회에 참가한 대중과 함께 하였다. 2018.12.25 (莊美昭 촬영)

세계 신명 친목회가 불광산 불타기념관에서 거행되었다. 2018.12.25.

세계 신명 친목회 주최에 공헌한 국제불광회.

종교가 단결하여 타이완에 공헌하기를 기원.

신명에게 금메달 수여.

세계 신명 친목회는 세계에서 가장 많은 단체가 참가한 전 세계 다원적 종교 친목회라는 세계 기네스북 증서를 받았다. 2016년 증서 수여 기념사진(右) / 2018년 중화전통종교총회 王金平 회장이 증서를 받고, 불광산 주지 심보 화상이 배석(左).

2011년 세계 신명 친목회를 제창 하신 성운 대사는 같음 속에 다름 이 존재하니 다름 가운데 같음을 찾지 않는 정신을 주장하며, 종교 와 민족을 넘어서 대화하기를 촉 진하여 국내외 종교의 성대한 모 임이 되었다. 불교·천주교·이슬 람교·유대교·도교·유교·기독 교와 민간신앙 등 다른 종교를 한 곳에 융합시켰다.

세계 신명 친목회는 천여 분의 신명과 5만여 신도가 모였다.

경축하는 데 다른 각 종교와 종파의 신명도 줄곧 묵묵히 중생을 보호하고 있다는 생각이 들어서 특별히 이날을 친목의 날로 잡았습니다. 그 후 매년 이날 기독교·천주교·이슬람교·유대교·도교·유교 등 팔대 종교 대표를 포함한 국내외에서 참가한 신명이 3, 4천 존 이상이 됩니다. 불타기념관 사방에 꽉 들어차고, 심지어 대웅보전까지 이어져 부처님 자리까지도 신명 귀빈께서 전부 앉았으며, 신명을 맞이하러 온 대중도 수만 명이 되니 이는 매우 특별한 경축 행사입니다.

또 매년 양력 1월 1일에는 '보리권속축복례菩提眷屬祝福禮'가 있습니다. 신혼부부 혹은 혼인이 새로운 에너지를 가져오길 희망하는 부부가 축복의식에 참가해 정이 더 돈독해질 수 있어, 평균 수백 쌍의 부부가 참가합니다. 부부는 결혼하고 나면 눈으로 보지 말고, 마음과 사랑으로 봐야 합니다. 세상은 끊임없이 변화하지만, 서로 사랑해서 결혼했다면 사랑했던 초심은 변해서는 안 됩니다. 그리고 불법을 생활 속에 녹여 보리권속이 되면 더욱 혼인의 재미를 고취시킬 수 있습니다.

성운 대사께서 직접 쓰신 신년 덕담. 2008~2019년

　또한 전체 불타기념관인 '천 곳의 사원, 백만 명의 인사(千家寺院百萬人士)' 비벽(碑墻)과 미노야끼(美濃燒) 방식으로 제조해낸 운거루·여래전의 천연색 타일 벽은 찬조하신 공덕주를 상세하게 기록한 '공덕방'입니다. 파리에서 온 예술가도 가장 아름답고 자연적이며 대중화된 예술이 이 벽에 모두 있다며 감탄해 마지않았습니다. 이곳은 불광산이 세계 각국 인사 및 타이완 각 사찰에서 보태주신 큰 힘이 모여 오늘의 국제화된 불광산이 있음을 설명해 줍니다.

　매년 대중이 받길 기대하는 '춘련春聯'은 제가 서예로 쓴 새해 축하 덕담인데, 이는 중화문화의 전통적 도덕을 회복하고, 모든 사람이 설날에 고인의 글을 빌려 붉은 종이 위에 쓴 춘련을 권면으로 삼길 바라는 것입니다. 20여 년 동안 제자들이 발행에 힘써 준 덕분에 현재 전 세계에 이미 수백만 장 이상 발행됐습니다. 지금 불교각 사찰도 춘련을 쓰는 것이 성행하고 있고 정부기관과 단체조차도 각자의 춘련을 만들어 대중에게 선물로 나눠주고 있으니, 그렇게 하면 중화문화도 점차 오대주에 전파되지 않겠습니까.

일생 책 읽기를 좋아하신 성운 대사는 책을 읽고 편집하고 쓰고 출간하며, 책을 읽으면 마음과 안목을 넓힐 수 있다고 여겼다. 사진은 성운 대사가 불교독서회 집행장인 각배 스님(앞줄 우측 첫 번째)이 개최한 '전 국민 열독 박람회'에 참석하시고, 불광산 장로 자혜(대사 우측 첫 번째)·자용(우측 두 번째)·의공(우측 세 번째) 등 스님과 『인간복보』총 집필자인 紫松林 교수(대사 좌측 첫 번째)와 함께 참석했다. 2011.4.16

기타 홍법·경전 설법·교육 및 문화 방면으로는, 예컨대 국가전당에서의 경전 강연, 혹은 『불광대장경』·『불광대사전』등 각종 총서의 편집, 연이은 수천 개 인간불교 독서회 설립 등 매우 많습니다. 모든 일의 촉발에는 각각의 인연이 있겠지만, 중요한 것은 중생이 괴로움을 여의길 바랄 뿐 자신의 안락을 구하지 않겠다는 핵심이 있었다는 것입니다. 아이디어는 관심에서 나오는 것입니다.

2,600년의 불교 역사에서 불법은 인도에서 중국으로, 부처님으로부터 조사 대덕까지, 고유의 부처님 가르침은 가없고 한량없습니다. 다만 이 수많은 지혜 방편을 시대와 발맞추어 나아가게 분발

하는 것이 제가 할 일입니다. 중생은 팔만 사천 가지 번뇌가 있다 지만, 사실 병에 맞춰 약을 처방하는 법문을 할 수 있다면 어찌 팔 만 사천 가지에 그치겠습니까? 세상에 대한 불교의 인식은 바른 진 리의 전파뿐만이 아니라, 타이완 및 세계 각국 민족의 융합, 문화 의 발전, 정신의 향상, 나아가 세상의 무형적 재부의 공통된 가치입 니다.

인간불교에 대한 체득

인간불교 신앙 안에서는 시공간의 대립이 없고, 생사의 근심도 없습니다. 우리가 구하고자 하는 바는 소극적으로는 공포가 없고, 전도됨이 없고, 가라앉지 않고 부서지지 않는 것입니다. 그러나 적극적인 면에서는 생명이 더 행복하고, 더 편안하고, 더 평온하고, 더 자유롭고, 더 해탈할 수 있습니다.

인간불교가 현재까지 발전하여 온 것에 대해 우리는 먼저 인간불교를 잘 이해하지 못하는 사람들이 제시한 논쟁거리를 일부 아래에 열거합니다.

1. 인간불교는 저속하고 세속적이다. 인승人乘의 단계이고, 성불의 최고 단계에 도달하지 못한다.
2. 인간불교는 늘 세속의 활동을 중시한다. 그 많은 활동은 불학과 관계가 없다.
3. 인간불교는 수행이 없고 처세가 가장 많다. 그것은 불학에서의 초월·증상·성불작조(成佛作祖: 부처가 되고 조사가 되는 것)와는 관계가 전혀 없다.
4. 인간불교는 재가자의 것이고, 출가 대중이 총림생활에서 고된 수련으로 깨달음을 얻는 것에 대한 신성함이 없다.
5. 인간불교가 전승하는 내용이 무엇인가? 수행 면에서 무언가를 이뤘다고 느끼는 사람이 아무도 없다. 대중 모두가 모르기 때문에 추진하기 쉽지 않다.
6. 인간불교는 홍보가 불충분하고, 그 단계를 정리해 놓은 사람도 없으며, 그저 입으로 외친다. 부분적이고 단편적이고 조직적이지 않아 타인이 완전히 이해할 수 없게 한다.

7. 인간불교는 보편화되어 있지 않고, 불교의 정통적 핵심에 들어가지 않으며, 다함께 힘을 합쳐 이루려 하지 않아서, 만일 단지 어느 한쪽만 설법하고 어느 한쪽으로만 제창한다면 대중이 받아들이기 쉽지 않다.

8. 인간불교는 해탈의 길이 없고 깨달음의 경계가 없으므로, 전통불교가 받아들이기 쉽지 않다.

이상은 인간불교에 관한 문제이며, 이밖에도 전통과 현대, 재가와 출가, 산림과 사회, 원시와 근대, 수지와 실천 등을 포괄한 여러 가지 문제를 보편적으로 이해시키지 못했으므로 인간불교의 보급을 더 보강해야 합니다.

일찍이 불교는 입세간의 정신을 잃어버리고 출세간의 청정한 수행을 지키는 지경까지 퇴보한 적이 있습니다. 불교는 신도 대중에 대한 불교의 봉사를 잃어버리고 산림에 은둔하는 단계까지 물러난 적이 있습니다. 불교 사업을 실천해야 한다는 걸 잊어버리고 헛된 빈말을 하는 상황까지 물러난 적이 있습니다. 불교는 적극적으로 뛰어드는 불교의 참뜻을 잃어버리고 소극적으로 강설하는 지경까지 물러난 적이 있습니다. 현재 저는 인간불교의 진정한 본뜻이 다시 회복되길 희망합니다. 아래 20가지 조항은 저 개인적으로 인간불교의 내용적 의미에서 여러분들의 가르침을 구하고자 하는 내용입니다.

1. 우리 인간불교는 자아를 향상시키고 자아를 긍정해야 합니다.

나는 여래의 지혜와 덕상이 있고, '내가 곧 부처'라고 인정해야 합니다. 이러한 자아에 대한 고취가 바로 인간불교의 정신입니다. 자신을 신권에 내어 주어 휘둘리게 하는 것이 아니라, 자신의 모든 것은 스스로 책임지는 것입니다.『잡아함경』에서 설한 "스스로에 의지하고 법에 의지할 뿐 다른 것에 의지하지 말라(自依止 法依止 莫異依止)"가 인간불교에 대한 우리의 신앙입니다.

2. 인간불교의 정신은 타인을 우리 자아와 대립하지 않고 융합하여 자타는 둘이 아니라 모든 중생은 한 몸이며, 이 세상 일체의 것이 모두 나와 연관되어 있다는 생각입니다. 부처님께서 깨달으신 연기 중도가 곧 인간불교의 진리라 생각하며, 그것을 전승해 나가는 것이 인간불교의 신앙입니다.

3. 신앙은 복잡하고 다원적이지만, 인간불교는 의의면에서 이 수많은 복잡성을 통일할 수 있습니다. 우리의 불성 에너지는 일체를 이룰 수 있기에, 신앙의 단계가 다르고 종류가 다원적일지라도 인간불교는 일체 종교의 설법을 원만하게 합니다. 이것이 인간불교가 가진 포용이자, 전 인류의 신앙이 될 수 있습니다.

4. 인간불교의 신앙은 생명은 죽지 않고 영원하다고 생각합니다. 믿는 자는 구원을 얻는다고 하지만, 믿지 않는다고 멸망하지도 않습니다. 그것은 시계처럼 원형이지 직선이 아닙니다. 직선은 태어나서 죽으면 사라지게 됩니다. 시계는 원형이라, 12의 뒤에는 또 늘 그랬듯이 1부터 다시 시작하며 영원히 돌고

돕니다. 사계절에 춘하추동春夏秋冬이 있고, 물질에는 성주괴공成住壞空이 있고, 마음에는 생주이멸生住異滅이 있고, 신체에는 노병사생老病死生이 있는 것과 마찬가지입니다. 죽으면 다시 태어나기 때문에 그래서 미래가 있고 희망이 있는 것입니다.

그러므로 인간불교의 윤회에 대한 시각은 무한한 미래라 생각합니다. 앞으로 인간불교는 '육도윤회'라 말하지 않고, 형상 면에서 성현과 범부로 경계를 나누지도 말아야 합니다. 사람은 누구나 부처라면서 굳이 그 많은 종류로 나눌 필요가 있습니까? 우리는 '십법계의 흐름(十法界流轉)'이라 부릅니다. 이것이 인간불교의 주장입니다.

5. 사람은 누구나 불성을 가지고 있다는 것은 옳은 말입니다. 씨앗 하나가 인연을 만나 나고 자라는 것처럼, 불성이 발전하면 성불할 수도 있습니다. 그러나 불성으로 발전할 능력이 없어 '별종蹩種'이 된다 해도 어쩔 도리가 없습니다. 경전에서 말하는 천제(闡提: 선근이 없는 사람)는 성불할 수 없는 것과 마찬가지입니다. 세간은 자연 진화·적자생존인데, 이른바 '초아패종(焦芽敗種: 타버린 씨앗과 썩은 종자)'에 대해 우리도 자연 도태되는 소수가 있을 수 있음을 부정하지 말아야 합니다. 별종은 생명 유전자가 사라지고 생명의 업력도 없어졌으니 소실되어도 어찌할 방법이 없습니다. 일반적으로 생명은 영원한 것이지만, 예외가 없을 수 없습니다. 시간에서는 생명은 무한하고 죽지 않습니다. 진화론 속의 생명은 우수하면 살아남고 열등하

면 사라지는 것은 지극히 정상적입니다.

6. 사람마다 불성이 있지만 신앙적 승화·신앙적 초월·신앙적 향상·신앙적 광대함 등이 서로 다릅니다. 신앙은 신성한 것이 맞지만, 그래도 높고 낮음의 단계가 있습니다. 그러므로 사람마다 신앙을 초월하는 상황은 당신의 신앙적 능력이 어떠한지에 달려 있습니다. 마이크의 음감과 성능에 따라 가격 책정이 달라지는 것과 마찬가지입니다. 당신의 신앙 능력이 부족하면 뛰어넘을 수 없으며, 이 역시 자연적 현상입니다.

7. 인류는 더 높고, 더 좋고, 더 커질 수 있고, 일반적 현실을 초월할 수 있다고 믿습니다. 그것을 나한이라 부르고, 보살이라 부르고, 부처님이라 부르며 일정하지는 않지만 이 모두는 가명假名입니다. 그러나 인성은 넓고, 생명은 무한하며, 신앙은 단계가 있습니다. 인간불교는 신앙이 인생의 미래로 나아갈 바 일체를 결정할 수 있고, 나지도 죽지도 않는 영원한 경계에 도달할 수 있다고 생각합니다.

8. 인류사회는 복잡합니다. 사람은 하나의 개체입니다. 그러나 인연에 의해 생겨나고, 여러 인연을 떠나서 존재할 수는 없습니다. 이 우주에서는 모두 서로가 의존하고 있습니다. 그러나 범부와 성자의 경계는 다릅니다. 범부는 여전히 인아人我를 분별합니다.

인간 세상에는 세계평화가 있을 수 없습니다. 세계평화는 그저 하나의 이상입니다. 부처님과 마군, 부처님의 세계와 마군의 세계가 영원히 항상 나뉘어져 있는 것과 같습니다. 그래서 해탈은 자신에게만 요구하고 타인에게 요구해서는 안 됩니다. 겉으로 보는 세계는 평화로울 수 없지만, 자아의 세계는 평화로울 수 있습니다. 지장보살께서 '지옥이 비기 전에는 성불하지 않겠다' 하신 것과 마찬가지로 지옥은 빌 수가 없습니다. 그러나 지장보살의 원력이 광대하니 지장보살 마음의 지옥은 빌 것이고, 지장보살은 성불할 것입니다.

9. 생명은 개체이지만 이 수많은 개체 또한 통일되고 연결되어 있다고 생각합니다. 인간불교 신앙 안에서는 시공간의 대립이 없고, 생사의 근심도 없습니다. 우리가 구하고자 하는 바는 소극적으로는 공포가 없고, 전도됨이 없고, 가라앉지 않고 부서지지 않는 것입니다. 그러나 적극적인 면에서는 생명이 더 행복하고, 더 편안하고, 더 평온하고, 더 자유롭고, 더 해탈할 수 있습니다. 결국, 인간불교의 인생과 생명은 모두 환희와 무한한 시간, 무한한 관계로 이루어지게 됩니다. 그러나 이 일체는 인간불교의 신앙 안에서만 얻을 수 있습니다.

10. 인간불교는 반드시 성불해야 한다고 하지 않습니다. 부처님께서도 이미 사람은 저마다 불성을 가지고 있다고 말씀하셨습니다. 우리가 지금 필요한 것은 '자각'입니다. 자신이 일체세계와 조화로울 수 있고, 자신과 일체의 세계를 통섭할 수 있다 자각해야 합니다. '법계원융法界圓融'이라 하였습니다. 인간불교는 인간의 일체는 모두 나이고 또한 나라는 것이 없기도 하며, 나와 법계는 융합할 수 있고 나와 십법계 중생 모두 한몸으로 평등하다고 생각합니다.

11. 인간불교의 신앙은 단순하며, 한결같고, 불생불사의 경계이며, 불생불멸의 존재입니다. 자아의 생명과 사상 속에서 원만함과 영원함과 깨달음과 번뇌의 해탈을 얻을 수 있습니다. 자신을 정화하여 중생 가운데 자신을 올림픽의 유명 구절처럼 '더 높이, 더 멀리, 더 빨리, 더 힘차게' 최선을 다하게 합니다.

12. 인간불교는 마음에 걸림 없고 두려움이 없고, 뒤바뀜이 없는 경계에 도달하려 노력합니다. 우리는 인간의 도덕, 모든 선행, 인격의 자비 등 선법을 통해 자신에게 번뇌가 없고, 생사를 두려워 않고, 근심과 슬픔의 고뇌가 없이 일체가 신앙을 따라 자연스럽게 발전하는 더 높은 경계에 도달하게 할 수 있습니다. 이 더 높은 경계는 영원히 자신의 것이니, 신명이 내려줄 필요 없이 자신을 완성해야 합니다.

현생·내세, 심지어 격음隔陰의 미혹·생사에 대한 수수께끼·인아의 해탈에 대한 믿음의 부족 등은 모두 일어나지 않고, 이치를 깨달은 후 일체를 이해할 수 있습니다. 그리고 우리는 이치를 깨달은 후가 바로 본래면목(자아의 진여불성)을 인식하는 것이며, 그것이 인간불교의 신성함이라 생각합니다. 과거 삼대아승지겁·동방세계·서방세계 등을 얘기한 것은 반야연기를 깨닫고 나면 그것이 방편설법임을 이해할 수 있는 것과 같이 나의 세계, 나의 자유와 해탈은 부처님의 힘이 가피해 주실 수 있지만, 일체는 자신이 해결해야 합니다.

13. 인간불교는 '나는 타인과 통합할 수 있다'입니다. 마음과 부

처와 중생 셋은 차별이 없고, 나와 시간도 무한하며, 나와 공간도 무변하고, 나와 무량한 중생은 공생하는 것입니다.

14. 생명이 윤회 안에서 해탈하였다면, 이른바 윤회라는 문제는 없습니다. 윤회는 있지만, 윤회 안은 고통이고 윤회 밖은 즐거움이라 말하는 건 아닙니다. 윤회 역시 세계 공간 안에서 승화할 수 있고, 멀리 여읠 수도 있기 때문입니다. 그러면 그 세계는 대체 어디에 있을까요? 여전히 윤회 안에 있습니다. 윤회는 어디에 있나요? 허공 가운데 있습니다. 법계원융이라 하듯 어디에나 있고, 어디에나 존재하며, 하나가 곧 일체이고, 일체가 곧 하나입니다. 억지로 말하자면 '방편 지혜는 생사를 초월하고, 자비심은 열반에 머물지 않는다'라는 말로 표현할 수 있으며, 그것이 인간불교의 세계라고도 할 수 있습니다.

15. 깨달은 후에 생명은 자신을 처리할 수 있는 반야 지혜가 있습니다. 깨달은 이후 사람은 이 세간을 여행하는 것과 같이 그의 에너지는 광대하고 무변합니다. 깨달음에 도달한 후에 사람은 좋고 나쁨, 옳고 그름, 선과 악, 상대적임을 이해하고 이것들이 별거 아니라 여기고, 오욕 육진도 마음에 담지 않습니다. 이게 인간불교의 해탈 아니겠습니까?

16. 신앙의 가치는 자아를 넓히고, 자아를 승화시키고, 자아를 해탈하고, 자아를 원융케 하는 것입니다. 그것이 인간불교 최후의 목표이며, 모두 스스로 완성해 나가야 한다고 생각합니다. 자신이 자신의 귀인貴人이 되는 것이 바로 부처님입니다.

17. 인간불교뿐만 아니라, 어느 종교 진리도 타인의 문제를 해결할 수 없습니다. 세간의 반은 부처의 세계이고, 반은 마군의 세계입니다. "생명은 모두 살육에 의지해야 생존해 나갈 수 있다"라는 말에 비유할 수 있습니다. 따라서 자고이래로 인류의 전쟁과 약육강식의 순환은 존재할 것입니다. 호랑이와 사자가 약하고 어린 동물을 먹이로 취하지 않고서는 생존할 수 없는 것과 마찬가지입니다. 그러나 이것은 우리 개인의 능력으로 해결할 수 있는 것은 아닙니다. 각자의 업력은 각자가 해결해야 합니다. 부처님이 스스로 해탈한 뒤 당신에게 해탈의 방법을 가르쳐 줄 수는 있어도, 당신 대신 해탈해 줄 수는 없습니다. 그래서 '하느님의 심판'이라는 말은 연구할 필요가 있습니다. 그가 어디에서 심판합니까? 불교에서 모든 중생은 외부의 힘에 의지하지 않고 스스로 심판하며, 모두 업력에 좌지우지되니 자신에 기대어 해결해야 합니다.

18. 대중 가운데 스스로 청정하고, 스스로 관리하며, 스스로 교육할 수 있습니다. 대중 수행의 의의는 "행실에서는 서로 존중하고, 사상에서는 다 같이 원융하고, 경제에서는 상호 균형있고, 사회에서는 의좋게 공유하고, 언어에서는 칭찬으로 다툼이 없고, 마음에서는 선열과 법희를 누린다"입니다. 부처님께서 '육화경'을 기초로 삼아 교단을 조직해 대중 수행하신 것은 또한 현재 인간불교의 주장입니다.

19. 신앙에 관한 인간불교의 입장은 타인이 어떻게 분별하든 상관없이 자신의 신앙은 지고무상한 것이라고 스스로 인정

불광산 대웅보전. (曾秀美 촬영)

하는 것입니다. 신앙의 참된 의미에서 보면 유치원·초등학교·중학교·대학교 등의 분별은 있어도 우리는 모두 학생입니다. 내가 유치원에서 공부한다고 못났다는 것이 아닙니다. 나도 매우 훌륭합니다. 박사과정을 밟는 당신과 유치원에서 공부하는 나는 다르지 않으며, 각자의 공부를 하는 것뿐입니다. 신앙 안에서 당신은 당신대로 훌륭하고 나는 나대로 훌륭합니다.

20. 생명은 영원하고, 생명은 죽지 않는 것이 바로 진여불성이자, 신성함이며, 인간불교입니다. 사람은 더 크고 훌륭한 뜻을 가져야 하며, 신앙으로 정화하고 승화하는 것이 신성함이며, 뛰어넘는 능력이 있다는 것이 바로 인간불교입니다.

에필로그

나무는 뿌리가 있고 사람은 근본이 있으니 인간으로 태어
난 우리는 세상 사람들에게 기쁨을 배가해 주도록 노력해
야 합니다. 또 생명이 복숭아나무의 크고 튼튼한 과일처
럼 자라나게 해야 합니다. 어머니는 모든 사람의 생명의
근원이자, 모든 이가 처음 인간 세상에 첫걸을 디딜 때 의
존하는 항구입니다. 자비롭게 처세하시고 조리 있게 가정
을 지키시는 세상 어머니의 행위는 인생의 길 위에서 평
생 우리의 자양분이 되어주십니다.

나무는 뿌리가, 물은 근원이 있다——

나의 가계와 고향 소개

유년시절 누가 "너 어디 사니?"라고 물으면 "선녀묘진仙女廟鎭에 살아요"라고 대답했습니다.

소년이 되고 난징에서 출가했는데, 여전히 누군가 고향이 어디냐고 묻습니다. 그러면 저는 "양저우 장두(江都) 사람입니다"라고 말했습니다.

저는 중국 장쑤성 양저우의 선녀묘진이라는 한 작은 마을에서 태어났습니다. 그곳은 양저우성에서 9킬로미터 떨어져 있습니다. 1927년 제가 태어나던 날, 5개 성 연합군 총사령관 손전방孫傳芳 장

성운 대사의 장두(江都) 고향집.

군과 국민당 장개석蔣介石 북벌군이 우리 고향에서 맞붙었습니다. 어머니는 "밖에서는 사람을 죽이고 있는데 네가 태어났단다"라고 말씀하셨습니다. 저는 어머니께 "혹시 그때 살해당한 사람이 죽은 뒤 나로 태어난 건 아닐까요?"라고 물었던 기억이 납니다. 불교사상이 민간에 깊이 뿌리내려 생명에 대한 자연적 연상이 아직 어린 나에게도 영향이 깊었음을 알 수 있습니다.

그 전쟁의 불길이 사방에서 치솟고, 거리는 무너진 건물과 조각난 기와 잔해들로 어수선했던 그 시대에 태어나고 자랐습니다. 1937년 말 일본군은 난징을 점령하였고, 난징에서 장사하시던 아버지에게서는 갑자기 소식이 끊겼습니다. 1938년 초봄 어머니는

선녀묘진의 풍경. (양저우시 제공)

저를 데리고 아버지의 행방을 찾아 난징에 오셨다가, 서하산 사찰의 스님 한 분을 우연히 만나 제게 출가하여 화상이 되고 싶은지를 물어보셨고, 저는 좋다고 대답했습니다. 그래서 저는 출가하였습니다.

아버지를 찾다가 출가하였으니 저의 출가 인연은 아버지께서 제게 주신 셈입니다. 이른바 "나무는 뿌리가 있고, 물은 근원이 있다(木有根 水有源)"라고 했듯 모든 일과 모든 사람은 근본이 있습니다. 부계와 모계 가족은 제 혈통의 원천이니, 가족과 고향의 일을 회고함으로써 이 삶을 가슴에 새기고 은혜에 감사함을 표시하고자 합니다.

부친 이성보李成保 선생

과거에는 많은 사람이 족보를 다듬어 가며 가족의 내력을 기록하였습니다. 저도 가족의 과거 상황을 이해하고 싶지만, 저의 선조께서는 미관말직이라도 한 적이 없고, 부유한 가문도 아니었으며, 친족의 자손이 번성하지도 않았기에 유감스럽게도 족보가 없습니다.

저는 어려서부터 부친과 관련된 일이라면 모두 알고 싶었습니다. 부친께서 출생 28일 후 저의 조부께서 돌아가셨고, 겨우 14세의 어린 나이에 조모님마저 연이어 세상을 뜨셨습니다. 부친은 외아들로 형제는 없었지만, 부친 위로 누나가 한 분 계셨습니다. 저에게는 고모가 되시는 이분이 시집가신 5km 밖 진가점陳家店이란 곳 역시 양저우 관내에 있었습니다. 지금은 고모의 모습이 어떤지 기억나지 않습니다. 양안兩岸이 개방되어 가족과 친지를 뵈러 가게 된 후에야 저에게도 고모의 아들 되는 사촌 형님이 두 분이 계시고, 상하이시 인민정부의 기관에서 작은 직책을 맡고 있다는 걸 알았습니다.

부친께서는 결혼 전에 향초가게를 경영한 적이 있다고 들었는데, 항상 사찰과 왕래를 했고 한가할 때에는 사찰에서 봉사하는 걸 즐겼다고 합니다. 그 덕분에 맛있는 채식 요리를 아주 잘 만들어 늘 친구들이 손님 접대할 일이 있으면 요리를 부탁받아 명성이 자자했습니다. 부친은 가정을 이룬 후 장醬 만들어 파는 가게와 옷가게를 연이어 경영했지만 잘되지 않고 줄줄이 파산하였습니다. 집안을 이끌기 위해 타지로 일하러 갈 수밖에 없었습니다.

부친과 함께 지낸 단편적인 기억은 10살 전에 멈춰 있습니다. 부친의 연세조차도 정확히 기억나지 않고, 그저 부모의 생년월일을 두고 유추해 볼 수밖에 없습니다. 모친은 범띠이며 25세에 저를 낳으셨습니다. 부친은 닭띠이니 저를 낳았을 때 부친은 이미 30세였음을 알 수 있습니다.

부친은 시간이 나면 가끔 우리를 보러 오셨는데, 오랫동안 뵙지 못하다가 너무 보고 싶었던 아버지를 보자마자 다짜고짜 눈물이 주르르 흘렀으며 어떻게 해도 멈추지 않았습니다. 나중에 난징에 장기간 머무르다 중일전쟁이 터지고, 부친의 소식이 없었기 때문에 막 12살이 된 새해 정월 저는 어머니를 따라 여기저기 아버지의 행방을 수소문하고 다녔습니다. 그러나 아버지는 찾지 못하고, 아버지의 음덕으로 인해 저는 출가의 길을 찾게 되었습니다.

성운 대사와 어머니의 40여 년 이별 후 첫 만남. 큰누님 李素華(좌측 첫 번째)·동생 이국민(우측 첫 번째)·큰형님 이국화(우측 두 번째). 1989년

　부모님께서는 저희 4남매를 낳고 기르셨습니다. 큰 형님은 이국화李國華이고, 큰 누님은 이소화李素華이며, 저는 이국심李國深, 남동생은 이국민李國民입니다. 큰 형님도 마찬가지로 학교에 다닌 적이 없지만, 매우 똑똑해 저보다 책을 더 많이 봤습니다. 남동생은 양저우 정협政協위원까지 지낸 적이 있다고 들었습니다. 누님은 전쟁의 난리 통에 일부 난민을 따라 광시(廣西) 지역으로 가서 뿌리를 내리셨으며, 87세에 세상을 떠나셨습니다. 큰형님도 거의 90세까지 사셨고, 남동생은 80세가 다 되어 세상을 떠났습니다. 우리 이씨 집안에서 저와 같은 연배의 친족은 현재 저 한 사람 남은 듯합니다.
　저의 인생은 이처럼 기묘합니다. 속가에 계신 제 윗대 어른 중 아버지에 대한 기억이 지극히 적은 것 말고도 저는 어머니조차도 40년간 만나 뵙지 못했습니다. 심지어 출가 후의 조정祖庭마저도 잠시 머물렀을 뿐입니다. 정말 인생의 지나가는 손님과 같았습니다.

모친 유옥영劉玉英 – 모두가 부르는 할머니

어머니는 유옥영이시며 양저우 선녀묘진의 가난한 가정에서 태어나셨습니다. 이로 인해 근검절약하는 습관이 몸에 배셨습니다. 모계 쪽 친족은 비교적 많습니다. 외조부는 유문조劉文藻이시고, 외조모는 유왕씨劉王氏라 불리며 이름이 없으시어 유왕씨가 그분의 이름이 되었습니다. 유씨 가문은 중류층 가정이고, 가족이 아마 수십 명 정도로 많았을 겁니다. 저는 어릴 적 그들의 이름을 부르지 못했습니다.

외조모는 어머니와 마찬가지로 아들 셋과 딸 하나를 두셨는데, 그 딸이 저희 어머니십니다. 세 분의 외삼촌 중 큰외삼촌 유우정劉雨庭은 시골의 보장(保長: 주민을 감시하기 위해 설치한 보갑제도의 장)을 지낸 적이 있고, 둘째 외삼촌 유귀생劉貴生은 착실한 농사꾼이며, 셋째 외삼촌 유옥화劉玉華는 향장鄕長과 자위대 대장을 지냈습니다. 네 분 모두 고령에 왕생하시었습니다.

학교에 다닌 적도 없고 글자도 모르는 어머니지만, 사람들에게 깊이 생각하게 만드는 시구절을 늘 입으로 읊조리곤 하셨습니다. 예컨대 '연꽃이 지고 나니 비를 피할 덮개가 없지만, 국화는 시들어도 서리를 이기는 가지가 있다네'라는, 수십 년 전 어머니가 읊조리는 걸 들은 소동파의 시구입니다. 사실 어머니는 입이나 마음으로 읽는 것만이 아니라, 심지어 일생의 생명으로 이 시구를 실천하셨습니다. 그래서 위로는 천문, 아래로는 지리에 이르기까지 어머니는 거의 모두 즉흥적으로 말할 수 있다고 해도 이상할 것이 없습니다.

어려서 어머니를 따라 고생스러운 날들을 보냈지만, 낙관적인 어머니는 빈궁하더라도 전혀 괴로워하지 않으셨으며, 어머니가 가난으로 인해 근심 걱정하며 속 끓이는 걸 본 적이 전혀 없습니다. 사람은 가난하지만 궁하지 않아야 한다며 훌륭한 물건이 아무리 많아도 사고 싶지 않기만 하면 너는 부유한 사람이 될 것이라고 늘 말씀하셨습니다. 이런 이념을 바탕으로 어머니는 평생 잘 사지도 않으셨고 물건을 더 사들이길 좋아하지도 않으셨습니다. 몇 번은

성운 대사 모친 劉玉英(우측 두 번째) · 큰외숙 劉雨庭(우측 첫 번째) · 둘째외숙 劉貴生(좌측 두 번째) · 셋째외숙 劉玉華(좌측 첫 번째). (蕭碧霞 師姑 제공)

집에 돈이 평소보다 더 많았는데, 어머니는 즉시 더 많은 동전으로 바꾸어 보시하셨는데, 보시를 부(富)로 삼으셨습니다. '동전 하나가 영웅을 죽음으로 내몰 수도 있고, 그 동전 하나가 영웅을 구할 수도 있다'는 어머니 나름의 이유였습니다.

늘 집안에는 서 발 막대 거칠 것도 없고 삼일도 못 갈 양식만이 있었어도, 어머니는 조금도 개의치 않으시고 하던 대로 여기저기 다니시며 타인의 어려움을 해결해 주셨습니다. 음식에 대해 어머니는 무척 담담하셨으며, 1980년 모자가 다시 연락이 닿았을 때도 77세의 어머니는 여전히 건강하시고 키도 커 보이셨습니다. 문화혁명 때는 제가 타이완에 있던 관계로 흑오류(黑五類: 문화혁명 때 용어, 지주·부농·반혁명세력·파괴분자·우파)라고 낙인찍혀 매월 수입이 고작 런민비(人民幣) 11위안뿐이었지만, 세끼 배불리 먹지도 못한 어머니는 여전히 정정하셨습니다.

후에 어머니를 미국에 모시고 봉양할 기회가 있었는데, 저는 기쁨에 겨워 각종 채식 요리를 준비해 효도하려 했지만, 식사 때마다 어머니의 젓가락은 언제나 삭힌 두부·장아찌 두 가지에만 닿았고, 맑은 죽을 곁들여 드시거나 가끔 차 한잔 더 드시는 것이 전부였습니다. 이것이 어머니께서 가장 마음에 들어 하신 산해진미였습니다. 영양 전문가가 어머니의 양생 방식을 점검하셨다면 이처럼 간단한 반찬과 죽을 드시면서도 건강하시고 오래 사실 수 있다는 것이 아마 의학계의 미스터리가 되었을 것입니다. 제 생각에 어머니는 욕심이 없으셔서 음식을 영양분으로 삼지 않고 타인에 대한 열성적 도움, 의로운 행동, 보시로 즐거움으로 삼는 것을 영양으로 여

할머니가 불광산 신도대회에서 기뻐하시며 '나는 아들을 여러분에게 선물한다'고 말씀하셨다. 좌측부터 慈莊 스님·성운 대사·慈容 스님·할머니·心平 화상. 1990.2.25

기셨던 것 같습니다.

　어머니에게는 일생 몇 가지 자랑스러운 사건이 있었습니다. 1990년 드디어 아들이 창건한 타이완 불광산에 오셨고, 2만 명이 모인 신도대회에서 '할머니 안녕하세요!'라고 모두의 열렬한 환호를 받았습니다. 어머니는 평생 이런 장면을 겪은 적이 없었습니다. 그러나 당황하거나 주눅 들지 않고 기쁘면서도 다정하게 두 손을 흔들며 모두에게 인사했습니다. 그리고 이어서 양저우 사투리로 모두에게 짧은 '인사말'을 해서 저도 갑작스럽게 어머니의 통역사 노릇을 했습니다. 어머니는 "불광산은 곧 서방극락세계이고, 천국은 인간에 있으니 열심히 수행하기 바랍니다. 과거 관세음보살은 대향산大香山에서 득도하였으니, 여러분은 불광산에서 득도하기 바랍니다. 여러분이 모두 나에게 이렇게 잘해 주시는데 저는 여러분께 드릴 게 없으니, 다만 내 아들을 여러분께 드리겠습니다"라고 하셨습니다.

어머니의 또 다른 자랑스러운 일은 바로 외조모께서 어머니를 포함 사 남매를 낳으셨는데 어머니께서 왕생하실 때까지 네 사람 모두 건강하게 살아계셨으며, 다 합하면 나이가 360여 살입니다. 어머니께서도 장자 국화, 장녀 소화, 저와 막내아우 국민까지 아이 넷을 낳으셨고, 그때 평균 70여 세였으니 넷을 합하면 280여 세가 됩니다.

특히 문화대혁명 시기를 겪으면서 처자식과 이별하고, 굶어 죽고, 목매어 죽고, 자살하고, 총살당하는 사람이 수없이 많았는데도 흑오류에 해당하는 우리 집안이 모두 무탈할 수 있었던 것에 대해 어머니는 불보살의 광명을 입었기에 무사하고 평안할 수 있었다고 생각하셨습니다. 어머니는 항상 자손에게 "사람이 복을 알고, 복을 아낄 줄 알아야 복이 있을 거다. 복을 받음은 은행에 저축한 것과 같으니 함부로 써버리면 안 된다"라고 훈계하셨습니다. 이런 말을 어머니는 일생 힘써 실천하셨습니다. 안빈, 지족, 심지어 빈곤을 지조로 삼는다는 말은 어머니께서 일생 가장 좋아하신 표현입니다. 단정한 행동과 의로운 일에 적극적으로 나서는 용기는 어머니가 태어나면서 가지신 두 가지 특징이라 말할 수 있습니다.

어느 날 미국 서래사의 법당에서 어머니에게 "예불 드리시게 제가 향을 피워드리겠습니다"라고 하자, 어머니는 "부처님께서 우리

성운 대사는 어머니의 청중. 1994년

의 향을 원하시겠습니까? 우리의 꽃을 원하시겠습니까? 부처님은
다만 우리 범부의 작은 마음을 원하실 뿐입니다"라고 말씀하셨습
니다. 어머니와 함께 있으면 늘 어머니께서 불법을 연설하시고 저
는 옆에서 귀 기울여 듣습니다.

　한번은 또 서래사에서 제가 『금강경』을 강설하는데, 어머니께
서 뒤에 앉아 듣고 계신 줄 몰랐습니다. 제가 끝내고 내려오자, 제
강연이 너무 깊이가 있다고 하시며, 사람들에게 '무아상無我相·무
인상無人相·무중생상無衆生相·무수자상無壽者相'이라 얘기하면 알
수 있느냐고 하셨습니다. '무아상'은 그렇다 치더라도, 무인상은 마
음에도 눈에도 타인이 없는데 무슨 수행을 하느냐며 비평하셨습
니다.

어머니의 이 얘기를 듣고 벙어리가 된 듯 아무 말도 못 했습니다. 그와 동시에 어머니께서 고집하셨던 유인상有人相이 곧 제가 적극적으로 추진하고 있는 인간불교의 주해注解임을 깨달았습니다. 어머니는 언제나 우리에게 설법을 해주셨습니다. 한 질의 '인학人學' 경전이라 할 수 있는 어머니께서는 우리 눈에 타인을 담고, 마음에 중생을 담으라고 하셨습니다.

어머니는 평생 많은 전쟁과 이별의 슬픔, 만남의 기쁨, 나라와 가정이 산산조각이 나는 것을 몇 차례 겪었지만, 우리 사 남매는 어머니가 눈물 흘리시는 걸 본 적이 없습니다. 칠칠사변(七七事變: 1937년 7월 7일)은 일본군이 노구교에서 일으킨 전쟁입니다. 그해 겨울 전쟁이 난징까지 퍼지자, 어머니는 양저우의 한 도로에서 자신의 집이 일본군에 의해 닥치는 대로 불태워지는 걸 바라보았고, 당시 아직 어렸던 저는 어머니 옆에 바짝 붙어 아무 일도 없는 듯한 어머니의 모습을 직접 목격했습니다.

두 차례의 전쟁 기간에 매 전투가 끝나고 나서는 많은 사람이 목숨을 잃었고, 아이들은 죽은 사람을 세는 걸 놀이로 여겼습니다. 한번은 숫자를 세다가 아직 살아있는 군인을 발견하고는 부리나케 집으로 달려와 어머니에게 얘기했습니다. 어머니는 그 군인을 위로하며 "내가 도와줄 테니 움직이지 말고 있어요"라고 말하고는, 널빤지를 하나 구해서 이웃에게 그를 후방으로 데려다 달라고 부탁했습니다. 얼마만큼의 시간이 흐르고, 이 군인은 승진해서 권총 한 자루를 차고 우리 집까지 찾아와 목숨을 구해 준 어머니 은혜에 감사해하는 걸 직접 보았습니다.

어머니는 한 방울의 은혜를 받으면 샘물로 갚는 분이셨습니다. 그해(1976년) 당산 대지진이 일어나고 영향이 미칠까 두려워 부득이 양저우에서 상하이의 사촌 형님 집으로 피난을 떠나 몇 개월 머물렀습니다. 어머니께서는 훗날 저와 재회하신 뒤에도 사촌 형님 집에 라디오·TV·냉장고 등 각종 가전제품을 보내주라고 제게 여러 번 당부하시면서, 당시 받아준 은혜에 사례하라고 하셨습니다. 어머니는 덕을 베풀면 항상 보답하는 마음을 가져야 한다는 걸 중시하셨습니다. 후에 제가 불광산 타이베이 도량·타이난 별원 등에 적수방을 설립한 것은, 은사스님이신 지개상인의 '짠지 반 그릇'의 은혜에 감사하는 것 말고도 어머니의 '한 방울의 은혜를 샘물로 갚는다'라는 정신과 관련 있습니다.

어머니는 천성적으로 세심하게 마음을 쓰시는 분이십니다. 제가 각지로 홍법하러 가면 어머니는 저를 도와 제자들을 가르치셨습니다. 한번은 서래대학에서 공부하는 스님들께 "여러분 승단은 사람이 많으니 이견이 있을 수도 있지만, 융합할 줄 알아야 합니다. 여러분 스승의 사업이 크고, 불법도 크고, 발심도 크기 때문에 여러분도 스승을 따라서 마음을 크게 일으켜야 합니다"라고 말씀하셨습니다.

한번은 제가 "어머니는 참 자비로우십니다"라고 찬사를 드리자, 어머니는 "내가 자비롭지 않다면 스님이 나한테서 태어났겠습니까?"라고 말씀하셨습니다. 어머니는 자신만의 인생관이 있으셨던 겁니다.

"사람은 좋은 마음을 가져야 합니다. 타인에게 업신여김을 당하는 것은 대수롭지 않습니다. 보십시오. 저는 북벌전쟁·항일전쟁·문화대혁명 등 많은 어려움과 고생을 겪었어도 여전히 90 몇 살까지 살고 있지 않습니까?"

생각해 보면, 70여 세 되신 노모는 양저우 고향집에서 매일 강에서 물을 길어 오셔서 물을 끓이신 후, 먼저 그릇에 붓고 한 그릇씩 걸상에 놓아 인근 초등학교 선생님과 학생들이 마실 수 있도록 하셨습니다. 나중에는 모두 어머니를 '할머니'라고 부르면서 존경을 나타냈습니다. 이 할머니란 세 글자가 양안 해협을 넘어서고, 심지어 세계에 두루 퍼질 줄은 생각지도 못했습니다.

미국에 홍법하러 갈 때마다 아무리 바쁘더라도 매일 시간을 내 어머니한테 가 조석 문안을 드리며 효도를 다하였습니다. 제게 간절하게 기대하는 표정의 어머니를 뵐 때마다 늘 참을 수 없어, 아직 처리하지 않은 일들이 산더미여도 한두 시간은 앉아서 어머니와 이런저런 소소한 얘기를 하였고, 때로는 깊은 밤까지도 얘기를 나누었습니다.

1994년 4월 제가 양안이 개방되어 가족 친지를 만난 후 세 번째로 대륙을 밟았습니다. 양저우에서 온 형제, 광시에서 온 누님, 상하이에서 온 사촌 친척 다수가 모두 난징의 우화정사雨花精舍에 도착했고, 어머니의 침대 앞에 옹기종기 모였습니다. 어머니는 3, 40명의 자손이 한 방에 가득 모인 것을 보고 느끼는 바가 있으셨던지 "나무 가득 핀 복사꽃도 하나의 뿌리에서 나왔네"라고 말씀하셨습니다. 이 말의 표면적 의미는 자녀들이 각지에 흩어져 살지만 한 가정에서 왔다는 것이고, 더 깊이 들어가면 물을 마시며 근원을 생각

성운 대사의 모친 유옥영 할머니.
남경 우화정사에서 촬영.

할 줄 알고, 근본이 튼튼해야 가지와 잎이 무성하고 꽃과 열매를 맺듯이, 자손들이 처세에 있어 근본을 중히 여기길 바란다는 의미입니다.

나무는 뿌리가 있고 사람은 근본이 있으니, 인간으로 태어난 우리는 세상 사람을 위해 인간의 기쁨이 넘치도록 노력해야 하고, 또 생명이 크고 튼튼한 복숭아나무처럼 자라나게 해야 합니다. 10여 년 전 제자들의 좋은 뜻을 받아 이란 불광대학교에 어머니를 위한 '할머니 기념도서관'을 설립한 것은 인간에 정과 의리가 있고 너와 내가 서로 은혜에 감사하는 미덕을 계속 전승해 나가게 하기 위함입니다. 어머니는 모든 사람의 생명의 근원이자, 모든 이가 처음 인간 세상에 첫걸을 디딜 때 의존하는 항구입니다. 자비롭게 처세하시고 조리 있게 가정을 지키시는 세상 모든 어머니의 행위는 인생의 길 위에서 평생 우리의 자양분이 되어 주십니다.

외조모 유왕씨劉王氏

제 일생에서 가장 그리워하는 사람은 외할머니입니다. 지금도 눈만 감으면 외할머니께서 예불하시던 모습과 그 얼굴에 자상한 미소를 띤 모습이 아직도 뚜렷합니다. 태허 대사께서도 할머니 손에서 자랐고, 대사의 「50세 생일 감회」란 글 가운데 '나의 어머니 같은 할머니는 보기 드문 미덕을 지녔다'라고 언급하셨는데, 외할머니에 대한 소감에 저도 크게 동감합니다.

사람은 모두 우상의 관념을 가지고 있습니다. 외조모는 제가 일생 가장 존경하는 분이자, 저의 우상입니다. 그분은 공부한 적이 없고, 심지어 이름도 없습니다. 그러나 현명하시고 근면하시며, 후덕하시고 자상하시며, 열심히 남을 돕고 타인의 시시비비를 절대 떠들지 않으셨습니다. 이 많은 미덕은 저의 일생에 지대한 영향을 끼쳤습니다.

겨울 눈발이 흩날리고 날은 아직 밝지 않았는데, 부지런하신 외할머니는 조용히 침대에서 내려와 깊이 잠든 저를 깨울까 봐 혼자 텃밭에

이자건 선생이 그린 외할머니 유왕씨. 성운 대사는 외할머니를 정말 닮았다고 말했다.

나가 채소를 뜯어다가 길가에 펼쳐놓고 장사하시었습니다. 햇빛이 창문을 넘어오면 외할머니는 웃으시며 방금 만든 따끈따끈한 밀전병과 튀김을 가져오셔서는 뜨거울 때 먹으라며 주셨습니다. 밖은 뼈를 때리는 찬바람이 불어도 내 입속의 밀전병과 튀김은 그 어떤 산해진미보다 맛있었습니다.

한밤중에 콩만 한 등잔 아래서 외할머니는 조용히 경문을 읽으시고 마음속에 숭배하고 있는 제불보살에게 절을 올렸습니다. 외할머니의 경문 읽는 소리는 강물 흘러가는 소리보다 더 듣기 좋았고, 경건한 모습에서 뿜어져 나오는 광채는 자비의 관세음보살 같았습니다.

외할머니 말씀을 기억해 보면, 성이 왕씨이고 18살에 외할아버

지에게 시집와 그 후 유왕씨가 이름이 되었다고 들었습니다. 외할머니는 독실하게 불교를 믿고 평생 채식을 했지만, 지금 와서 보면 외할머니가 믿었던 불교가 어느 종파인지 저도 분명하지 않습니다. 아마도 민간의 선문禪門에 속하는 것 같습니다.

가난한 고향에서 당시는 출가자를 보기 드물었습니다. 그러나 외할머니는 자주 제게 말씀하셨습니다.

"삼보가 가장 좋고, 삼보가 가장 중요하며, 삼보의 공덕은 끝이 없으니 사람은 삼보를 존경해야 한다."

당시 저는 삼보는 몰랐지만, 관세음보살 어머니는 알았습니다.

외할머니가 불공을 드리러 가면 저도 가끔 할머니를 따라가 참가했으며, 이런 이유로 4, 5세에 『반야심경』을 할 줄 알게 됐고, 채식해야 한다는 것도 알았으며, 누나와 누가 더 오래 채식을 하는지 내기도 했습니다. 외할머니를 따라가지 않는 날이면 할머니는 선당善堂에서 음식을 싸 오셨고 저는 문 앞에서 기다렸습니다. 그래서 저는 타이완어인 '등로(等路: 선물을 나눠주다)'가 무슨 뜻인지 알았습니다. 공양물을 나눠준다는 것은 약간의 지위가 있다는 셈이고, 지금으로 말하면 공덕주와 같습니다.

제가 받은 인상은, 외할머니는 음식을 가지고 돌아오셔도 마치 높은 곳에 앉아 내려주는 듯한 자세는 하지 않으셨습니다. 무척 자상하고 부드럽게 먹으라고 주시면서도 타인이 먹는 데에도 존엄 있고 따스하게 먹게 해주셨지, 일종의 상을 내려주듯 하지 않으셨습니다. 외할머니의 선을 권하는 것은 공리적이 아니라 무조건적이었습니다. 외할머니는 "먹고 나서 열심히 공부해야 나중에 어떻게 된다"라는 말씀은 할 줄 몰랐습니다. 공양물을 가져오셔서는 무척 기쁜 마음으로 우리에게 나눠주셨습니다. 자타가 모두 기뻐하는 보시를 해야 한다는 걸 외할머니께서 제게 보여주셨다는 걸 시일이 지나서야 겨우 알았습니다.

저는 어려서부터 외할머니의 부지런함·올바름·용감함·따지지 않음을 배웠습니다. 집에서는 장남은 아니지만, 가족들 모두 저를 소중하게 여겼고 저의 발언과 의견에 대해 존중해 주었습니다. 지금 생각해 보면, 제가 정직하고, 철도 들고, 장난이 심하지 않았기에 가족들에게 사랑받았던 것 같습니다. 즐거운 마음으로 타인에게 봉사하는 성격 역시 외할머니로부터 물려받은 것입니다.

외할머니에게는 세 명의 아들이 있었는데 각기 가정을 이루어 각자 독립을 해야 했습니다. 그러므로 외할머니는 그들에게 의지하지 않고 일찌감치 독립하셨습니다. 그러나 외할머니께서 본래 독립적이신 것은, 아마도 외할아버지께서 일찍 돌아가셔서 인간의 무상함을 일찍부터 아셨기에 마음이 자연스럽게 굳건해지기 시작하셨을 겁니다. 외할아버지는 재봉 일을 하셨는데 제가 5, 6세 때 세상을 떠나셨습니다.

기억 속의 외할머니는 외할아버지의 죽음을 마주하고서도 지나치게 놀라거나 당황하지 않았고 조용하게 흐느끼셨는데, 마치 제문을 읽는 듯했습니다.

"모질게 나를 버려두고 가시다니요. 저 혼자 어찌 살란 말입니까?"

슬프지만 상심하지 않고, 그러나 부부간의 정은 무척 깊다는 생

성운 대사께서 어린 시절 할머니와 함께 지낸
집. (賀大田 그림)

각이 들게 하였습니다.

외할머니 댁은 우리 집에서 매우 가까웠습니다. 일찍부터 혼자 거주하고 계셨던 외할머니는 독거노인의 비관과 낙담은 없었습니다. 매일 정신이 또렷하시고 날이 밝기 전부터 채소밭에 가서 일하시고, 이웃들의 어려움과 고민을 해결해 주고, 또 선당에 가 함께 수행하셨습니다. 집 안팎은 늘 깨끗하게 정돈되어 있어, 저는 늘 외할머니의 집은 동화 이야기에 나오는 신선이 사는 집같이 주위에 오색 구름이 떠다니는 것처럼 느꼈습니다.

저의 성격은 외할머니와 무척 가깝습니다. 제가 7, 8세일 때, 외할머니와 함께 오래 살았는데, 그때 외할머니 연세가 이미 50여 세셨습니다. 왜 외할머니와 함께 지냈느냐고요? 제가 외할머니를 무척 좋아했고, 조손祖孫 두 사람의 습관과 성격이 비슷한 데다 외할머니 역시 합리적인 분이셨기 때문입니다.

글을 알지는 못하셨지만 식견이 있는 분이셨고, 제가 교육을 받길 고집하시며 공부하러 보내셨습니다. 당시는 공부하는 데 하루에 4개의 동전을 내야 했습니다. 10개 동전이 1각角이었는데 매일 4푼을 냈습니다. 1각 중 매일 4푼은 선생님에게 드리고, 4푼은 아침을 사서 먹으라고 하셨습니다. 샤오빙 하나가 2푼이었으니 두 개는 먹어야 배가 불렀습니다. 날이 밝기도 전에 저는 공부하러 나섰습니다.

그 당시의 불안함과 빈곤함은 보편적인 사회 사조였습니다. 후에 전쟁을 치르고 이주하면서 완전한 학습 환경을 가지기가 어려웠지만, 어디로 피난을 가든 외할머니는 어떻게 해서든 저를 위해 서당을 찾아주셨습니다. 소년 시절의 저는 공부의 중요성을 알지 못했습니다. 집안일 하는 걸 좋아했던 저는 바닥 쓸고, 창 닦고, 주방 정리를 하면서 더 활력이 가득했습니다.

외할머니는 절대 사나운 표정을 짓지 않으시고 격하게 말씀을 하지도 않으셨으며, 누구에게나 부드럽고 정답게 말씀하셨습니다. 외할머니는 우리에게 격려의 교육을 하셨습니다. 바닥을 쓸고 있으면 외할머니는 "불 때고 바닥 쓰는 걸 보면 뜻이 있는지 없는지 안다"라고 말씀하셨고, 그 말을 들으면 더 깨끗하게 쓸고 싶어집니다. 청소를 하찮은 일이라 생각하지만, 외조모는 인재를 평가하는 일종의 방법이라 여기셨으며, 성취 여부는 작은 데서 시작한다고 여기셨습니다. 외할머니가 주신 사탕을 다른 사람에게 나누어 주면 그걸 본 외할머니는 웃는 얼굴로 제가 나눌 줄 안다며 칭찬하셨습니다. 이것은 제 일생에 보시하길 좋아하고 베푸는 것이 받는 것보다 더 복이 온다는 걸 느끼게 해주었습니다.

밤이 되어 제가 잠들었어도 외할머니는 또 저녁 불공을 드리십니다. 침대 위에 단정하게 앉아 운공運功을 하면 배에서 '철썩 철썩' 강물이 출렁이는 소리가 났습니다. 가끔 그 소리에 잠이 깰 때도 있었습니다. 저는 "할머니 배에서는 왜 소리가 나요?"라고 물으면, 할머니는 "이게 바로 수행이란다"라고 하셨습니다.

저는 중국을 떠나기 전 고향에 들러 외할머니를 뵈러 갔다가 여쭈었습니다.

"할머니 아직도 수행하세요?"

"그럼 물론이지. 그게 없어질 리 있니?"

그때 이미 60세가 넘으셨을 나이입니다. 불법을 좀 안다고 자부하던 저는 마침 일본 비행기가 하늘을 날아가는 걸 보고 할머니께 말했습니다.

"할머니, 비행기의 엔진 소리가 더 큰데, 생사를 끝낼 수 있을까요? 번뇌에서 해탈할 수 있을까요? 도덕을 증가할 수 있을까요?"

다 듣고 난 외할머니의 얼굴빛이 변했습니다. 그때의 저는 신식교육을 받은 사람이고, 불학원에서 공부도 했다고 자만했습니다. 참학을 하면서 봤던 큰스님의 배에서는 소리가 나지 않았지만, 늘 "도덕이 있어야 한다, 자비가 있어야 한다, 지혜가 있어야 한다"를 강조하셨습니다.

수년 뒤에야 문득 제가 무지했으며 잔인했음을 알아차렸습니다. 외할머니의 그 수행은 그분이 수십 년 동안 노력해서 이루어진 것입니다. 저는 그분 마음속 신앙의 '성적표'를 무너뜨렸으며, 저의 득의양양함은 그분을 실의에 빠뜨렸으니 매우 옳지 않은 행동이었습니다. 저는 외할머니께 너무 죄송합니다.

신앙은 언어 문자를 초월합니다. 노부인이 경건하게 예경하고, '하늘에서 신명님이 굽어보고 있다. 선악에는 그 보답을 받는다'라는 관념을 가지고 선행을 하고 타인을 돕는 것이 자신의 이익을 앞세우고 자신의 마음대로 도모하려는 어느 지식인보다 더 고상하고 신성합니다. 할머니는 그래도 선근을 가지신 분입니다. 글자는 모르셨지만 『금강경』·『보문품』·『아미타경』을 모두 외울 줄 아셨고, 수많은 게송도 부를 줄 아셨으며, 더구나 듣기에도 좋았습니다.

외할머니는 홀로 사시는 것에 만족하셨습니다. 독립적이셨던 외할머니에게서 자녀의 불효를 원망하거나 시국과 팔자를 탓하시는 소리를 전혀 들은 적이 없습니다. 환경과 인간사가 아무리 험악하고 힘들어도 외할머니는 늘 커다란 산처럼 인내하시고 깊은 샘처럼 고요하셨습니다. 외할머니의 '인내의 힘'이 저의 성격에 녹아들었습니다. 청년인 제가 홀로 바다를 건너 타이완에서 홍법을 펼치겠다는 열정으로 막막한 미래도 두려워하지 않았으니, 이 참아내는 성격은 외할머니에게서 영향을 받았다고 생각합니다.

노구교 사변 후 고향 양저우까지도 일본 군인들이 사방에서 살인과 방화를 저질렀습니다. 외할머니의 커다란 저택은 짓밟을 목표가 될 게 뻔했습니다. 외할머니는 가족들을 모아놓고 "다 함께 죽을 수는 없다"라고 말씀하셨습니다.

자손들은 후방으로 피난을 가게 하고, 당신이 남아 집을 지키겠다는 의미였습니다. 그분은 이미 자신이 희생하시기로 마음을 정하셨습니다. 저는 어렸지만 떠나기 싫은 마음과 함께 외할머니가 거실에 모신 신명처럼 위대하고 숭고하게 느껴졌습니다.

"봉화는 석 달을 끊이지 않으니, 가족의 서신은 만금보다 귀하다"라는 두보의 시구처럼 이 전쟁이 언제 끝날지, 고향에 남으신 외할머니께서는 무사하실지, 어머니가 옆에 계시긴 했지만, 작은 마음에도 외할머니의 안부가 항상 걸렸습니다. 다만 어머니께 걱정을 안겨드릴까봐 감히 물어보지는 못했습니다.

가족을 보호하고 집을 잠시 지키기 위해 남으셨던 외할머니는 하마터면 불구덩이에 묻힐 뻔하셨다가, 도망쳐 나온 뒤 우리가 피난해 있는 '수차붕水車棚'으로 찾아오셨습니다. 이틀 뒤엔 제가 할머니를 따라 집으로 돌아갔다가 일본군과 맞닥뜨렸고, 외할머니는 다시 운하에 던져져 휩쓸려 가셨는데, 다행히 좋은 분의 도움으로 구출되셨습니다. 외할머니는 화겁火劫과 수난水難 두 가지 재난을 피하셨으니 신명께서 남몰래 도와주시는 듯합니다. 또한 외할머니께서 평소에 남을 돕길 좋아하셔서 이런 기적이 일어난 것 같다고 생각합니다.

외할머니는 저를 데리고 전쟁의 불길 속을 다니셨고, 조손 두 사람은 서로를 의지한 채 여기저기 난을 피해 유랑했습니다. 시체들을 보니 생각나는 말이 있었습니다.

"가여워라, 무정하無定河 강가에 흩어진 백골들이여! 어느 규방 여인의 꿈속 낭군일 텐데."

길가의 죽은 사람들은 들개의 먹이가 되었으니, 너무 끔찍합니다. 외할머니께서는 제가 정신적 충격이라도 받을까 봐 걱정되셔서 "죽음을 대면하면 놀라거나 당황하지 말아라"라고 말씀하셨습니다. 저는 그때 두려워하지 않는 법을 배웠던 것 같습니다. 사람이 무섭지, 귀신은 무섭지 않습니다. 산 사람이 무섭지, 죽은 사람은 무섭지 않습니다. 나의 용감함과 차분함은 시대적인 시련과 전쟁

쑤저우(蘇州) 한산사寒山寺는 '화합종'을 주조해 불광산에 기증하며 두 사찰의 우애를 이어나가고 형제의 사찰로 결연하였으며, 린코우(林口) 체육관에서 평화 회향법회를 가졌다. 2007.9.9

으로 인해 단련되었을 뿐만 아니라, 몸소 행동으로 가르치신 외할머니도 포함해야 할 것입니다.

2007년 한산사에 '평화의 종'을 기증하고 시 한 수를 썼습니다.

"양안의 속세 인연은 꿈과 같고, 골육지간의 왕래가 없네.
쑤저우의 고찰 한산사 평화의 종소리 타이완까지 퍼지네."

한 단락을 쓰고 외할머니와 버드나무 아래에서의 이별이 결국 영원한 이별이 되었음을 생각하자, 쓸쓸한 마음을 금할 수 없습니다. 그때는 전란이 빈번하고 부친은 늘 집에 안 계셨으니, 만일 외할머니의 도움이 없었다면 병치레가 잦으셨던 어머니께서는 우리를 키우시지 못했을 것입니다.

외할머니에게는 남동생 하나와 여동생 둘이 있었고, 그중 여동생 한 분은 출가하여 비구니가 되었습니다. 우리는 그분을 사공師公이라 불렀고, 저도 그분의 암자에서 한 달간 지낸 적이 있습니다. 또 태어난 지 얼마 안 되었을 때 한 암자의 비구니 스님을 스승으로 삼았는데, 고향의 풍습에 따르면 아기가 스님을 스승으로 모시면 평안하게 자라기 쉽다고 해서입니다. 제가 태어난 뒤 스승을 모시는 것은 외할머니의 특별한 뜻이었을 것입니다. 저는 이것이 저를 삼보 안으로 인도하여 무정한 전쟁의 고난을 피하고, 무상한 인간의 괴로움을 멀리 여의길 바라시는 외할머니의 희망이었을 거로 생각합니다.

출가한 처음 몇 해는 법당에 모셔진 관세음보살이 자주 외할머니의 얼굴로 보였습니다. 자상하고 온화한 외할머니의 음성은 더 보고 싶게 만들었고, 한밤중 꿈에서 깨고서는 눈물로 베개를 적셨습니다. 언제 어느 때 외할머니를 다시 만날 수 있을까요? 저는 지금 93세이고 외할머니는 돌아가신 지 70년이 다 되어 가지만, 외할머니의 웃음 가득한 모습은 지금까지도 마음에 깊이 각인되어 있습니다.

저는 외할머니께 감사드리며, 무탈하게 키워주시고 가르쳐주신 은덕은 헤아릴 길이 없습니다. 그분은 자비로운 언행으로 몸소 실천하시고, 정의롭고 용감하며, 타인과 따지지 않는 넓은 마음을 제게 보여주셨습니다. 전통사회의 부녀자는 근면과 인내 속에서 커다란 지혜가 넘쳐흐르고, 가족을 위해 희생하면서도 그들이 지니고 지켜온 것은 원망도 후회도 않고 보답을 바라지 않는 보살의 마음을 지닌 것을 보았습니다. 외할머니의 자비 정신은 이미 저의 마음에 깊이 심겨져 있습니다. 감사하게도 외할머니께서 계셨기에 제가 불교와 깊은 인연을 맺었고, 어려서부터 생명을 사랑하고 보호하는 걸 배웠으며, 근면과 정진, 공평무사와 자신의 열성을 헌신할 줄 알게 되었습니다. 출가 생활 80여 년 동안 저도 원망이나 후회 없이 불교에 공헌하였고, 열성적으로 인간에 홍법이생하였습니다.

고향 양저우와 조정

양저우는 저의 부모님 고향이며, 저는 어린 시절과 소년 시절 모두 12년간 이곳에서 살았습니다. 난징 서하산 사찰 및 다른 명찰 총림에서의 참학 역시 12년이란 시간이었습니다. 1949년 타이완에 올 때까지 말입니다. 70년이 지나 지난날을 생각하니 이제야 양쯔강 강변의 풍토와 인정은 제게 양저우 사람의 언어와 성격을 키워주었지만, 타이완 반도의 빗물과 쌀은 제게 영양을 주어, 타이완을 딛고 서서 마음에는 대륙을 품고, 발을 세계로 향하게 했습니다.

 50세 이전에는 늘 아시아의 각 나라인 홍콩·말레이시아·싱가포르·태국·필리핀·인도·일본 등에서 홍법을 했고, 50세 이후에서야 미국으로 건너가 사찰을 세워 승가를 안주시킬 준비를 했습니다. 70세에는 유럽·호주·남미·아프리카를 다녔습니다. 이렇게 나의 향토에 대한 정은 갈수록 멀어지는 듯했습니다. 항상 누군가 "어디에 가실 겁니까?"라고 물으면 저는 항상 "저는 중국으로 돌아갈 겁니다", "저는 타이완으로 돌아갈 겁니다", "저는 홍콩으로 돌아갈 겁니다", "저는 미국으로 돌아갈 겁니다", "저는 유럽으로 돌아갈 겁니다", "저는 호주로 돌아갈 겁니다"라고 말했습니다. 심지어 지구상의 모든 땅이 제가 돌아가야만 하는 고향입니다.

저는 평생 외할머니의 영향을 깊이 받은 데다 불교 신앙의 인연이 더해져 어려서부터 세상에는 사람 하나, 일 하나, 장소 하나에 지나치게 구애될 필요가 없음을 알았습니다. 1989년 40년이 흐른 뒤에서야 저는 처음으로 양저우로 돌아갔습니다. 그때 저는 63세였습니다. 누군가 감회가 어떠시냐고 물었는데, 저는 나이 드신 어

양저우(揚州) 소재 오정교五亭橋. (慧延 스님 촬영)

양저우 건설 2,500년을 맞아 대사는 양저우시 요청으로 처음 양저우강단에 서「반야심경의 우주관과 인생관」을 주제로 강연했다. (顧艷 촬영)

른을 만나면 외할머니의 모습을 뵙는 것 같고, 중년의 남녀를 보면 아버지 어머니의 모습을 뵙는 것 같고, 젊은이를 보면 그 당시의 친구를 보는 듯하였으니, 이것이 양저우 고향 집으로 돌아가는 길의 감회라고 대답했습니다.

　나중에 저는 한 자료를 보았는데, 강희 35년(1696년) 편찬한『지방지地方誌』에 당시의 타이완이 양저우에 속한 관할 지역이라고 기재되어 있었습니다. 저는 기쁨을 감추지 못했습니다. 알고 보니 70년 동안 저는 양저우를 떠난 적이 없었던 것입니다.

　2015년 4월 양저우성 건설 2,500주년을 맞아 감사하게도 양저우시의 요청을 받아 감진도서관 양저우 강단에서 3일 연속 '『반야

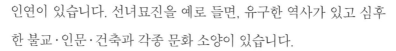

심경』의 우주관과 인생관' 강연을 했습니다. 인터넷에서 무료초대권 만 장이 몇 분 만에 소진되었고, 중국 각지에서 청중이 모였습니다. 특히 멀리 내몽고에서부터 총 30시간의 거리를 달려오신 분도 있었으니, 법을 듣고자 하는 의지에 감동했습니다.

일생을 돌아보니 선녀묘진이든 장두 지역이든, 아니면 역사적으로 유명한 양저우든 난징이든, 저와는 수만 갈래 줄로 연결되어 뗄 수 없는 성장의 인연이 있습니다. 선녀묘진을 예로 들면, 유구한 역사가 있고 심후한 불교·인문·건축과 각종 문화 소양이 있습니다.

그리고 양저우는 역사상 몇 차례의 번영을 맞았던 곳이며, 특히 '염상鹽商'이 일어나 수많은 부유한 상인인 거상이 모인 곳입니다. 그래서 양저우는 수많은 사람의 꿈에 그리는 천국이어서, 이른바 '양저우에서 태어나 쑤저우의 여인을 아내로 맞고, 광저우에서 먹고 류저우(柳州)에서 죽는다'는 말도 있습니다. 또는 허리에 돈 꾸러미를 휘감고, 학을 타고 양저우로 놀러 간다는 말도 있습니다. 가장 아름다운 표현은 당나라 이백이 쓴 "오랜 친구는 서쪽의 황학루와 이별하고, 꽃피는 춘삼월 양저우로 내려가네(故人西辭黃鶴樓 煙花三月下揚州)"라는 시구로, 3월의 아름다운 경치는 여전하건만 그 옛날 사람은 이미 아니라는 의미입니다.

저는 양저우에서 태어났지만 아름다움은 고사하고 번화한 모습도 본 적이 없습니다. 오히려 전쟁의 포화 소리 속에 구사일생하며

불광산은 불광친속회를 개최, 불광산 승가 제자의 속가의 부모를 본산에 모시고, 대사께서 직접 불문의 사돈을 대접한다. 2012.9.10 (莊美昭 촬영)

어린 시절을 보냈습니다. 당시 아직 어려 양저우의 참모습을 알지 못하였으니, 천년 전 소동파가 여산廬山의 아름다움을 두고 "기울여 보면 고개이나 옆에서 보면 봉우리라네. 멀고 가까우며 높고 낮음에 따라 그 모습 달라지네. 여산의 참모습을 내 알지 못하는 것은 내가 이 산 가운데에 머물기 때문이라네"라는 시를 지은 것과 비교하면, 저는 그저 양저우의 미세한 한 알의 모래알일 뿐입니다. 태허 대사의 오십 번째 생일을 맞는 감회 중 "나의 삶은 망망대해 위의 작은 물거품에 지나지 않는다고 생각한다. 그렇지만 나는 물거품이 모든 괴로움을 걷어내 주기를 소망한다"라는 두 마디처럼, 창해의 물방울 한 알 같은 생명으로 이 세간의 수많은 고난을 짊어지는 데 쓰게 해주시길 원합니다.

　　현재 세간에서 저는 일개 고독한 노인입니다. 고독한 노인이라 말하지만 사실 꼭 그렇지만도 않습니다. 저는 출가한 제자가 천여 명 있기 때문입니다. '3할은 사제 관계요, 7할은 도반 관계'라 말합니다. 스승과 제자로 이어진 즐거움도 세속의 즐거움에 뒤지지 않습니다. 인생은 꿈과 같고 세상사는 변화하니, 그토록 집착하고 마음에 담아둘 필요가 없습니다.

　　저는 늘 세상 사람 모두를 저의 권속이라 여깁니다. 그래서 불광산에서 2년마다 제자들을 위해 '친속회親屬會'를 한 차례씩 개최합니다. 제자들의 부모님은 곧 저의 사돈이기에 '친속회'라 명명하였

불광조정 이싱 대각사. (佛光祖庭 宜興 大覺寺 제공)

으며, 만날 때마다 특별히 다정하고 친절히 대합니다. 저에게는 확실히 이런 염원이 있습니다. 일체의 남자는 나의 아버지이고, 일체의 여자는 나의 어머니이니, 천하의 사람 모두 친족과 같이 서로 인연이 되어 주고, 서로 도우며 함께 인간의 아름다움을 성취해 가고자 하는 것입니다.

저의 출생지와 참학했던 사찰 외에, 제가 일생 의지한 곳은 바로 출가한 사찰인 이싱의 조정 대각사입니다. 그곳은 더욱이 제 불교의 고향입니다. 50여 년 동안 저는 세계 각지에서 300곳에 가까운 사찰을 건립하고 홍법하며 승가를 안주시켰습니다. 타이완에서 불교를 위해 불광산사를 건설해 총본산으로 삼았습니다. 북미주 LA에 서래사·남미주 브라질의 여래사·아프리카의 남화사·유럽 파리의 법화선사·호주의 남천사·뉴질랜드의 오클랜드 불광산·일본의 법수사·말레이시아의 동선사 등은 각 지역 본산의 도량입니다.

각종 인연, 특히 중국 정부가 장쑤성 이싱의 서저진西渚鎮에 제가 출가한 조정을 중건할 수 있게 해주신 데 대해 감사드립니다. 저는 그곳을 '불광조정 대각사'라 명명했습니다. 전 세계 불광인의 혜명의 집이자 우리 모두의 조정이며, 또 신앙을 전승하는 근본 발원지라는 의미입니다.

저는 23세에 중국에서 타이완으로 건너왔지만, 타이완 사람은 제가 중국에서 온 외성인이라 했습니다. 저는 63세에 타이완에서 중국으로 돌아갔지만, 중국 사람은 저를 오히려 타이완에서 온 화상이라 했습니다. 저는 도대체 중국 사람인가요, 아니면 타이완 사람인가요? 인연이 한데 어우러진 인생이 여기까지 오니, 저는 지금 이 순간의 심정을 잘 표현한 단어가 '지구인'이라고 생각합니다.

수많은 문학가가 사람의 일생을 '생명의 노래'라는 말로 형용하기 좋아합니다. 저는 불교의 앞날을 위해 수많은 불교 노래를 창작한 적이 있습니다.

저 자신의 어린 시절은 「서방」이라는 노래의 첫 가사 "아득한 고해에서 인생은 일엽편주같이 그 가운데를 떠돈다"라고 형용할 수 있습니다. 고난이 겹겹이 일어났던 대변혁의 시대와 무척 가깝게 느껴집니다. 서하산·초산에 있던 소년 시절은 가르침을 먹고 자라는 단계이니 「보리수」·「삼보송」·「신심의 문의 노래」로 대표할 수 있습니다. 「신심의 문의 노래」에서는 "풍성한 과실은 신심의 뿌리에서 성장해야 하고, 다함이 없는 보물은 신심의 문으로부터 들어가야 한다"라고 언급합니다. 소년 시절에는 반드시 더 많은 신심이 필요합니다.

타이완에 도착해서는 생명의 발걸음에 커다란 전환이 있었으니, 「불교청년의 노랫소리」·「부처님 예찬」·「어서 부처님 아래 모이세」·「홍법자의 노래」·「불교는 나를 의지해」가 저의 포부를 나타냅니다. 「홍법자의 노래」에서는 "나는 도반과 합심 노력하고, 교단을 위해 선봉이 되어, 물불 가리지 않고 나아가 몸 바쳐 순교하며, 개인의 행복은 원하는 바가 아니니, 오직 성스러운 교단에 광영을 가져오기를"이라 하는데, 이 가사는 저의 심정을 아주 잘 표현하고 있습니다.

「화목」은 제가 제창한 오화五和와 같으며 마음에 기쁨을 일으키는 것에서부터 화목한 가정, 인아의 공경, 조화로운 사회를 기초로 삼아야 세계가 평화로울 수 있습니다. 인간에 대한 저의 염원이니 잘 들어봐 주십시오. "우리의 지난 잘못을 바로잡고 평화를 위해 노력해 나가면 세계는 한 뼘 더 조화로워질 겁니다. 천하의 중생을 위해 힘냅시다."

『범망경梵網經』에서는 "일체 남자가 나의 아버지요, 일체의 여자가 나의 어머니이니라. 나는 세세생생 그들에게서 태어났으니, 그러므로 육도 중생이 모두 나의 부모이니라"라고 하면서 일찍부터 중생의 업연 관계를 명시하고 있습니다. 본문에서는 부친·모친·

외조모, 그리고 고향 양저우와 조정의 지난 일을 간략히 서술했습니다. 우리가 마주했던 시대가 불안으로 들끓고 갖가지 수난도 겪었지만, 빈곤·전란·고난 속에서도 인내와 용기를 길러낼 수 있습니다.

대중께서는 그 가운데서 깨우침을 약간 얻고, 인간의 따스함을 느끼고, 생명 안의 일체 인간관계를 잘 염두에 두시길 희망합니다.

촘촘한 그물처럼 이어진 우리의 인연을 소중히 해야 성취할 수 있다. (滿謙 스님 촬영)

불교는 '인연 화합'을 주장합니다. 인연은 일직선으로 나아가는 것이 아닙니다. 상호 영향을 미치고, 앞의 원인과 뒤의 결과가 있고, 좌우 관련되어 있어 서로 호응하며 겹겹이 연결된 다함이 없는 맥락입니다. 오로지 겹겹이 연결되어 다함이 없는 인연을 알아야, 겹겹이 연결되어 다함이 없는 '성취'가 있습니다. 이는 제가 지극한 마음으로 드리는 축원입니다.

성운 대사는 불법이 원래 가진 무량한 보물을 시대와 발맞추어 분발해 나간다.
"나는 도반과 함께 노력하고, 교단을 위해 선봉에 서겠습니다. 세계가 좀 더 화합하고 세상의 중생을 위해 함께 힘냅시다."
사진은 대사를 열렬히 환영하고 있는 불광청년회. (王笠憲 촬영)

大師說出家是他心甘情願的，他一生最大的幸福是當和尚，弘法利生是他此生的使命。人是一個，心是一點，命是一條，願將深心奉塵剎，是則名為報佛恩。

一半一半
Half and Half
71~80歲

永不退票
No Returns
51~60歲

有佛法
就有辦法
Where There is
Dharma,
There is a Way
81歲以後

有情有
Sentiment
Righteou
61~70

皆大歡喜
...ly Ever After
...1~50歲

心甘情願
Perfectly
Willing
21~30歲

...教靠我
...uddhism
...nds on Me
...1~40歲

老二哲學
The Philosophy
of Being Second

93세의 고령이신 성운 대사는 일생 가장 행복한 일은 '자까오 하지 않은 화상'
인 것이고, '불교가 나를 의지한다'를 일생 일처리의 등불로 삼았다. 성운 대
사의 성장 단계별 특색 사진.

성운대사전집.

성운 대사星雲大師

1927년 장쑤성(江蘇省) 장두(江都)에서 태어났으며, 금산金山·초산焦山·서하율학원棲霞律學院 등 선정율학의 대가람에서 불법을 수학하였다.

1949년 봄 타이완으로 건너와, 1953년 이란(宜蘭)에서 염불회를 조직해 불교 포교의 기초를 마련했다.

1967년 인간불교人間佛教를 종풍宗風으로 불광산을 창건하고, 불교문화·교육·자선사업 등에 온힘을 기울여 왔다. 연이어 세계 각지에 삼백여 곳의 사찰을 세웠으며, 미술관·도서관·출판사·서점·운수병원·불교대학 및 불광대학·남화대학·서래대학·남천대학·광명대학 등을 세웠다. 1970년 이후에는 대자육유원大慈育幼院과 인애지가仁愛之家 양로원을 지어 외롭고 힘든 무의탁 아동과 노인들을 보살펴 왔으며, 긴급 구조 활동 등 사회복지에 힘쓰고 있다. 1977년 '불광대장경편수위원회'를 발족하여 『불광대장경』과 『불광대사전』을 편찬했다. 그밖에도 『중국불교경전보장백화판』을 출판했고, 『불광교과서』, 『불광총서』, 『백년불연百年佛緣』, 『빈승이 할 말이 있습니다』 등을 편저하였다. 2017년 5월 발표한 『성운대사전집』은 총 365권으로 일생의 저서를 수록하였다.

성운 대사는 인간불교를 널리 알리고자 노력하였다. 스스로를 '세계인'이라 자처하며 환희와 융화, 동체와 공생, 존중과 포용, 평등과 평화 등의 이념을 두루 펼쳤다. 1991년 창설된 국제불광회의 총회장에 추대되었으며, '불광佛光이 두루 비치고, 오대주五大洲에 법수法水가 흐르게 하자'는 이상을 실천해 오고 있다.

옮긴이 **조은자**

대학에서 중어중문학을 전공하고 현재 전문번역가로 활동하고 있다.
성운대사의『합장하는 인생』,『천강에 비친 달』,『성운대사의 관세음
보살 이야기』,『인간불교, 부처님의 참된 가르침』,『계·정·혜, 인간불
교의 근본 가르침』,『삶의 여행자를 위한 365일』,『성운대사의 세상
사는 지혜』,『인간불교, 부처님이 본래 품은 뜻』,『부처님 광명 기원
문』,『불교관리학』,『불법의 참된 의미』를 우리말로 옮겼다.

我不是「呷教」的和尚

나는 '자까오' 화상이 아니다

초판 1쇄 발행 2021년 8월 23일 | 초판 2쇄 발행 2021년 12월 21일
지은이 성운대사 | 옮긴이 조은자 | 펴낸이 김시열
펴낸곳 도서출판 운주사

　　　(02832) 서울시 성북구 동소문로 67-1 성심빌딩 3층

　　　전화 (02) 926-8361 | 팩스 0505-115-8361

ISBN 978-89-5746-659-9 03220　　값 18,000원

http://cafe.daum.net/unjubooks 〈다음카페: 도서출판 운주사〉